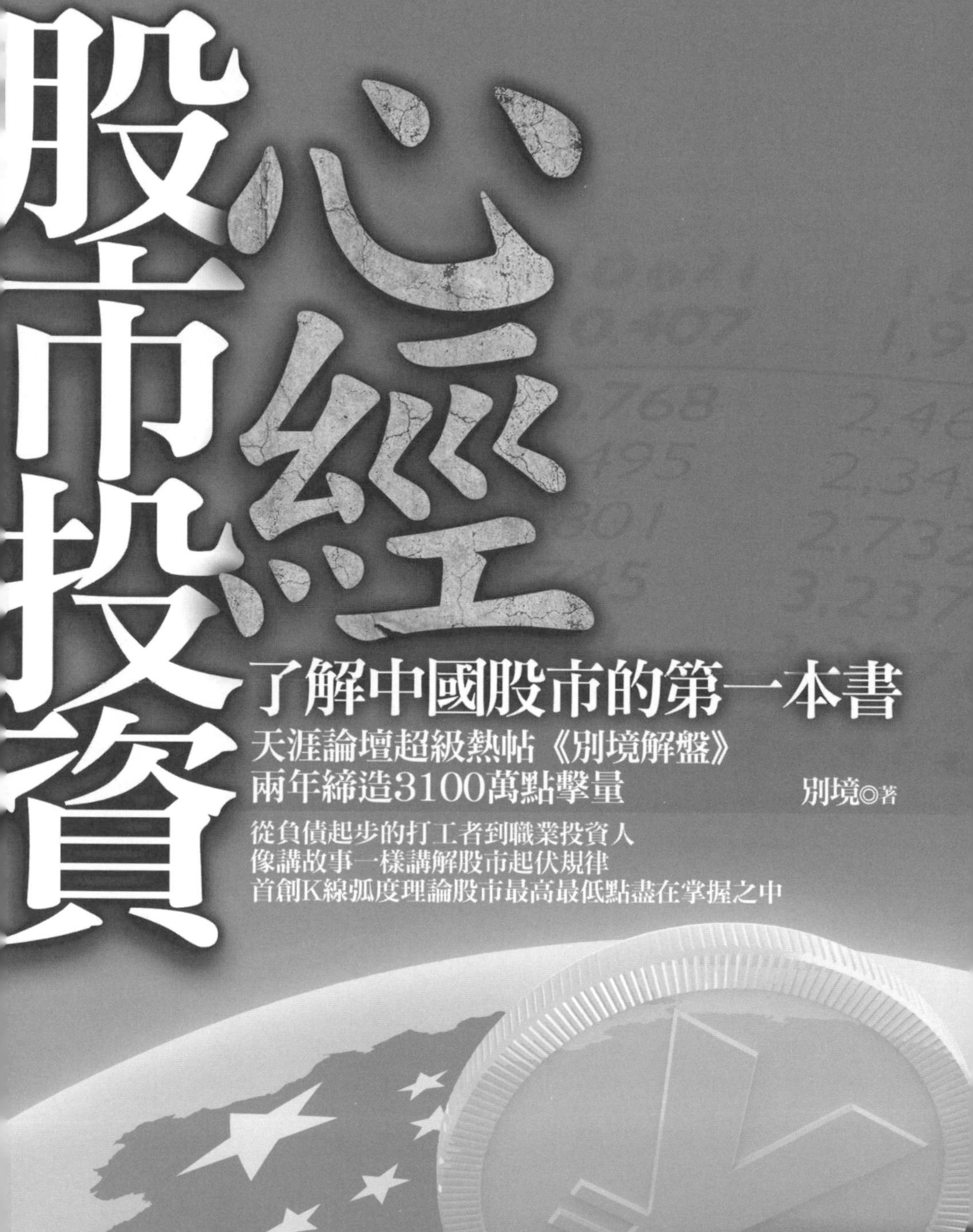
股市投資
心經
了解中國股市的第一本書
天涯論壇超級熱帖《別境解盤》
兩年締造3100萬點擊量
別境◎著
從負債起步的打工者到職業投資人
像講故事一樣講解股市起伏規律
首創K線弧度理論股市最高最低點盡在掌握之中

前言

轉眼間入市已經6載，我從一輪大熊市中走出來，經歷了上證大盤998點，然後又走進一輪瘋狂的大牛市，走過6124點，然後迎來百年一遇的金融危機，大盤遭遇重創，我慶幸在1664點的時候沒有退出市場，並且全倉持有股票，堅決做多，於是迎來2009年的牛年牛市。

在我去開戶的時候，市場在極度的低迷中掙扎，大盤低位的時候全天才成交三十幾億元，和後來頂峰超過3,000億元一天可謂天壤之別。那時候的證券公司門可羅雀，我去開戶的時候有3個人為我服務，因為沒有其他客人了，而到2007年我去證券公司辦點手續的時候，我驚訝地看到櫃檯前排了十幾支長長的隊伍，蔚為壯觀！

投資的一條最重要的鐵律就是：投資於一個行業最低迷的時刻。任何一個行業都有發展的週期，起伏交替進行，2004年的股市真是非常低迷的，而2005年的上半年更甚，而且產生殘酷的連綿大跌行情，許多股票的分時圖就像長城的頂部圖案，我慶幸自己在最低迷的時刻進場了，並且一直堅持著，從未離去。於是我從負債起步的打工者到成為一個職業的投資人，用賺來的錢遊覽祖國大好河山，到處結交朋友，在自由的生活中馳騁。

2007年7月3日開始，我在天涯社區股市論壇經營《別境解盤》，在朋友們的熱情支持下，在2年的時間裏我締造了一個

3,100多萬點擊量的帖子，從始至終，我都沒有因它獲得任何利益，當然，我也曾拒絕了無數人的「好意」，我是純粹的解盤人，無償地奉獻自己的智慧，幫助需要幫助的人。我非佛門中人，但卻是一名真正的信徒，也讀過許多佛經，並且一有機會我就會讓更多的人了解其中的奧妙。

在我經營解盤期間，一直都有人不停地問我都看了些什麼書？怎麼學到這一套分析預測的技術？實際上，我再一次很負責地告訴大家，我看過股票分析的書不超過5本，其中有一本才翻了幾頁就沒看下去。很多書寫得挺糟糕的，他們喜歡用一大堆專業術語來顯示自己的高深，實際上我很鄙視這種行為。我想我的解盤能吸引人，除了我的預測能力值得大家肯定以外，也因為我的表達方式通俗易懂，我總是很努力地避免使用專業術語，最好像《故事會》一樣講解股票。李白、杜甫、白居易他們的詩之所以能廣為流傳，除了意境表達高遠之外，更因為其朗朗上口，無論販夫走卒還是村婦小兒都能聽懂，這才是高明的表達方式。像《紅樓夢》就不行了，其中不乏很好的詩詞，但是流傳不起來，那些沒有受過高等教育的人可能連字都認不全，看起來的感受就是：辭藻華麗，不知所云！從來沒有人否認《楚辭》的經典，問題是《楚辭》除了經典以外，它還有一個作用，那就是——催眠！

現在，我用最平實的語言將那些繁奧的理論進行講解，並且輔以大量的圖片，為了驗證我的表達能力，在創作過程中我選了幾位「菜鳥」級的朋友進行試讀，我要使他們每個人都讀懂，這樣才算過關。與其告訴大家去買什麼書看，倒不如我自己寫一本，投大家之所好，同時我也對自己多年來的經驗進行梳理，於是有了這部名叫《股市投資心經》的書。

如果說股市是一個沒有硝煙的戰場，那麼本書也將是一支裝備齊全的軍隊，第一部《市場心理概述》無疑就是先鋒部隊，開始的佛法可能很多人不太感興趣，沒關係，總有一天你會回過頭來仔細研究，並且如癡如醉，恨自己為什麼當初給忽略了！這一部分屬於衝開決口之作，就像大乘真經中的《摩訶般若波羅密多心經》一樣，它就是一個總序。第二部《基本面理念》屬於戰略部署，這一部分主要是打基礎。要想打贏一場戰爭，就必先算無遺策，越周全勝算越大。如果你想對股市進行預測，至少你要具備廣闊的視野，開拓自己的思維，如果一心只想學習技術分析的方法，那無疑會使一個人的視野成為管狀，那樣永遠也成功不了。第三部是《技術面分析理論》，裏面有本人首創的「K線弧度理論」，這是你在任何一本股票分析書籍中都無法領略的知識，是經過我數年的實踐總結出來的，它對於研究大頂和大底具有決定性的作用。而其中的「均線理論」也是由本人獨立總結而成的。實際上這一套理論形成的時間也不長，早些年就聽說華爾街在流行，但是我始終無緣領略，只好靠自己投入大量的時間和精力進行研究，因此形成了這些篇章。第三部是本書的重頭戲，也是主力部隊，旨在使每一個想提高自己預測分析能力的朋友能直接從這本書中全面獲取知識，並且快速形成一套屬於自己的分析體系。分析股票的書實在太多，我努力使每一位朋友看完本書之後無須再去看別的。第四部《操盤方略》屬於後勤部隊，但是不要小看它的作用，沒有後勤部隊提供保障，一支再強悍的軍隊在戰場上也會必敗無疑。

我是個追求完美的人，所以要麼不寫，要寫就要盡善盡美，這部書著重於實戰性，而不是擺出一副講學的姿態，如果像那些亂七八糟的職業培訓一樣，你們看的時候覺得很有道理，但是過後卻一無所得，那將是最大的失敗！我希望使它成為股市的聖經，甚至成為百世之經典。我也不指望寫這樣一部書能給我賺多少錢，我大概還不需要靠這個養活自己，所以我不需要無用的內容來進行填充，這是我和那些職業寫書人（包括電視上所謂的專家）最大的差別，他們中大多數人是在實戰中混不下去才改行幹這個的，所以，如果你聽他們的，可能會遇到很大的麻煩。

如果你看完本書覺得還不過癮，請你在網路上搜索「別境」兩個字，你很容易就能找到我的個人博客，我會在實戰中向你證明書中的知識點的實用性。如果你因此獲得一些提高或者收益，請不要忘記和「別境」一樣奉行如來意旨，幫助周圍需要幫助的人們！

別境

2010年5月6日於杭州

目錄

第一部 市場心理概述

第二部 基本面理念

目錄
CONTENTS

第三部 技術面分析理論

第一章 K線波浪理論

第二章 均線理論

第三章 K線形態理論

第四章 K線趨勢分析

第五章 上證指數分時圖注解

目錄
CONTENTS

第一部
市場心理概述
Part 01

第一章 佛經的作用

第一節　信仰的力量

在我們生活的這個社會，一些人缺乏信仰，於是出現了道德層面的問題。我漸漸發現，一個人活著如果光靠法律進行行為約束是遠遠不夠的，法律在某種程度上只具有懲罰作用，當它發揮作用的時候，悲劇已經發生了。如果能在道德上加以約束，起到防患於未然的作用，這作用絕非法律可比。遺憾的是，教育更多的是讓學生學會如何背教科書、考高分，道德教育的比重明顯不足。人們對於未知的領域總會抱著一種莫名的敬畏，因為其不可捉摸，會給人在心理上造成很大的壓力，害怕遭到傷害和失敗，一旦這種心理上的威脅被解除，人們便變得肆無忌憚，只要避開法律的制裁，還有什麼不敢做的？

信仰不但可以使你的心靈獲得依靠，更可以約束你的行為，使你嚴格遵守基本道德操守。作為一名職業投資人，我有義務告訴大家很重要的一點：有所為，有所不為！不是所有的錢都可以去賺。

最近社會上流行所謂的考古，到處開挖，尋找古人留下的寶貝，而很多城市也大打死人牌，紛紛整個項目，掛上名牌，曰「某某人的故里」，更好玩的是我看到某地方竟然弄了7,000畝地，冠名「孫悟空的故里」，整個人也就罷了，弄隻猴子出來，而且還是一隻虛擬的猴子，還「故里」，看得我直暈！曹操墓也開挖了，無數次盜墓之後竟然還剩下一顆透明的、價值上千萬的翡翠珠子，不知道是不是以前的歷史資料出了問題，宋朝以前的人們根本不待見翡翠的東西，這種硬玉以當時的生產水準根本不能夠打磨好，那顆號稱曹操口中所含的翡翠十分圓潤規整，我看到的時候就在想，難道真有時空隧道？能讓曹操的手下到現代用機器打磨好帶回去陪葬？歷代王朝建立之時首先會立法保護先朝文物，官方絕不允許以任何名義開挖，誰敢偷盜也將處以極刑，因為古人信神鬼，有敬畏。現在的人沒了這種約束，做起這些事情來就再沒心理上的負擔。試想一下，如果歷代封建王朝如果都搞「考古」，現在哪還有墳給我們挖？我們就這樣作踐先人留下的財富，子孫後代該如何看待我們？

你們可能會覺得我跑題了，怎麼說起這事來了？其實沒跑題，文物投資也是一種投資。我講那顆翡翠珠子的看法，無非是想告訴你，學好歷史是多麼重要，有了足夠的知識積累，可以讓你輕易分辨真偽。這種能力不但可以用於日常生活，也可以用於股票分析。如果你沒有足夠的知識積累，你就不能很好地去分辨一支股票的相對價值，同樣也無法去衡量房子或者其他物品的投資價值，而這個是我後面要重點討論的題目。

沒有道德信仰的人，靈魂是飄蕩著的，心靈沒有歸宿，行為也容易失控，在股市也好，期市也罷，我們經常會遭遇重大行情，比如暴漲或者暴跌，如果你的心在飄，也許在這樣重大行情中，你出錯的機率會非常高，因為你很容易慌張，這種情緒會使你採取錯誤的行為。因為道德信仰的缺失，我們陷入信用危機之中，很多人的行為肆無忌憚，為所欲為，大肆破壞原來所建立的信用體系，最後，人與人之間的關係變得緊張而虛偽，不再輕易相信別人。而這一切的根源，就是道德信仰的問題。

我今天開堂講經，絕不像寺廟裏的和尚那樣忽悠你，而是讓你從正門窺探佛法的奧妙，改變你原來對佛法的一些偏見。

我們這個時代的許多人都是看著武俠小說或者影片長大的，幾乎每個人的心中都有一個武俠夢，夢裏充滿著對自由的嚮往，對強權的抗爭，對技藝的追求，對財富的藐視……實際上，那是一個理想狀態下的世界，是一種畸形的文化，但是，它卻撫慰了無數人脆弱的心靈，使其獲得某種程度上的滿足，至少在如此殘酷的現實世界中得以暫時的麻醉。

很多人從開始接觸股票便為之癡迷，人都有探索未知領域的欲望，對於神秘的事物有著一種盲目的崇拜或畏懼。而一些付出一定勞動而獲得窺探門道的人總喜歡裝神弄鬼，假扮出一副高深莫測的樣子，欺弄那些無知者。更令人氣憤的是那些被愚弄者卻反過來對其崇拜不已，在自己弄不清狀況的情況下盲目地對某人推崇備至，肆意地神化，於是，許多的悲劇就這樣造成了。

對於股票，在我看來並沒有那麼複雜，股市充滿著隨機事件，它的本身就像原子一樣時時刻刻都在作不規則運動。從微觀看來，它的行為是完全不可預知的；然而在宏觀世界裏，我們卻可以對一些物質進行塑造，把無數的原子集中起來變成某一種固定的形狀。根據這樣的道理，於是形成了一些基本的分析理論，著名的「艾略特—波浪理論」便是其中之一。

「波浪理論」的原理實際上就是自然界中月球和地球相互之間的引力作用使海洋裏的水產生一些微觀上的不規則運動和宏觀上的近似有規律形態的運動，股票的價格波動類似於海洋中的波浪，其原因來自市場中交易的人們的情緒，這是最原始的推動力。

大家都學「波浪理論」，但是99.9%的人不會去研究佛經，實際上我認為這像武俠小說中至高無上的武功，波浪理論是屬於招式，而佛經絕對是心法，只有兩者合二為一才能達成絕學修為，否則只是耍花拳繡腿罷了，起不了克敵制勝的作用。很多人學習波浪理論或者其他理論的時候覺得頭腦清楚，思維清晰，數波浪和分析過去行情更是頭頭是道，可是身處正在發展的波浪之中時卻總是暈頭轉向，人云亦云，歸根到底就是心法的修為不夠。

今天我將「內功」心法作為開篇，希望大家能靜下心來好好理解佛學之中最基礎的三修——「戒」、「定」、「慧」。

第二節　戒論

我們本土的國學要求人們做到「修身，齊家，治國，平天下」，其中「修身」排在第一位，佛學的三修之中，「戒」也是排於第一位的。大家都知道佛門有許多清規戒條，對信徒們的日常行為都有嚴格的規定，這些戒條對每一個人每時每刻的行為都起到約束的作用。試想一下，如果一個人連自己的行為都控制不了，和精神病人一樣無所顧忌，他的危害是很大的。

佛教分大乘和小乘，小乘主度己，大乘主度人，這是兩層不同的境界。由於大小乘的不同，其戒律也有所不同。小乘有五戒、八戒、二百五十戒等；大乘有三聚淨戒、十重四十八輕戒等。小乘五戒為：殺生、偷盜、邪淫、妄語、飲酒。八戒為：在五戒外另加臥高廣大床、花鬘瓔珞、歌舞戲樂。二百五十戒：即二百五十項應戒的言行細目，合併為五項時，稱五篇門。大乘三聚淨戒為：攝律儀戒、攝善法戒、攝眾生戒。十重禁戒為：殺生、偷盜、邪淫、妄語、飲酒、說過罪、自讚毀他、慳、瞋、謗三寶。四十八輕戒為：不敬師長、不舉教懺、背正向邪、不瞻病苦等四十八項具體戒條。

實際上我們也不必像和尚尼姑一樣遵守那麼多的戒律，那樣的人生無疑將了無生趣，太過於消極的人生對社會並無好處。

資本市場由於是新興的行業，所以法律層面的監控很薄弱，面對財富，很少有人能把持得住，犯法之舉不勝枚舉，我要說的是每一個入行的人都必須去了解關於這個行業的一些法律法規，遵守遊戲規則，不要自作聰明地去逾越其範圍。佛門中人違反戒條會被逐出，我們要是衝撞法律底線，等待我們的將是牢獄之災！

上面講的是大層面的戒律，小層面的戒律是對日常的行為進行規範，每個人應當根據自己的習慣擬訂一些操盤紀律，並且嚴格遵守，比如「止損」、「止盈」，即你手上的股票靜態或者動態浮動多少百分點時堅決止損平倉，或者獲利多少百分點時主動止盈平倉，這些都必須有所節制，否則，後果很可能是災難性的。

大家千萬不要小看「止損」和「止盈」的重要性，如果你採取一種放任的態度，風險就會從可控變成不可控。比如說，當你買進一支股票，隨後漲了30%，但是你貪心或者其他原因導致你一直放任，你當然希望它不停地上漲，越多越好，問題是「波浪理論」告訴我們，上漲浪和下跌浪是交替進行的，股票不會一直向上衝，當它見頂回落的時候，由於你主觀意識上並沒有「止損」和「止盈」這一項，所以你可能最後看著股價在震盪中下跌20%，甚至50%，由獲利逐漸變成虧損，那滋味換誰都不好受。

不要以為我是危言聳聽，在2007年的「5．30」行情中，大多數的小盤股在5天之中跌掉百分之四十多，從賺到虧的人比比皆是，有時候一天就可以跌掉上漲一個月的幅度。

一個人在市場中所遭遇的失敗次數越多，那麼他將越發清楚「止損」和「止盈」的重要性，但是很多新手並沒有充分意識到這一點，迎接他們的也將是殘酷的經歷。

大家都不否認預測的重要性，也迫切渴望自己掌握預測的能力，但是，有很多人學到預測的能力卻還不停地栽跟頭，為何？就是沒有戒律之故。當行情和你的預測相互結合，也到達你原來預測的目標，可你卻因為某些原因沒有執行原來的計畫，錯失良機，這樣的話，預測就變得毫無價值。人的心情很容易隨著市場的波動而波動，只有制定的操盤紀律是不變的。美國華爾街有許多程序交易員，直接在電腦軟體上設定一些參數，讓機器自動交易，原因無他，就是機器很多時候比人更加可靠，因為它沒有情緒，只會嚴格按照你所制定的戒律去行為。

現在，請你迅速動起來，好好想一想，給自己制定一些操盤鐵律，並且嚴格執行它，每一個交易日都遵守它。比如我會給自己設定一個浮動止損範圍，超過這個百分值就手起刀落——割了！我賣股票習慣於上午開盤一小時之內，而買股票習慣於下午收盤前半小時……這些都是我多年來形成的一整套鐵律。

第三節　定論

定，是指禪定。即擯除雜念，專心致志，觀悟四諦。

小乘有四禪，大乘有九種大禪、百八三昧等。小乘四禪為：

（1）初禪。即禪定的初級階段，這時沉思於專一，擯除情欲、消除不善心，由此漸進而生喜樂，即欣喜與慰安。但此時尚有思慮，尚未達到表象的沉靜，故稱初禪。

（2）二神。由初禪進而安住一想，達到表象的沉靜，獲得一種更高的喜樂。

（3）三禪。由二禪進而捨離喜樂而達到完全安靜境地，獲得輕安的妙樂。這時已產生了智慧，達到了正念和正智的階段。但此時尚有身體上妙樂的感覺，故離涅槃境地還有一段相當的距離。

（4）四禪。由三禪再進一步，完全超脫苦與樂，連自身的存在都已忘卻，萬般皆空，達到捨念清淨的境界。即涅槃境界。

九種大禪為：自性禪、一切禪、難禪、一切門禪、善人禪、一切行禪、除煩惱禪、此世他世樂禪、清淨禪。百八三昧為：般若經典中所說的108種禪定，在《大智度論》卷五中有詳細說明。

那麼，佛學中的「定」和股票有什麼關聯呢？

資本市場中的行情波動直接關係到每個人的切身利益，與你的財富直接掛鉤。看似一串數字，實際它的背後承載著一個家庭的悲歡，或者一個人的前途，甚至身家性命。這將使身處其中的人情緒跟著波動起來，浮躁是大家的共同點，很少有人能完全靜下心來看待這一切。特別是在大漲大跌之中，大家都興高采烈或者悲痛欲絕，這時候，你就會知道一個「定」字是多麼可貴！

浮躁的心態會完全蒙蔽你的眼睛，閉塞你的智慧，這是操盤的大忌！導彈受到電磁干擾的時候都會飛偏軌道，人的行為也是一樣的，在大起大落的行情中，很多人（特別是新手）很容易作出衝動之舉，過後為此懊惱不已，這是為何？原因無他，定力不夠！

如何提高定力呢？我推薦大家週末的時候去釣魚，不管是烈日還是寒雨，也不管有沒有漁獲，你都能在一個地方坐上一天，耐心地坐著，或者發呆，或者靜思。釣魚是一項很無趣的活動，甚至它不能稱為活動。心裏煩躁的人是肯定坐不住的，這項運動對鍛鍊一個人的耐性有很大的幫助，華爾街許多操盤手都是釣魚高手，股神巴菲特更是釣孔雀魚的能手。有時候可能頂著烈日的暴曬在海邊坐一天都一無所獲，但是並不因此感到懊惱，而是平心靜氣地對自己說：「沒事，明天再來。」當你達到這樣的境地，你就成功了。

我有一位哥兒們，他不顧我的反對堅決要拜我為師，而且自行降級，有一次他坐在我邊上看盤，那時候在參與權證投機，當買入的權證拉起一根直線的時候，他興奮得手舞足蹈，大笑不已，我轉過身來，板著臉用近似冷酷的聲調問他：「你是不是沒見過錢？」聽我這麼一問，他立刻乖乖坐下看盤。他年長我足有一輪，但是我也絕不給他留情面，誰讓他硬要稱我一聲師傅，儘管我不喜歡這個稱謂，但是我必須對得起這個稱謂。

當你面對手中財富迅速增長的時候，絕大多數人都會興高采烈，這樣的人在面臨手上股票暴跌的時候也必定哀傷不已，整個情緒跟著股價波動，被股票牽著鼻子走，這不是在玩股票，而是被股票玩。良好的定力將使你無論面對暴漲還是暴跌都始終心平如鏡，只有這樣才能保證你的思維一直清晰，並且準確作出判斷。

在股市中，快樂和悲傷是對等的。你因為賺取大筆利潤而歡呼不已，當你巨額虧損的時候，是不是準備跳樓呢？

很多新手一入市就急著要賺錢，處處與人攀比，一旦發現別人賺得比自己多就十分不高興。巴菲特曾經有一句很有意思的話：「我給某個人100萬，他一定會很高興，前提是我不能告訴他我給另外一個人101萬。」這句話道出了人性貪婪的本質，在財富面前，能「知足」的人很少。攀比會泯滅一個人的心志，不幸的是，從小到大，我們在接受教育的過程中無可避免地被排名比較，無形中也使大家產生攀比的心理，雖然攀比能使人發奮向上，問題是你光會上，而不會思考，變成一種賽跑的機器，失去了人性中最寶貴的那份獨立的人格，結果是很糟糕的。你永遠也攀比不完，因為這個世界上沒有人能全面超越別人，如果全面發展，結果就是全面平庸，這是毫無疑問的。刀鋒之利，就在於其畢其功於一點，自然能所向披靡！你可以不信我所說的話，但是你必須相信，因為攀比，蘇聯被美國拖垮了！一個「定」字，就是要你定心、定性、定行，心不定，則行不得。

要想在投資領域獲得成功，就必須具備藐視財富的傲骨，否則你就會被它左右著。當大盤的顏色直接決定的你臉色的時候，在這個領域裏你絕對屬於失敗者！

第四節　慧論

慧，又稱增上慧學，亦即智慧。慧就是有厭、無欲、見真。擯除一切欲望和煩惱，專思四諦、十二因緣，以窺見法，獲得智慧解脫。

三修概括了全部佛教教義，也包含六度、三十七菩提分等全部修行法門。其中以慧最重要，戒和定都是獲得慧的手段。只有獲得慧，才能達到最終解脫的涅槃境界。

佛的智慧是公認的，佛門中出了許多妙語，為人們所頂禮膜拜，奉承不已。由於淡泊名利，所以他們的思想比較容易超脫，相較於名利場追逐的芸芸眾生，其修為的確要更高一籌。

隨著我的年紀增長，經驗的累積，我越發感受到一種獨立的人格是多麼重要。不管你從事什麼行業，做什麼事情，有獨立的思想，獨立的人格可以使你不那麼容易受別人欺騙，更不會成為「羊群效應」中的羊。支撐起這個靈魂的基礎就是智慧，所以，戒也好，定也罷，到底是為獲得智慧服務。

很多人喜歡人云亦云，到處看財經評論，竊別人之見為己見，到處傳播，人一多就造成謠言滿天飛的局面，這種局面下，最後受到傷害的還是小散戶。我從來不去看別人的評論，也不看別人的預測，這是為了保持思考的獨立性，盡量不受他人影響，這樣一來，在亂流之中，我就像一根立在水中的尺規，無論潮起潮落，始終如一。

我們從小所接受的教育是一邊倒的，一方面要我們明辨是非，一方面只教我們「是」的一面，把「非」全部遮罩了，實際上，「是」裏頭有很多「非」，但是這種教育的結果就是所有人都不能明辨是非。股票分析需要辨證思維，理越辨越明，沒有辨，哪來明？所以，從現在開始，不妨擴大自己的視野，不要總是瞄準一個方面，而是全方位接受信息，然後進行辨別驗證，只有這樣才能夠真正提高。操作好股票其實並不需要在金融和經濟學方面有多高的造詣，而是取決於一個人的知識面和他的辨證思考能力。

初涉股票之時，我尚不具備獨立分析的能力，也就是說不具備股票投資方面的智慧，於是我選定了一位經驗豐富的前輩，拜其為師，他就是我唯一的標杆，他錯我就跟著錯，他對我就跟著對。當時我原本有多個選擇，但我沒有那麼做，原因是：股市裏1,000個人就有1,000種看法，同時大多數人的看法是錯誤的，真理永遠只掌握於少數人手中，所以你選定的參考對象越多，你犯錯誤的機率就越高。

如果你選擇一位經驗豐富的長者，他能夠經受多年的考驗，說明他強於市場中的多數人，你追隨他，出錯的機率將大大降低，至少在你還是菜鳥的時候，他一定比你強得多，並且你可以從中學習到許多寶貴的經驗，少走彎路。但是你不能一味地盲從，否則永遠不會進步，想要青出於藍而勝於藍，就必須獨立思考，不斷地總結，實際上。人類的智慧就是從總結中得以提升的。

書本在一定程度上可以提高一個人的智慧，因為你直接吸取了前人的經驗。一個人在年輕的時候無論看多少書都不能算多，很多人目的性很強，這顯然不好。股市分析拼的是綜合知識面和處理信息的能力，看的書越雜，越容易觸類旁通，實際上我本人所看過的股市專業的書籍不超過5本，比起我所看的佛經數量就差太遠了。

孔子將人分為四類：生而知之者為上，學而知之者為次，困而學之者再次，困而不學，民斯為下也。意思是說，那些生來就非常聰明，知曉一切的人是最上等的人；那些通過不停的學習，從而探求得真理的人為次等；那些知道自己知識貧乏，知道自己不太聰明，然而尚且知道學習的人為第三等人；而那些自己愚昧卻還不想學習的人就是下等人。在我看來，大多數人應該是屬於二等，經過幾千年的遺傳，祖先們已經將許多知識埋植在基因鏈條中遺傳給我們，所以，千萬不要才開始接觸股票知識就覺得自己太笨，學不來，實際上只要通過勤奮的鑽研，任何一個人都可以成為股票方面的高手，重點在於訓練。

✎本章結語：

現在的人很浮躁，沒有耐心去看晦澀的佛經，實際上看佛經真的可以考驗一個人的定力，不管你是否能看懂，只要能靜下心來讀上幾本，你的定力也在不知覺間大大提高。佛法可以使一個人的心態變得更加寬容，平和，淡定，而這是戰勝股票的至尊法寶。如果你連自己都搞不定，你又如何能搞定別人，搞定股票？

永遠記住這句話：股市裏大多數人的觀點是錯誤的。

在此，我推薦給大家幾本經書：《法華經》、《法鏡經》、《金剛經》、《六祖壇經》、《摩訶般若波羅密多心經》以及《李叔同說佛》。✎

第二章
共振效應與缺口公式

「共振效應」這個名詞最先來自「物理學」，它的定義是：當「擺」受到外界的干擾而被激勵時，它相應的擺動規律則依賴於干擾振頻是否和它所希望的一致。也就是說，只要當外界的激勵和「擺」的固有頻率一致時，才可能將盡可能多的機械能傳給「擺」。

在「化學」中也有關於共振效應現象的闡述，但我現在要說的是在股市中的共振效應現象。

股市中的「擺」實際上就是大盤K線，而作用力一是來自某一項政策、某一條財經消息；二是來自股市裏的交易者對消息的反應所產生的作用力。這樣說不太好理解，所以我舉個例子作說明。

在2007年5月17日，我在個人博客中發了一篇簡短的文章叫《立此存鑒》（後來因為不想太多人學到那條計算公式所以將其刪除，為此我深感後悔），裏面中心內容就是一條缺口公式：

（後一個跳空缺口前一天高點－前一個跳空缺口前一天最高點）×2+後一個跳空缺口前一天高點=未來將產生的波浪段拐點

2007年4月23日和5月8日各有一個跳空缺口，並且都是3天未補，屬於有效的中繼性缺口，於是將4月20日和4月30日盤中最高點數字提取出來，將這條公式進行代入，運算的結果就是：（3,851.35-3,591.46）×2+3,851.35=4,371.13點，在「2・27」暴跌之後到「5・30」暴跌之前的這一段主升浪中將出現的波浪頂就是4,371點，這是計算結果，在現實中運用的時候必須設定範圍，於是我將其臨界點設為4,300點，大盤無論哪一天漲到這個點位我都會清倉迴避即將到來的殺跌行情。在5月29日下午大盤突破4,300點的時候我遵守操盤紀律作出全平倉，最高漲到4,336點，當天夜裏傳出上調印花稅的消息，然後便是「5・30」行情展開，股市上演千股跌停的慘烈行情，可以說，這就是共振效應的結果。

在大盤波浪自身運動規律中，就算沒有上調印花稅的消息，一樣是要面臨一輪下跌行情的，印花稅的政策無疑使所有人作出拋出股票的選擇，大家的選擇是同向的，這樣一來，內外的力量都是同時指向空頭，下跌動能十足，所以才會產生那麼兇猛的殺跌行情。

這條公式挺管用的，在那個平臺第2波反彈浪中（6月13和18日2個缺口）將參數代入公式計算出來的拐點是4,310點，實際發生是4,312點，所以我再一次逃過後面一波下跌。後來我在2008年熊市中自作聰明地將公式進行變通處理一下，代入1月22日和6月11日2個向下的跳空缺口，取前一天最低點為參數，結果是：3,312×2-4,891=1,733點，大盤跌破1,800點的時候我滿倉進去然後堅決不再割肉，一直堅持到國家出臺經濟刺激方案形成熊市大底。大家可以看到1,733點和最終大底1,664點的距離已經很近了。而在大底之前的9月18日跌到1,800點的時候產生反彈，晚上出臺下調印花稅的重大利多消息，9月19日大盤上演漲停奇觀，所有的股票都封死漲停板，連權證也不例外，共振效應非常明顯。4月23日的下調印花稅行情中我是空倉的，完全錯失機會，但是9月19日我賺到了。這是一個很重要的參考數字，它可以幫助你在某個關鍵時刻作出正確的選擇，而不是隨大流。歷史最終證明了我演變出來的計算公式是有效的，在大行情中可以使用，但是在小的下跌浪中必須用另一種方式計算，比如2010年4月19日和27日兩個跳空缺口代入公式結果是：2,965-（3,121-2,965）×2=2,653點，5月10日下跌後激發反彈，最低點是2,646點，距離也是比較近的。參見圖1—2—1、圖1—2—2。

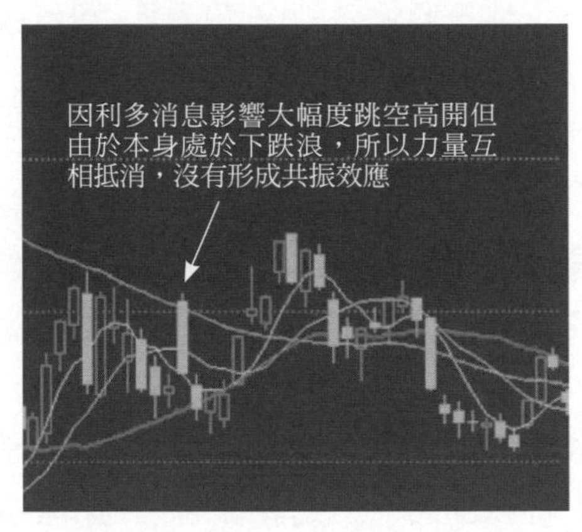

圖1—2—1

實際上這只是運用簡單的公式進行技術面預算，很多時候拐點的產生並不單是技術面走勢，而是有消息面的作用，在大行情中更加明顯。當消息面和技術面力量相違背的時候，共振動能將被抵消，比如2008年10月13日和11月26日晚上都出臺利多政策，但是隔天都是大幅度跳空高開後震盪下行，變成高開低走，收出大陰線。原因就是技術面本來是屬於下跌浪，並沒有激發反彈的關鍵點位，外在的利多消息作用力和內在的下跌動力相違

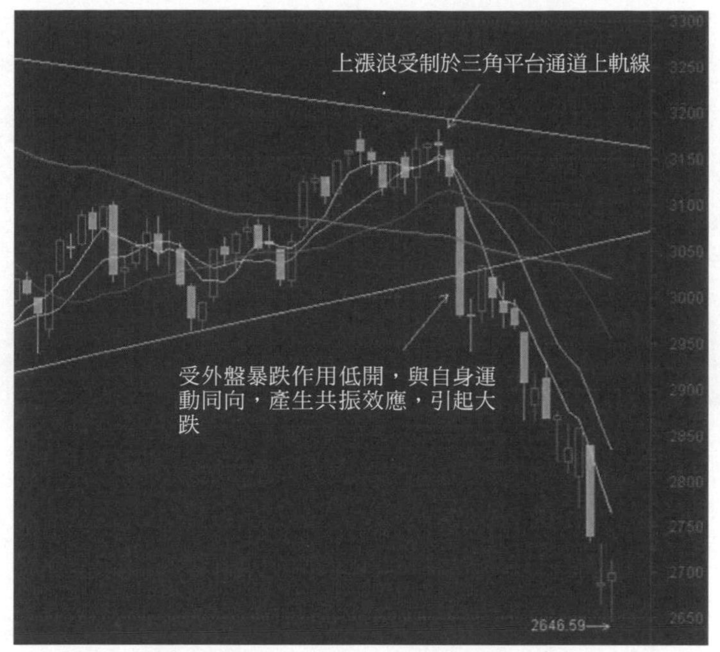

圖1—2—2

背，沒有產生共振效應。反過來也出現過這樣的情況，2009年11月2日大盤受外盤暴跌作用大幅度跳空低開後震盪上行，以大陽線報收，之前是一波大反彈，然後小幅度回調，30天均線有效支撐，激發反彈點，大盤自身運動方向為上，而外盤因素的作用力為下，力量相互抵消，最後結果就是大盤自身作用力占了上風，沒有產生共振效應，否則將是以大跌收場（見圖1—2—3）。

2010年4月19日產生的單日暴跌行情原因是外盤週末大跌，期指上市交易，而大盤自身的運動方向是受阻於平臺通道上軌線回落，這時候便產生很明顯的共振效應，所以產生高強度的殺跌行情。

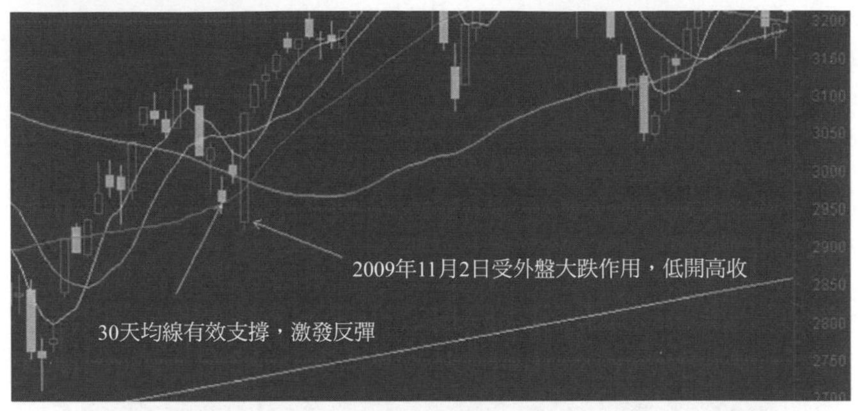

圖1—2—3

✎本章結語：

當大盤自身運動方向和外在所發生的消息作用一致時將產生共振效應，從而出現暴漲或暴跌的行情。當兩者互相抵觸時，開盤以外在作用力為主，收盤以大盤自身運動方向為主，從而產生高開低收或者低開高收的行情。

缺口公式值得大家好好研究，並且由此延伸，也許將會收到令人滿意的效果，如果你能將其自如運用，將會大大受益！

第三章
狙擊手心理分析

大家都知道，狙擊手都是以冷酷著稱，他們有遠勝於常人的定力，冷靜而且果斷，他們當中相當一部分人在工作時是沒有人性的，只有計劃和任務，還要有鐵一般的紀律。股市中的那些職業操盤手實際上也有類似的特性。

實際上這是一種訓練的結果，並不是他們這些人天賦異稟，如果你願意，你也可以成為他們當中的一員。要了解狙擊手心理，必須先了解賭徒心態。

第一節　賭徒心態

中國人自古就有好賭者，什麼花招都有，贏錢的人得意非常，自以為是神仙，輸錢的人喪錢卻不喪志，搏了命也想著把錢賺回來，輸完手中的錢便想盡一切辦法找籌碼，想著要翻本。要知道，人在逆境的時候最容易犯決策上的錯誤，因為心不靜，整個心是浮躁的，這樣的腦筋根本不具備對事理作出正確判斷的能力。幾把虧損下來信心大受打擊，急得心跳加速，臉上冒汗，加大籌碼，想著一把賺回來，結果，越加輸得多，直輸到一塌糊塗為止。要讓賭徒離開賭桌，有兩個辦法，一是把他殺了，二是讓他輸到孑然一身，什麼籌碼也找不到。股市裏不乏這樣的人，他們的錢最終都落進莊家的手裏。賭徒的心理是最扭曲的，也是最要命的，輸到跳樓、服毒自殺的大有人在，鋌而走險犯法的也大有人在。

人性就是這麼糟糕，你進場之前，希望你先明白這一點，以利益為導向的環境裏，根本沒有任何人情可言，到了緊要關頭，大家都各顧各的，沒有人會替你跳進火坑，只有人推你進火坑。

很多人以為只要得到內幕消息，掌握了技術面分析的能力，便能在股市裏大展身手，要知道，股市裏賺錢的永遠是少數人。今天的股市實在有必要進行洗盤了，買菜的大媽也來，擦鞋的也來，唱戲的也來，士、農、工、商各路人物紛紛擁至，連小學生都可以成就股市神話，這樣的市場簡直亂套了，他們都能賺錢，專業人士吃什麼飯？我並不是說我有多高明，而是要說明一個道理：每一個行業都有它的規則，每個人也有它生存的地方，股市不可能是萬能的行業，一樣會有適合它的人和不適合它的人。現在的情況是，大家像買菜似的，很多人連K線是什麼都不知道，看到人家排隊買他也跟著買。如果問他為什麼買，他會說：「因為別人都買，所以我也買。」遇到大跌，大家蜂擁而出，奪路而逃，只恨爹娘生兩條腿太短，個個都認為自己聰明，逃得快的回頭看別人怎麼死，到頭來，門就那麼點大，人卻那麼的多，結果互相踐踏，奪門出逃的非死即傷，全身而退的只是那些最先衝出圍牆的人。有的人甚至是自己死了還不算，死都要拽住一個陪葬的，其心之骯髒顯而易見。股市的崩盤原理就是這麼形成的。

大家都會想，如果你不跑，我也不跑，那麼大家都不會死，別人也奈何不了我們。話是正確的，問題是有可能萬眾一心嗎？實際結果是，逃跑的人大聲喊著「別跑」，實際自己跑得飛快，喊得最大聲的人往往跑得最快，跑出來找個陰涼的地方看水深火熱裏的人群擁擠不堪的場面，笑瞇瞇地邊點頭邊自語：「這些蠢貨……」

金錢是萬惡之首，很多時候不是人害人，而是錢害人。大家都真金實銀在一個空間裏廝殺，哪有不見血光的道理？股市是最能集中反映人性的場所。我向來不大喜歡幫別人評股，你給人指點，別人賺錢了第一個想到的人不是你，而是「看我多聰明！又賺了一筆」。如果輸了，第一時間一定想到「不該聽這該死的傢伙的，害我虧損一大筆……」。真正會在贏錢的時候想著「感謝某某人，沒有他我就沒有這筆利潤」的人是少之又少。很多人不是懷著感恩之心活著，而是「厚責於人而薄責於己」，「利加於己而損加於人」。千萬不要與那些連自己的手都控制不住的賭徒為伍，否則吃虧的總是你，人以群分，你一定會受到影響。實際上股市裏大多數人都是屬於賭徒，都不具備價值衡量體系，所以最好的辦法是一個人單獨行動，輸贏都是自己的事，不要成群結黨。

第二節　狙擊手

股市是一個沒有硝煙的戰場，處處充滿殺機，進場之前你必須充分認識到這一點，首先把自己武裝起來，拋開一切束縛，你的目標就是保護自己，然後狙擊別人。一旦進了股市，請你收起自己的仁慈之心，就好比一個人做了乞丐就別再講什麼自尊或者清高，一定要先擺正姿態。股市這塊大蛋糕就這麼大，你切得多，別人切得少，甚至還得拱手讓出自己那一塊，你要做的就是弱肉強食，打敗別人你才能生存下去。

第一步你必須先學會逃生的本領，這個本領，就是預測，你要在別人嗅到危險氣息之前感知到洶湧而來的亂流，提前撤離到安全地帶，而不是一味想著我投多少錢進去能賺到多少錢，希望越大失望就越大。當災難不可避免的時候，這樣的人第一個慌亂，因為他們最容易受打擊，一連串錯誤的決策會加速將你送進亂流。如果你實在不知道路在何方，那麼我建議你站在原地觀望，靠邊站，別讓別人踩到。關鍵時刻，做個冷靜的人是至關重要的，我希望你永遠記住我的話：遠見是求生之道，冷靜是制勝之方。

狙擊手永遠不會站在人潮裏，只會趴在某個隱秘之處，而那些所謂的內幕消息所指之處都是人群紛湧，所以應當避開。如果內幕消息滿天飛的話那還叫內幕消息嗎？這是天大的笑話，稍微有點邏輯思維的人都可以分辨出來真假。那些傳消息的人都是小散戶，一個內幕消息怎麼可能傳到小散戶的耳朵裏呢？所以那些全部是誘餌！電視或者報紙上那些所謂的專家們所提供的就更不靠譜了，大概是他們想出貨了，趕緊呼籲散戶去接盤，散戶集中湧入也會使一支股票產生上漲行情的。

如果有一天你成為某支股票的控盤手，你一定要記住我的話，千萬不要把消息透露給任何人，連躺在枕邊的女人也不行，要使消息絕對保密，唯一的辦法就是你自己守口如瓶。因為這個世界上的每一個活著的人都有自己的關係網，每個人都有父母親人，都有自己認為最親密的人，消息一旦傳出就像原子彈的連鎖反應，迅速把你拱到金字塔的最頂尖去，當然，如果你想要讓別人抬轎子，這是個很好的辦法。

第二步需要練好槍法。你選定什麼樣的目標，如何計算出擊的時間和點位將直接決定你的成敗。至於這一點，是屬於技術上的層面，這裏不多說，在本書的第三部分《技術分析理論》中將作詳細探討。

✎本章結語：

知己知彼，方能克敵制勝。你要想活得瀟灑，必須先擺正姿態，把自己埋伏起來，趴在邊上做個冷眼旁觀的人，在沒有看清形勢之前不要作任何行動。

第二部

基本面理念

Part 02

第一章
百年道瓊指數

學史可以明鑒，曾經有人做過統計，結果表明歷史學得好的人，普遍股票都能炒得比較好，原因無他，就是歷史資料的借鑒作用。實際上很多現在正在演繹的行情在過去的某個時間裏已經出現，股票K線形態就是那麼幾種，顛來倒去不會有太大的差別，總會輪流複製。

道瓊工業指數（見圖2—1—1）的歷史已經超過百年，作為全球股市的風向標，它與其他各國的主板指數有著很密切的關聯。所以了解它是很有必要的，同時它的歷史也可能為我們所借鑒，比如1929年經濟危機中道瓊指數的形態就可以作為2008年金融危機的借鑒。

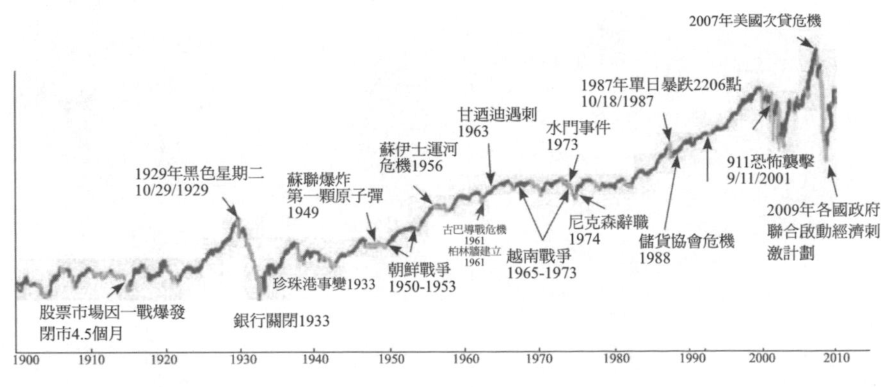

圖2—1—1

道瓊指數在百年的路徑中主要還是上升的狀態，這和美國本身擁有一批成熟的主流價值投資者有關，當然，這些年來經濟在不斷向前發展，所以股價大趨勢向上是吻合的。正常情況下每日道瓊指數的波動也比較小（比起中國A股），如果遇到重大事件，由於沒有漲跌幅限制，所以波動起來就非常大，這要是放在中國A股上，可能就望塵莫及了。一個成熟的市場必須擁有主流的價值投資者，價值投資就是做多，穩定持有一些股票，做長線甚至是超長線的投資，大部分股票的籌碼都很穩定，換手率也較低。

從圖2—1—1中大家可以看出，每次大的戰爭都會導致指數大幅度上升，走出主升浪行情，戰爭意味著物資大量損耗，從而使基礎工業得以快速增長，只要生產得出來產品就不用擔心沒有市場。而道瓊指數的主要成分股就是一些大型的基礎工業方面的企業，像鐵路、石油、鋼鐵這類的企業。

在110年的歷史中，有2個單日暴跌比較出名，一個是1929年的黑色星期二，還有一個在1987年；中國A股（見圖2—1—2）目前最兇猛的應該是2007年的2月27日黑色星期二，如果不是漲跌幅限制，誰也不知道會跌成怎麼樣，那一天上演了千股跌停的奇觀。

道瓊指數有三段比較大的熊市，一個是1929年經濟危機，那是歷史上最嚴重的一場經濟危機，長達數年，最後還是因為第二次世界大戰走出低谷；第二段是阿拉伯石油禁運危機，由於石油是基礎工業的必需品，能源問題直接制約一個國家的經濟動脈，所以石油危機直接導致熊市的產生；第三段是2007年的次貸危機引發的全球性金融危機。

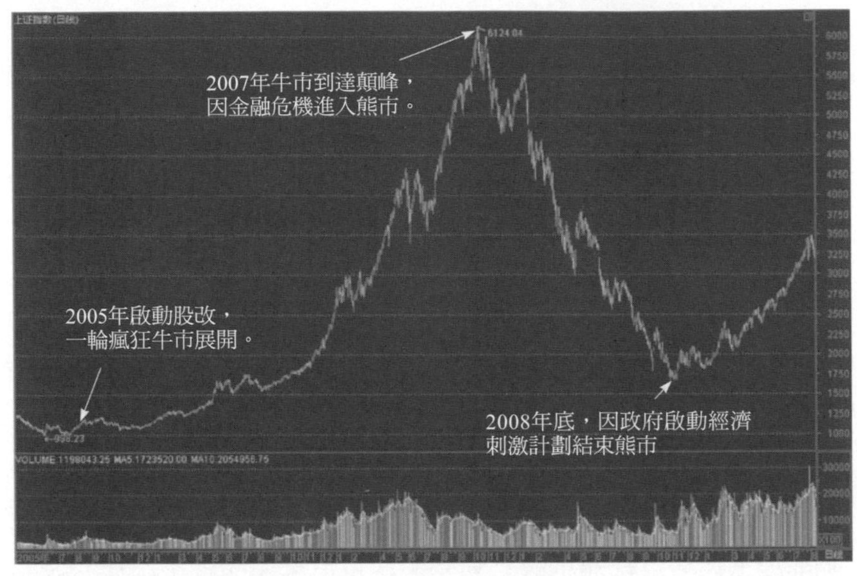

圖2—1—2

儘管在110年的時間裏出現過幾次大熊市和若干次小熊市，總體而言牛市的時間比較長，並且每次熊市過後必定再創新高，由於整段K線是處於震盪上行的狀態，和整個世界經濟一起呈週期性增長，由此可以看出，無論你什麼時候入市，並且選擇能持續盈利的股票，只要你堅持長線的價值投資，賺錢是必然的結果。假如你不懂得選擇股票，投資了指數基金，那麼賺錢也是必然的結果。換句話說，道瓊指數的點數沒有最高，只有更高。

大家從圖2—1—1中可以清楚看到，在1929年之前的那段時間，道瓊指數經歷一段瘋狂的飛速上漲行情，隨後而來的是直線高強度的殺跌，然後又產生很強勁的反彈行情，在十幾年的時間裏走出大雙底的形態，這個圖形拿來對照我們的上證指數2005年到2010年的大盤指數K線，你就會發現，一切是那樣的相似。

2005年到2007年飛漲，2008年是高強度的殺跌，2009年強勁反彈，目前進入盤整階段，並且可能複製道瓊指數走出大雙底形態。同樣的百年一遇經濟危機，它所帶來的也必將是相似的走勢。而1987年道瓊指數的黑色星期二又和我們2007年2月27日黑色星期二（見圖2—1—3）相似，而且前後的行情都差不多，都是前面漲得很好，突然就來那麼一下，過後又是慢慢反彈，並且在一段時間之後再創新高，歷史總是驚人的相似，這就是歷史資料的魅力。

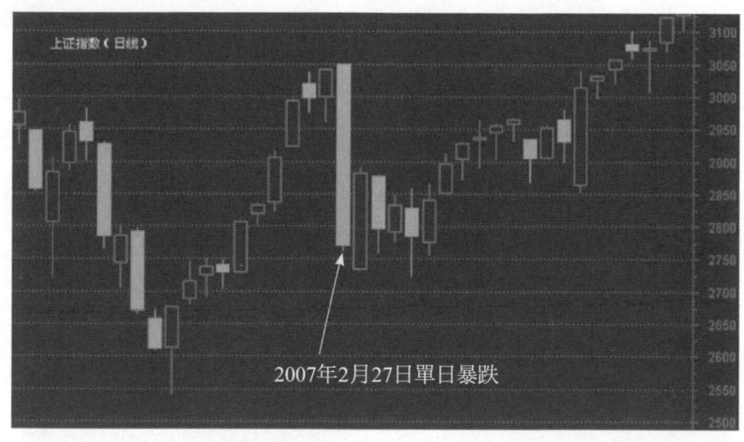

圖2—1—3

道瓊指數在金融危機之前對大盤指數的影響力非常細微，幾乎可以忽略，但是金融危機開始之後便產生了一些聯動作用，然後關聯度逐漸增高。現在道瓊指數的漲跌直接影響到滬指大盤指數的開盤行情。主要原因是國際游資對中國的投入比以前大了很多，一旦有資金產生對沖盤，聯動性就會越來越好，資金結合程度越高，聯動性就越高。像歐洲國家的主板指數和道瓊指數的關聯度就很高，同漲同跌。我們現在還遠遠不夠，經常跟跌不跟漲，但是這樣的局面終會成為歷史，總有一天我們會同步聯動，所以關注道瓊指數是非常有必要的。就像打牌不能光看著手裏的牌，還要看整個牌面才行。

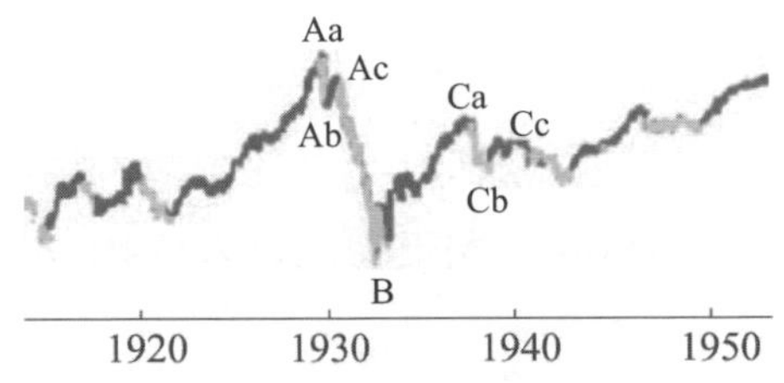

1929年經濟危機中的道瓊指數

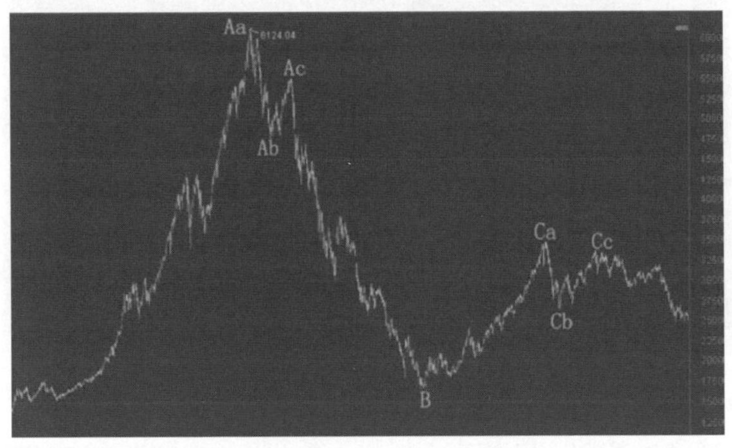

2008年金融危機中的上證大盤

圖2—1—4

2008年在兇猛的熊市中，我反覆地看百年道瓊指數K線圖，每次我都能從中獲得信心，我們的人生還有很長，無論多大級別的熊市都不超過5年，一定能走出低谷，並且兇猛的熊市過後必定是與之配套的牛市。像2008年這樣級別的金融危機，也許我們一生只遇到一次，所以這也是一種幸運，畢竟我們經歷過了。所以，以後無論何時如果你遇到熊市並且感到悲觀絕望的時候，不妨打開道瓊指數的百年週期K線圖，你一定能夠從中獲得戰勝熊市的雄心！

下面我摘道瓊指數的1929年那一輪行情K線圖（週期長短不同，形態接近）和滬指2008年的K線圖進行波浪標注（見圖2—1—4），對比現在的大盤，大家就會發現歷史竟是如此的接近。

✎本章結語：

百年道瓊指數的最大作用莫過於給我們提供重要的參照，因為我們A股的歷史很短，所以需要道瓊指數的歷史行情作為借鑒，當遇到大起大落的行情時，我們更能客觀地審視眼前所發生的一切，以歷史的眼光看待當前的行情，我們從心理上可以顯得更加從容。

第二章
國際原油

「國際原油」（見圖2—2—1）是美國紐約期貨交易所開設的一個期貨品種，全名是「美國西德州輕質低硫原油」，簡稱「WTI」，該品種從1983年開始上市交易。

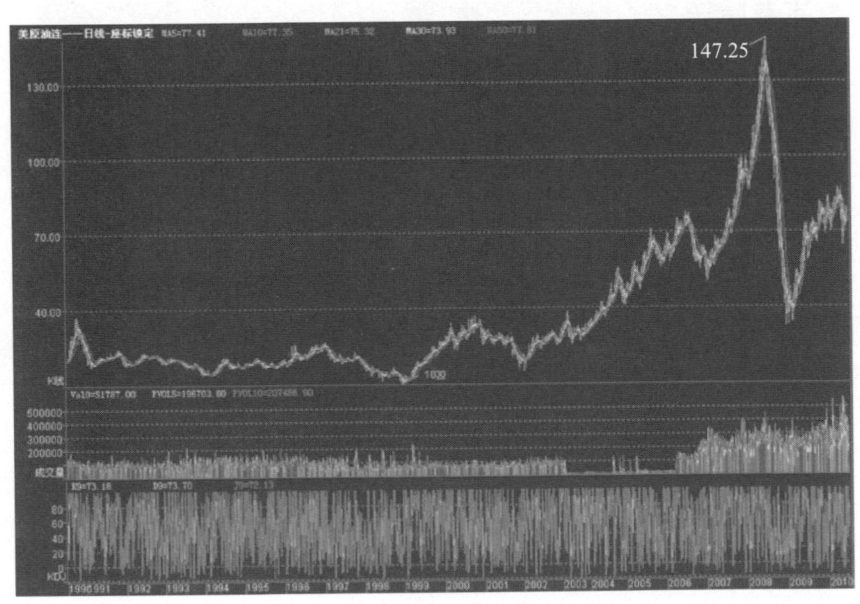

圖2—2—1

石油從品質上分為無數種，有輕質、中質和重質，還有高硫、低硫，或者其他劃分，油質以輕為佳，成分以低硫為貴，所以「國際原油」在全世界的石油中算是品質非常好的一種。我們國內的大慶油田產的油也是比較好的，而新疆和南海出的原油品質就差了許多。中東的原油以輕質高硫為主，品質中上，由於硫含量高，所以對設備的腐蝕比較明顯，這使其價格打了折扣。不同的原油價格差別還是很大的。

由於WTI的價格波動直接影響其他地方的原油價格，所以它有著絕對的重要地位，足以代表全球各地區原油品種，所以稱為「國際原油」。倫敦期貨交易所也開設一個「布蘭特原油」期貨，其油品質略遜色於WTI，基本與「國際原油」同向聯動。

經過多年的交易，「國際原油」已經成為全球商品期貨的風向指標，直接影響了全世界各地區各期貨品種，所以掌握它的波動規律也就等於掌握了其他任何一個期貨品種的運動路徑，而期貨常常影響了股票的走勢。

能源問題是一個國家的戰略問題，直接影響著一個國家的政治、經濟和軍事策略。人類發展到今天，對石油是又愛又恨，不想用，卻離不得。它對環境的污染是顯而易見的，但是所有機器卻離不開它，石油如果突然沒有了，世界將會停滯下來。要想知道「國際原油」波動的奧妙，首先要了解它的基本面因素。

影響「國際原油」波動的最主要因素是美國政府的戰略意圖，而這個問題是由其執政黨所決定的。所以我們先得了解美國兩個最重要的政黨。一是美國民主黨，它多年來的方針是推動新能源計畫，以可再生的能源品種取代不可再生的石油和煤炭，所以民主黨的主要政策就是圍繞著打壓國際原油價格展開；二是美國共和黨，它背後的支持者是石油和軍火商，為了自身的利益，他們自然是希望原油價格往上漲，最好再打一場仗，而且最好是在全球產油中心區開打，既使石油價格上升，又消耗了軍火。

從圖2—2—1中我們可以看出，國際原油在老布希（共和黨）時代曾經有過一次飛躍，而其任內發生了1991年初的第一次波灣戰爭，在戰爭之前一段時間原油飛漲，開打的時候已經跌下來，打完又是一輪上漲週期。老布希之後是柯林頓（民主黨）上臺，長達8年的時間裏，原油一直被壓在低位波動，甚至在1998年底跌到10美元/桶的歷史低位。但在柯林頓第二任最後階段，由於共和黨上臺的機率太高了，所以原油產生強勁的上漲行情，實際上無論是原油還是我們的股票，炒的都是預期，總是提前對某一事件作出反應。小布希上臺不久就發生了美國「9・11」事件，接著美軍在中東地區大打出手，先是打阿富汗，跟著打伊拉克，拉開第二次波灣戰爭的序幕，並且最終打垮海珊政權。這段時間裏原油節節攀升，一直飛漲到一個前所未有的高度，並且激發了嚴重的經濟危機。歐巴馬（民主黨）上臺前後，原油價格飛流直下，從147元的高度一直跌到32元，幾乎剩個零頭，接下來是一輪技術性的修復行情，4個月的時間一路反彈到70多元（這是一個比較合理的價格，畢竟原油的開採和運輸，儲存都需要不小的成本，它不是虛擬的商品價格，而是有基本面的因素支撐著的），然後在65～88元之間展開長時間的寬幅震盪行情。由於這20年來經濟是高速發展的，原油價格和商品價格一樣也要算上通貨膨脹的因素，這個因素會使其價格逐漸上抬。而柯林頓在臺上的時間裏，原油幾乎沒有對經濟發展產生刺激作用，可以說美國民主黨的壓制政策還是很成功的。

預測國際原油的大方向走勢，實際上就是看美國哪個執政黨上臺就可以了，只要美國民主黨在執政，原油都沒有飛漲的機會，而美國共和黨一上臺，結果就大不一樣了。

而中期的波動主要影響因素是中東石油輸出國組織「OPEC」

的各種政策，減少每日產量將導致石油價格上升，反之則下降，實際上OPEC成員國現在各懷鬼胎，大家都超額抽原油，誰也沒有真正去遵守定額。而作為全世界第二大石油輸出國的俄羅斯顯然也有舉足輕重的地位，其中也蘊涵著俄羅斯與美國這兩大巨頭的政治角力，而角力的交叉點就是國際原油。高漲的原油價格符合俄羅斯的基本利益，但是對美國乃至石油進口國的經濟都是有危害的，畢竟基礎工業的生產成本明顯提高了。像我們國家，每年進口超過2億噸原油，價格每提高10塊美金/桶，我們付出的代價就是146億美元（每噸原油約7.3桶），原油從1999年的10美元起步到2008年的147美元，這有多少個10美元啊！這筆錢你們算一下，可以建多少所希望小學？

短期來說，影響原油波動的因素就比較多了，比如美元指數的強弱，墨西哥灣的颶風都能產生一些作用；還有北美冬季如果寒冷一些，也會使原油價格上漲，因素太多了，沒法一一道破。

早在2004年，我便作出原油將超過120美元/桶的預測，當時看到一篇西方經濟學家的分析文章說，原油一旦突破120美元將會引發嚴重的通貨膨脹，並且導致嚴重的經濟危機。不幸的是，預言終於變成現實，原油衝到147美元的高位，2008年真的迎來百年一遇的金融危機。

國際原油與有色金屬期貨有著很高的關聯度，同漲同跌，美國和倫敦的有色金屬期貨波動直接影響我們國內的有色金屬期貨，間接影響了有色金屬股票。這個關係，簡單地說就是原油如果大漲，隔天我們的有色金屬股和煤炭股也跟著大漲，反之也成立。所以，如果你想做好資源類的股票，一定要關注國際原油的走勢。像2007年的有色金屬股票會領漲整輪牛市，主要也是因為原油飛漲引起有色金屬期貨跟著暴漲，帶動了股票。整個2007年我都以有色金屬股為主倉配置，所以遠遠跑贏大盤。2009年原油在32美元見底後強勁反彈到80美元區間，在這輪反彈行情中，有色金屬股票基本也翻了兩三倍，同樣是遠遠領漲大盤。2007年的煤炭股上漲幅度也是比較大的，煤炭和原油的關係就比較直接了，都是屬於化石燃料、不可再生能源，聯動程度也更高一些。

✎本章結語：

國際原油牽涉著多方利益，影響著世界格局。畢竟人類暫時不能離開化石能源，它直接關係各國的經濟命脈，所以研究它有利於我們進一步研究下游各種商品的基本概況。如果把世界各方博弈比喻成一場紙牌賭博，那麼國際原油就是牌面，你必須看牌面才能打好你手中的牌。

第三章 匯率與黃金

圖2—3—1為美元對人民幣匯率K線圖，美元對人民幣下跌反過來就是人民幣升值。自從2005年7月人民幣實施浮動匯率以來，匯率問題漸漸為人們所關注，特別是從事進出口業的人們更是重視，因為它的波動直接關係到項目的收益。人民幣升值對於出口業而言是一種利空，因為一批產品的運作週期通常不短，從貨物出去到承兌匯票或信用證兌現現金回籠通常要好幾個月的時間，國際貿易以美元結算，美元一貶值，換到的人民幣顯然就少

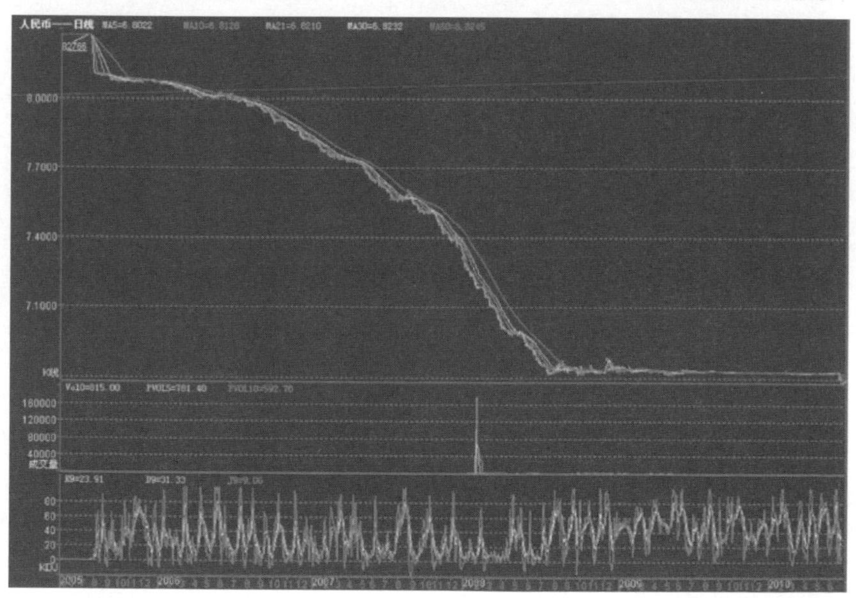

圖2—3—1

了，這樣一來匯率問題就成了制約利潤的最主要因素。而這個對於進口業而言卻是重大的利多，畢竟人民幣值錢了，向外買東西時購買力明顯提高。

強勢的人民幣損害了國內的出口行業，間接打擊了低端製造業，同時，中國是美國在全世界最大的一家債主，持有上萬億美元的美國國債，這筆龐大的數字會因為美元的貶值而大幅度縮水，這絕對是一種財富的掠奪，所以強勢的人民幣並不符合中國的利益。假如以1萬億計算，匯率由83一直升到68，我們所持有的美國國債如果套現回來，匯率一項會損失掉18%，1,800億美元就這樣進了美國人的口袋。對於這個數字，可能它已經大到很多人想像不到的程度。所以我打個比方，通常捐建一所希望小學的費用是20萬元，這筆錢可以建612萬所希望小學！而實際中國持有美國國債遠不止1萬億美元，所以能建希望小學這個數字還會更大。按照13億人口計算，我們每個人為此買單138美元，按68的匯率計算為人民幣938元，這樣你就有想像了吧？

人民幣從2005年進入升值到2008年這3年的時間裏，現貨黃金也進入一段瘋狂的飆升，從本章幾張圖的對比，大家就可以看到這種走勢，美元對人民幣不停地下跌，然後是現貨黃金在震盪中一直往上衝，對應的美元指數自然是震盪下行的一種態勢。從圖形看來，美元指數和黃金的聯動性沒有人民幣對美元匯率波動曲線關聯度那麼高，由此看來，中國對現貨黃金的影響力還是比較大的。

人們之所以會選擇購買黃金，主要是為了對抗通貨膨脹，黃金自古以來就有很好的保值功能，而且不同於紙幣，它不會變質，抗氧化能力極強，無論哪個國家、哪個朝代都以它作為金融體系的基準，所以價值永遠存在。當人們意識到將出現通貨膨脹的時候，首先就會想到持有黃金。所以從黃金的走勢也可以看出來，從2000年開始到2010年這段時間（見圖2—3—2），黃金是節節攀升，從251美元/盎司一直漲到逼近1,250美元/盎司，後者是前者的5倍。而這段時間的中國經濟按照每年10%的增長疊加計算，上漲倍率是大約是2.4倍，不到黃金漲幅的一半，所以它對抗通貨膨脹的功能還是顯而易見的。反過來說，如果經濟出現倒退的話，黃金的投資價值就大打折扣，到時候貨幣反倒保值了。所以投資黃金主要還是取決於對經濟前景的展望，像2008年因為金融危機，現貨黃金的價格從1,000美元/盎司一直跌破700美元/盎司，跌幅超過30%。這個幅度是非常大的，要知道那些職業的炒家可能動用200倍或者300倍的資金槓桿，把這個數乘上去，你們就明白這段下跌是多麼慘烈！

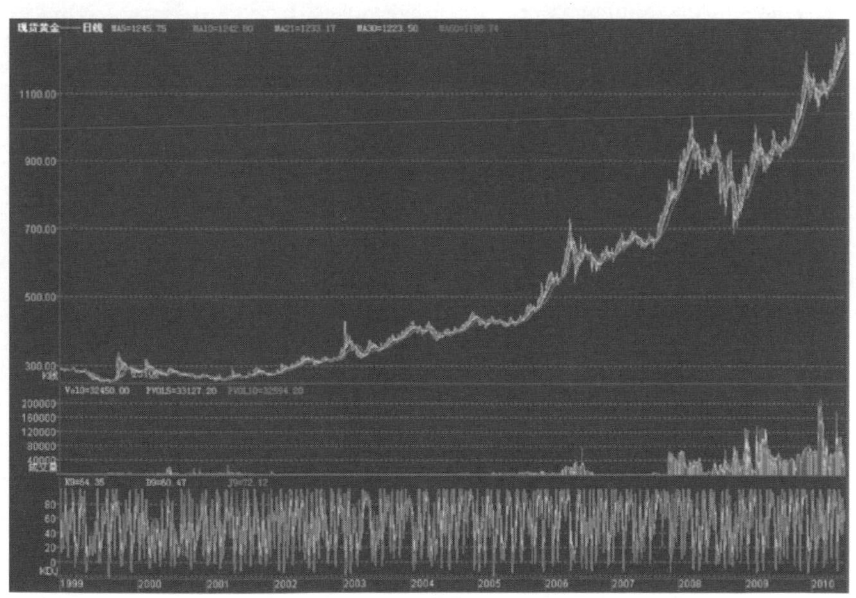

圖2—3—2

我說了這麼多，可能你還是覺得，這跟我有什麼關係呢？有關係的，我們的股票實際上也跟這掛鉤，下面我舉幾個例子說明這個問題。

南方航空（600029）每年都從美國買飛機，也向外購買大量的航空煤油，以人民幣換美元進行支付，同時也有龐大的外債。人民幣一升值，對它而言是絕對的重大利多。2007年有人做過測算，光是匯率這一項，南航的收入就近30億；前不久我看到的一個數字是23億。在2007年7月，我在天涯「別境解盤」帖中公開推薦了南方航空，帶領許多人出擊，我自己是從10塊開始切入，做了幾個波段，而它一路飛漲，在2個月的時間裏就衝到30.5元的紀錄價。帖子裏的朋友基本都大幅度獲利，我自己也賺了好多年的飛機票。當時整個航空業的股票都飛漲，但是因為南方航空的匯率收益最高，所以當時我選定了它。那時有色金屬股已經漲得太高了，很多突破了100元，我買的時候心裏有點發毛，所以尋找了這些價格較低的股票，當時航空股的動態市盈率也比較低，才十幾倍（見圖2—3—3）。

2007年「5·30」行情大跌過後我開始介入中金黃金（600489），當時才40塊出頭，股價挺高，但市盈率還比較低，出於對現貨黃金前景的看好，我選擇了黃金股，並且參與波段操作，但是在超過60塊之後我就再也不敢進了，而是轉向南方航空。後來中金黃金一路漲到接近160元（見圖2—3—4），差價足有100塊，但是還不到2倍，相比南航，這個比例還是差很多的。當時很多小盤股已經出現高位滯漲，所以投資小盤股比中金黃金就強很多了。

人民幣升值還有一個利多的行業是造紙。因為大量的紙漿需要從美國或者其他國家進口，以美元結算，人民幣的購買力顯

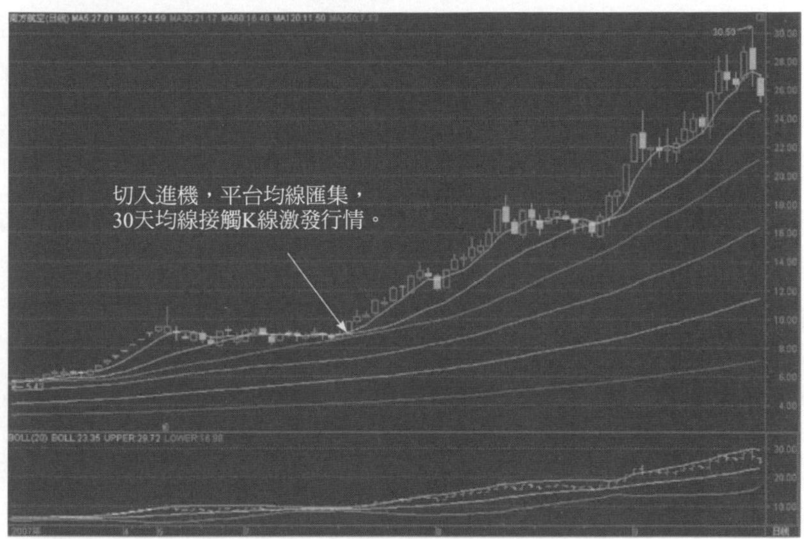

圖2—3—3

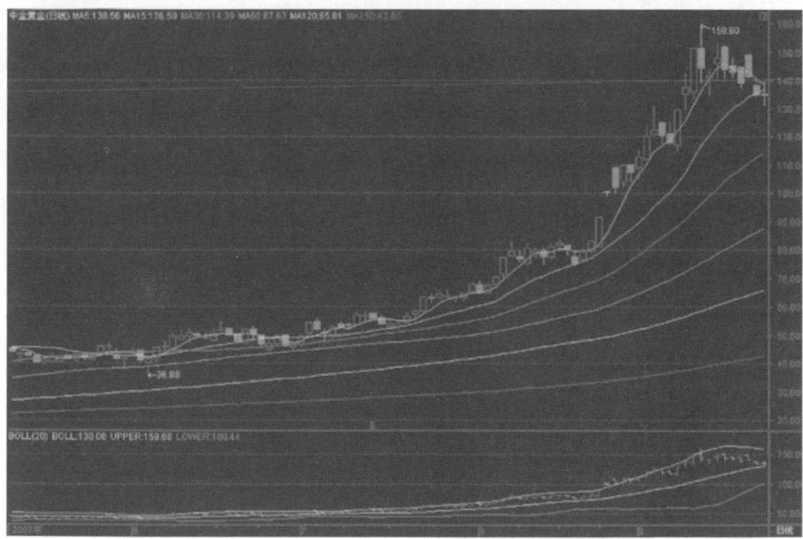

圖2—3—4

然提高了。像石油行業也是利多，因為中國每年進口的原油都超過2億噸了，這是一筆很龐大的數字。還有一些需要大量進口的機械股，有許多外債的路橋股等等，都會因為人民幣的升值而受益。但是以出口為生存保障的紡織業日子就不好過了，人民幣一升值，利潤就被吃掉大部分進去，甚至造成虧損。像玩具製造業也是受到很大衝擊的行業。凡是依賴出口的行業都不希望看到人民幣升值。

現在，人民幣最尷尬的問題是什麼呢？答案是：對外升值，對內貶值。造成後果是什麼呢？巨額外債貶值，國內物價高漲。這種模式不改變，我們將淪為世界級的農民工，為別人創造財富，然後自己過上苦日子。

✎本章結語：

匯率問題是一把雙刃劍，它的波動沒有絕對的好，也沒有絕對的壞，關鍵看針對什麼行業而言。穩定的匯率可以使我們國家經濟總體穩步發展，但是這種溫床已經成為歷史，現在我們必須面對劇烈波動的匯率，如果我們要做某個行業的投機，而這個行業中的公司利潤和匯率掛鉤，那你就必須注意了。

第四章 經濟模式探討

在2007年這輪牛市之前，很少有人談論GDP，CPI，PPI等經濟數字，大家對這個有點陌生，一輪牛市和一輪熊市下來，全民都成了經濟學家，大家都在談論經濟數字，並且每個人都有自己的見解，說起來頭頭是道，每個月到公布經濟數字的日子，大家都將目光集中在一起。而那些所謂的「專家」也不甘寂寞，到處大談自己的觀點，很多時候是不知所云，還特別能云，我就弄不清，這些數字對我們的生活能有多大的影響呢？倒是對於整個中國的經濟格局，我不得不略作思考。

我一向都不太關心經濟數字，在我看來，那只是個拍板的結果，根本反映不了什麼現實問題，GDP是加大了，問題是我們生活的環境改變了多少？我們的壓力又減輕多少？GDP數字中地產所占的分量又是多少？

美國在工業革命之後，基礎工業取得巨大的成就，整個經濟是以基礎工業為主要動力，實施藏富於民的政策，完善社會保障體系，從而使每個人形成一套良好的消費觀念，以巨大的消費動力來消耗基礎工業的成果，使整個經濟得以快速循環，向前發展。

看看我們國家，製造業主要是低端產品，並且以出口為主，內銷所占比例很小。由於社會保障體系不到位，加上中國人的傳統觀念在起主導作用，使得大家有錢不敢花，習慣性地存起來，以備不時之需。然後這些年來房子突然間被炒起來，大家覺得有利可圖，於是部分資金買了房子儲備起來，以抵抗通貨膨脹，並且從中獲得巨大的投資回報。我們沒有龐大的基礎工業體系，也沒有與之匹配的消費體系。幸虧炒的是房子而不是糧食，買不起房子，問題還不算不太大，買不起糧食可就要命了！

我曾經說過，只追求GDP數字最終會害人，為了這個數字，付出巨大的環境代價，犧牲子孫後代賴以生存的資源，那就很不值得。就算中國的GDP數字全球第一，我們的生活環境不容易趕上歐美國家和日本。GDP不代表國力，也不代表人民的富裕程度。我們的GDP主要是靠房子交易支撐起來的，試想，如果我們沒有這麼多國民，哪來這麼龐大的房子需求量？西方國家的發展之路主要靠工業生產和健全的消費體系填充GDP數字，如果是靠投機進行填充，這樣的發展模式是存在問題的。

現在我們喊刺激消費拉動經濟，實際上光喊口號是不行的。沒有完善的社會保障體系，誰也不敢多花錢。癥結就在於社會保障系統，解決了這個問題，其他問題都會迎刃而解。要知道我們有這麼多的人口，一旦消費觀念轉變過來，根本不愁基礎工業發展不起來，我們國家有輝煌的歷史，同樣會有輝煌的未來。

✎本章結語：

我們國家的人口世界第一，但是我們大多數的人們生活得很節儉，也就是說，我們離發展到像美國人那樣的消費水準還有很長的距離，要說潛在的市場規模，我們無疑世界第一，以此推論，以從事生活資料生產為主的行業將會有巨大的發展空間。

第五章
行業基礎分析

這個章題起得有點大了。試想現在中國得有多少個行業？我是不可能一一作點評的。所以我下面只能就與股票有關的幾個較大的行業發表一些我的看法。大家都知道，大盤的主力板塊是：石油、金融、地產、有色金屬、煤炭五大龍頭；其他的還有：電力、交通運輸、汽車、醫藥、農業、電子、化工等等。下面我就以上行業作簡單評價。

第一節　石油

石油行業有3大巨頭，分別是：中國石油天然氣集團（簡稱中石油）、中國石油化工集團（簡稱中國石化）和中國海洋石油集團（簡稱中海油），其中，中石油和中石化已經在A股上市，並且中石油已經成為上證大盤指數第一權重股，2007年上市時占25%的權重比例，直接捆綁了大盤指數。

石油是屬於國家壟斷的行業，也是暴利的行業，油價的波動直接影響國家的經濟，與之直接掛鉤的是交通運輸業、汽車行業，油價上漲直接構成其利空作用。石油行業最怕的是原油快速上漲，形成外面高、國內低的倒掛局面，那樣會使利潤大幅度縮水，甚至造成重大虧損。反過來說，最好的情況就是原油快速下跌，國內油價沒來得及下調，形成價差。如果是原油維持在一個平臺上小幅度震盪，那麼對於整個行業而言是比較理想的。

儘管「中國石化」正常情況下每年有上千億的利潤，但是股票分紅卻是那樣少，而且股價也沒見漲多少。從2001年上市4塊多一股到現在復權價也才13塊出頭，9年時間翻3倍。而「萬科A」同樣的時間裏股價卻翻了6倍，要說利潤額就差得太遠了，這錢都到哪裏去了呢？如果從投資價值上來分析的話，石油行業是很值得投資的，壟斷、暴利、可連鎖複製等幾個優點都顯現出來，但是石油公司的股票卻偏偏不見得有很好的投資價值，這其中顯然是有問題的。

目前這樣的狀況，研究中國石油的走勢基本就可以斷定大盤指數的走勢，這個股票顯然已經被拔高到一個不正確的位置上。

相比世界其他大型的石化企業，中國的煉油及乙烯生產工藝實在太落後了，用的大多是西方國家20世紀90年代的技術，並且我們自己還設計不了，許多材料也需要直接從外面進口。像乙烯工業，我們連超高壓的管子都造不了，比起皇家殼牌或者BP（英國石油公司），我們差得太遠了。儘管中國石油有著世界最大的市值，但是其中的水分又是人家的多少倍呢？按照中國石油2010年第一季度的業績來計算，將15.7倍的市盈率壓到和殼牌一樣的10倍計算，結果是7.08元/股，而5月14日收盤是11.15元/股，溢價57.48%，這個數字乘以市值，它還能是世界第一嗎？2009年皇家殼牌石油業績超過中石化一倍，但員工數不及其1/10，歸根到底是設備自動化程度高，並且體制精簡的結果。大家不要總被那些所謂的世界第一忽悠，靠嘴吶喊是沒用的。如果把石油行業完全放開，人家把技術控制住，中國石化和中國石油將沒有出路，這就是毫無競爭力的結果。

第二節　金融

金融業是一個國家的龍頭行業，體制的好壞直接決定一個國家的發展命運。我們雖然加入了WTO，但是金融業的開放程度依然很低，原因是國內的這些企業實在沒有競爭力，如果不加保護，將在激烈競爭中被迅速淘汰，外資銀行很可能主宰中國經濟。

工商銀行目前是全球市值最大的金融企業，2009年初其市值是花旗銀行的11倍、匯豐銀行的2.8倍，問題是，一旦沒有政策的保護，這個局面還撐得住嗎？如果金融業放開，外資銀行進來搶份額，工行的業績如何維持這樣的局面？你敢指望它走出去搶人家的市場份額嗎？沒有中國股民頂著股價，它的市值哪能這麼高？這些都是動態的變數，一旦局勢有變，套用一句話——一切皆有可能！

當然，也不是所有的銀行都糟糕，寧波銀行在風險控制這一塊還是做得比較出色的。要論總體的經營狀況，招商銀行也算比較好的。像華夏銀行、中行、農行這一類的銀行根本就不應該上市。

曾經和朋友討論保險業，實際上我們都不看好，原因是大多數中國人還是改變不了觀念，主動買保險的人不多。當然，這也可能是個機會，代表著市場份額是無限的，未開發地區越大，潛在的利潤額就越大。不過現在的經營主要是靠強制性的一些保險，所以我對這些公司暫時不太看好。還有一個重要問題是中國的災難實在多了點，天災人禍每年都是不斷的，而且級別還挺大，隨著環境的破壞程度加劇，我相信這些自然災害還會頻繁發生，你想想，光是理賠這一項就夠這些保險公司受了，我真替他們捏把汗！

券商的業績是和市場狀況掛鉤的，牛市自然收益高，熊市的話就麻煩了。像2001—2005年的大熊市中，有許多券商還沒挨到熊市結束就倒閉了，不倒閉那些也撐得夠嗆。當年南方證券那麼大的公司就是倒在黎明前的黑暗中，它只要再撐大半年就可以走出熊市，就是差那麼一點。不過現在全民皆股，所以我對券商的長期經營狀況還是比較樂觀的。雖然行業競爭很激烈，大家都在拼搶客戶，手續費也降得很凶，但這始終不是大問題。現在每天大盤交易額再低也比2005年以前的熊市不只高10倍。所以這個環境還是相當不錯的。

目前中國還沒有真正意義上的對沖基金，都是共同基金，信託投資基金有點類似對沖基金，但是還不是完全的，相信這一狀況在不久的將來會被改變。我對信託投資基金還比較看好，畢竟它的經營模式比共同基金更具備競爭力，共同基金的管理人執掌水準實在令人不敢恭維。

第三節　地產

房地產這幾年來成了人們茶餘飯後的熱門話題，每個人都能頭頭是道地說出一番見解，實際上我的點評已經多餘了，在如此亂流之中，我也說不出什麼新意來。

我只想說，幸虧炒的是房子而不是糧食，房子的高價位是人民的熱情堆起來的，一旦這種熱情減退或者消失，後果就是雪崩。所有的一些原因和道理都是障眼法，旨在讓大家在爭論之中迷失自己。人們大多沒有一套客觀的價值衡量體系，容易跟風，結果就是產生羊群效應，在上漲中瘋狂擁進，在下跌中奪路狂奔，房價可以飛漲，同樣也能雪崩，這是最基本的邏輯思維。以歷史的眼光來看待正在發生的事情，一切是那麼了然。70年代的半導體，80年代的自行車，90年代的電視機和20世紀前10年的房子，每個時代都有引導人們熱情的產物，熱情像海浪一樣，潮來潮去，這是必然的結果，房子也將如此。不信的話，再過10年，你會看到房子已經不再是公眾的熱門話題，那時候你會對別境佩服得五體投地！

地產行業的高速發展週期已經成為過去，房價漲到這麼高，哪怕再翻一倍都是萬分困難的。投資應該選擇於一個行業起步的階段，那個時候基數小，要翻十倍八倍不是難事，投資是按照比例計算的，等其成為萬眾矚目的焦點，就是投資套現的最佳時機，後面的由別人玩去。

地產行業我不看好，但是地產股還是有投資價值的，畢竟是主力板塊。一旦牛市主升浪拉開，沒有地產股是不行的，市場總會找到炒作的理由。現在與其買房子，還真不如買地產股放著，至少它有短時間翻倍的可能性，房子可就難了。

第四節　有色

2007年開始，有色金屬行業成了股民的焦點，因為那些股票全部漲翻天。用一句比較土的話說——漲得連媽都不認得了！突破100元的股票比比皆是，要命的是在金融危機帶來的熊市中，有色金屬股也是跌幅最大的一個板塊——跌得連媽都不認得了！

有色金屬股的一起一落，充分證明了羊群效應的力量，在上漲中大家熱情高漲，不管價格多高都瘋狂進攻，大喊「只有更高，沒有最高」。結果在下跌中變成「沒有最低，只有更低」，或者「地板之下還有十八層地獄，再往下還有……」，人民群眾的盲目情緒是最可怕的，沒有理智，沒有客觀的價值衡量體系。看到有色金屬股票的一起一落，我領悟到上面那一段對房子價格的判斷，道理是一樣的，過程和結果也將不相上下。

有色金屬股的聯動性非常好，其中數黃金股較為獨立，其他都基本同向聯動。黃金股因為受外盤現貨黃金的影響比較直接，而其他有色金屬期貨直接和國際原油掛鉤，國際原油和黃金的聯動程度並不是那麼高，有時候甚至出現方向相反的行情。

我曾經說過一句話：在抄底搶反彈的時候，當你不知道買什麼好，那就買有色金屬股。有色金屬股的活躍度是最高的，在反彈中常常成為急先鋒，波動幅度比較大，它始終是大家關注的焦點，很多人買股票一下子就會想到它們，所以在下跌浪底拐點之後，反彈出現的時候，通常會有大量的資金同一時間湧入有色金屬股。

有色金屬行業屬於高污染、高能耗的行業，像電解鋁，十分耗電；提煉黃金需要用大量的氰化物這種劇毒物質；其他有色金屬礦的開採都嚴重危害環境，甚至帶來不可逆轉的破壞。對於這個行業，我是又愛又恨！有色金屬是好東西，但是為了得到好東西，犧牲了子孫賴以生存的環境，這代價大了點。

第五節　煤炭

煤炭和有色一樣，同屬資源類股票。

煤炭股受國際原油波動影響比較大，為同向聯動，原油大漲，隔天煤炭股基本是跳空高開，全盤飄紅，反之亦然。煤炭股有著很高的聯動性，和有色金屬股一樣都是比較活躍的，因為它們也一樣吸引著廣大股民的眼球。

影響煤炭行業的最大因素應屬火力發電，這個市場如果被核電淘汰，那麼煤炭行業將面臨殘酷的考驗！近些年開始有企業嘗試煤炭液化分餾，煤炭雖然沒有石油那麼高的提煉價值，但是其中所含的化工原料也十分可觀，所以煤炭的出路是有可能走向化工這個行業。當然，這是若干年後的事情了。

第六節　電力

從各類發電設備容量結構來看，火電所占比例最高，為77.74%；其次是水電，所占比例為19.43%；風電和核電所占比例分別為1.67%和1.13%，核電所占比例最低，與世界水準17%更是相距甚遠。

2008年底國家所制定的經濟刺激方案中，很大一塊屬於核電工業。資料顯示，2009年核電基本建設投資完成額同比增長74.91%，力爭到2020年，中國核電占電力總裝機容量的比例將達到5%以上，但不超過6%。問題是，世界上核電比例最高的法國，其目前核電所占份額是77%，大家想一想這個距離有多大！超過40%的還有立陶宛、比利時、保加利亞、斯洛伐克、瑞典、烏克蘭和韓國，日本也有近40%的份額，美國早在1999年便達到20%。從西方國家的發展之路來看，核電是電力行業的發展主方向。

火力發電是高污染的行業，中國北方火力電廠的排放物甚至能漂洋過海，到達美國的天空。而北方一些城市的污染已經十分嚴重，空氣品質極差，再這麼發展下去，我們就生活在化學反應器裏頭了。火電被淘汰是歷史的必然結果，只是這一過程還需很多年的時間才能完成。從投資的角度而言，這是一個走下坡路的行業，完全不值得長期投資。

水電被廣泛宣傳為清潔能源，看起來似乎是那麼回事，實際不然。我一直以來都不看好水電，水電工程動不動就大江截流，對流域的氣候影響極大，很容易使相關流域產生洪澇或者乾旱。

在所有的發電方式中，我最看好的是核能，儘管核廢料的半衰期和我們個人生命週期相比近似於無限，但是其使用過程如果不出事故，對環境的污染是很輕微的，而且蘊涵的能量十分驚人，過程完全可控，這是很可靠的一種能源。如果哪天輕核聚變獲得可控工藝，那將是核能的一次突破，也將使人類一勞永逸地解決能源瓶頸問題。而太陽能雖然清潔，但是生產太陽能電板卻是個極高污染的工業，加上受天氣的干擾太直接，所以我並不看好。風電挺好，問題是能用這種方法的地方並不多，要求條件比較苛刻，靠天吃飯畢竟不太容易，不利於大規模普及，所以風電有很大的局限性，不可能成為未來的主攻方向。由此看來，核電便成為主要發展方向，由於中國核電所占比例太低，要提高到50%還有很長的路要走，並且還將經歷一段高速發展的過程，這是投資絕佳的時機，也是絕佳的方向，是我所有行業中最看好的。注意，沒有「之一」兩個字。

由於電動車遲早會淘汰石化燃料汽車，所以電力還會有一個高速發展的過程，與之配套的是發電設備和智慧電網的產業，這兩個產業也將跟著享受盛宴；特別是那些能參與核電產業的發電設備生產商，遠期的利潤是非常穩定的，具備很好的投資價值。

第七節　交通運輸

交通運輸行業在整個經濟體中就像人體的血管一樣，它的興衰直接反映了經濟的好壞。多年前的許多農村牆壁上就曾有過這樣的標語口號：「要致富，先修路」，那時候的人們就明白，道路交通是至關重要的。

交通運輸細分為兩大塊，一塊是水運、陸運和航空，另一塊是與之配套的港口、道路橋樑和機場。

水運分為內河運輸和海運。對於內河運輸我不太看好，原因是內河的環境惡化太嚴重，水文不穩定，而且噸位很有限。海運是我比較看好的，運力大，並且海洋環境較為穩定，受天氣干擾程度低。現在由於受經濟危機影響，國際貿易打了折扣，所以海運受到很嚴重的衝擊，但是隨著經濟的逐漸恢復，下一個增長週期的到來將會給海運股帶來復甦的生機，現在（編寫到此時間為2010年5月16日）正屬於這個行業的低迷時刻，是最佳投資時機，所以我對「中國遠洋」這一類的股票還是比較看好的，相信它有很好的投資價值。如果要買海運股，最好關注「波羅的海指數」，這個指數影響力還是比較大的。

2007年中的航空股可謂一枝獨秀，幾支股票聯動拉盤，股價在短時間內扶搖直上，和飛機起飛狀態差不多，一下翻了幾倍，強烈刺激了大家的神經。我們有幸抓住了那個機會，獲得一些回報。航空業主要是受人民幣匯率和國際原油波動的影響比較大，這兩個是主要的因素，其次是高速動車對長途客運的搶佔，使航空流失了一部分市場份額，這是一個長期的利空。全世界的航空業經營狀況都不太好，國內的幾個航空公司中數國航和南航比較好，其他的也很一般，像南航擁有龐大的外債，人民幣一升值立刻帶來一筆收入。從投資角度而言，航空業不值得投資，原因就是高速鐵路對它的利空作用太明顯，而且是長期的。

港口、道路橋樑和機場這三種配套設施的盈利能力主要是看對應的那一種運輸方式的經營狀況，海運一旦恢復，港口將會有很可觀的收益。中國許多高速公路的經營狀況並不好，原因是路上跑的車太少了點。我走過許多高速公路，有的甚至1個小時都沒遇到10輛車，這樣少的車流連還利息都不夠，又怎麼能盈利？全國就數廣深高速和滬杭高速的車流比較多，其他地方還有待改觀，除了大城市，中國絕大部分城市的汽車普及率看來還是低了點，而且流動性也不夠。

第八節　汽車

40年前（20世紀60年代到70年代末）的自行車幾乎可以說是身分和地位的象徵。有一輛自行車是一件了不起的事，也很能招來周圍人們羨慕的眼光。但是時至今日，自行車已經快要退出歷史的舞臺了，它早已不是重要的交通工具。用歷史的眼光來看待現在的汽車，再過20年，它也不再是身分和地位的象徵，只是很純粹的一種交通工具而已。

我們看美國影片就會發現路上跑著各種各樣的汽車，而且家家戶戶都有幾輛，其普及率和我們的自行車差不多，而且並沒有多嬌貴。看看我們周圍，誰有輛車在路上被刮擦一下就心疼半天，彷彿比自己的皮被刮破還要痛，想一想，有這必要嗎？實際上我們國家目前來說汽車還不算是純粹的交通工具，而是一個家庭的重要資產，它的價值定位目前而言是錯誤的，造成這種原因主要是汽車的價格和收入水準不匹配，大多數打工者並沒有購買汽車的能力，所以它便成了身分地位的象徵物之一，但是這種狀況一定會成為歷史。

10年前手機也是身分地位的象徵物，但是10年後的今天，山寨機橫行街市，那些大品牌不得不放低姿態參與競爭。實際上，現在的機器品質遠勝於10年前那些單色螢幕機器，這是歷史進步的必然結果。

對於電動汽車，目前我並不看好，原因是我們的電力結構還沒有優化。國外可以發展電動車，因為人家的核電比例高，我們的電動車要是發展起來一定會成為災難，因為我們的電力結構主要是火電，加大火電的發電量會使環境造成更大的破壞，後果是很嚴重的！除非有一天火電份額降到20%以下，而核電達到40%甚至更多，到那個時候再發展電動汽車不遲。這個過程，至少需要30年的時間。現在可以鼓勵進行技術研發，但是不適合大力推廣。

汽車的廣泛普及還需要很多年的時間，這個行業的高速發展週期才剛剛開始，具備投資的價值。但是國內這些品牌自主研發能力嚴重缺失，並不具備很好的競爭力，真正享受到盛宴的還是國外的一些品牌，除非有一天人們的觀念徹底轉變過來，像購買手機一樣，用山寨機淘汰品牌機。由此看來，我更看好汽車服務業，龐大的汽車群需要配套的服務行業，而目前這個行業在國內還沒真正起步。像汽車美容、維護站，甚至汽車旅館，這些新興的產業具備較好的投資價值，只是現在依然不為大家發現。總有一天，汽車服務業的一些品牌將成為連鎖經營模式的受益者，這是一個可以連鎖經營的行業，像電器連鎖店一樣，都是可以複製的，只要可以連鎖就必定會產生高額的利潤，也就具備很好的投資價值，而現在，這個行業連一個品牌都沒有。

第九節　醫藥

醫藥板塊屬於防禦性板塊，在熊市的初級和中間階段常常被大資金作為避險港灣。中國的醫藥行業很不規範，主要是中醫和西醫互相衝擊的作用打亂了中國人的傳統習慣。中國傳統的醫學只有定性沒有定量，許多配方並不規範，很難工業化生產；西醫就不同，所有東西全部精確定量，規範化地生產，容易形成規模。中醫有很大的局限性，近年來中醫藥雖然也開始西化生產，但終究不夠。

所以我對中醫是壓根不看好，與中醫有關的產業自然也不看好。不過我對醫療器材這個行業是比較有好感的，起碼起步就已經是西化的產業。

可口可樂的前身本來是一種對付感冒的藥水，由藥店銷售，由美國喬治亞州亞特蘭大藥劑師約翰·彭伯頓發明，後來演變成食品配方，並且成了一種全球性的飲料，經久不衰。無獨有偶，「王老吉」也照這方法玩大了，這是複製可口可樂最成功的一個品牌，遺憾的是只在中國廣為流行，沒能全球化。雖然我不看好中醫，但是我希望能有那麼一兩個品牌能像可口可樂一樣風靡世界，那也算是給中醫爭口氣了。

醫藥股我很少買，只有在大盤不好的時候才會考慮。通常來說，大盤在下跌波浪中醫藥股是比較抗跌的，只有在殺跌到最後階段的時候醫藥股才會補跌，而在補跌之前，藍籌股基本已經跌到位，可以將資金轉過去。防禦性板塊的作用大致如此，所以在牛市中千萬不要死拽醫藥股不放，那會吃虧的，永遠要記住防禦板塊的價值只有在市道不好時才顯現出來。

第十節　農業

農業和醫藥一樣都是屬於防禦性板塊。在2008年的熊市末段補跌之前，一直是各方資金避難的場所，其中業績極差的「隆平高科」竟然在熊市中暴漲數倍，大大刺激了大家的神經，也讓我真正見識到熊市中實際上還是有可為之機的（見圖2—5—1）。

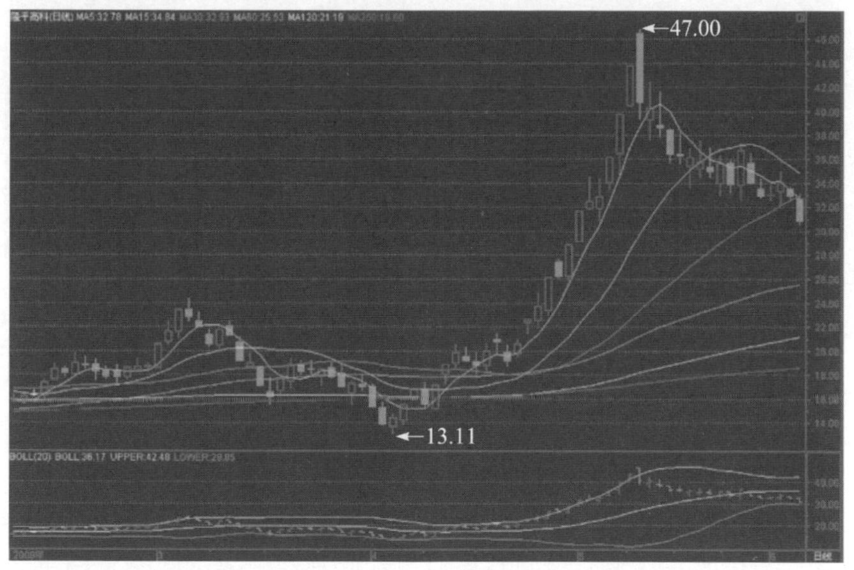

圖2—5—1

早在2007年初我就買過「中糧屯河」，後來也一直關注，它在熊市中竟然也創了新高，反倒是2007年牛市最後的盛宴階段表現平平（見圖2—5—2）。還有一支業績更糟糕的「冠農股份」，三四千倍的市盈率竟然漲到將近100塊還有人拼命擁進，實在太瘋狂，我也深切地感受到中國股民的不理智，這種股票一旦跌起來就像高處的落石一樣勢不可擋。後來在熊市末段補跌行

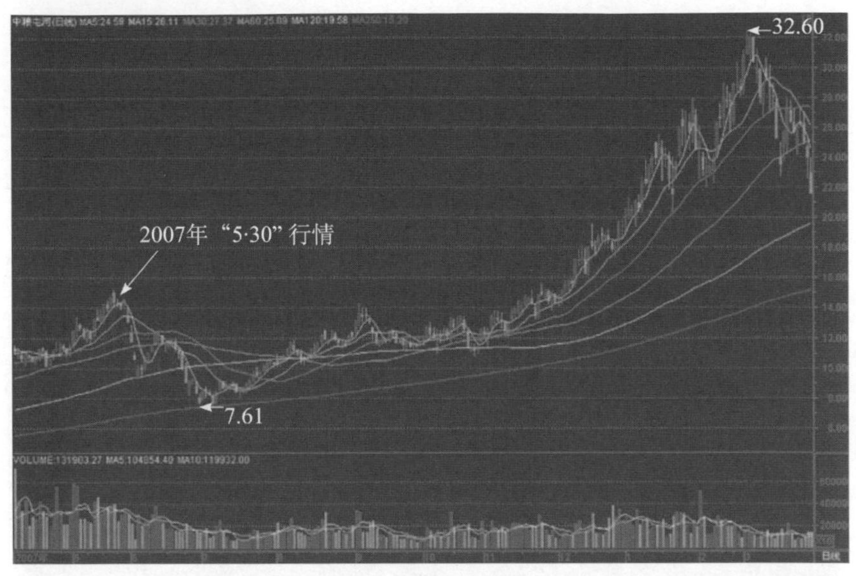

圖2—5—2

情中它的跌幅也非一般股票可比，那個下跌的氣勢可謂酣暢淋漓！在2009年的牛市中，農業股集體沉寂，因為這些股票的業績實在不怎麼樣，缺乏炒作的條件，而且也沒有資金需要避險，它們就被丟在角落裏。

每年的元旦後第一個交易日農業股都很風光，原因是每年的中央1號文件都是針對農業股。農業一直受到國家政策的保護和鼓勵，從邏輯思維上推理得出來的結論就是：一個需要政策扶持的行業，一定是經營狀況很糟糕的行業。

中國自古以來就以農業為主，雖然我們發展了幾千年，但是發展速度實在緩慢，許多地方依然停留在幾千年前那種用牛耕地的方式。這些年我通過旅行進行調查，我走過的地方基本都沒有見到大規模的農場化經營模式，大多是個體勞作，每戶農家一小塊地，大家各種各的，那些田野看起來花花綠綠，色彩斑斕。農業要發展就必須實現機械化，規模化，這兩樣中國目前都沒有。平原地區的水稻還算實現了機械化收割，但是丘陵地和山地都是靠人，蔬菜根本就是人工小規模種植。

我也曾和我爸爸討論過關於農業西化的問題，他搖搖頭說很難，因為有人作過嘗試，結果失敗了，根本賺不到錢，沒有利益的驅使，誰也不願意那樣做。他分析了幾個原因，一是蔬菜銷售問題，價格很不穩定，並且批量太大，在行情不那麼好的情況下就賣不完；二是種植過程工序太多，很難機械化統一操作；三是投入太大，要回收成本需要很多年的時間。針對水稻我也請教了他，他說他已經算過了，現在插秧苗可以雇人，或者用機械拋，施肥也沒問題，收割用機械，大規模種植不成問題，但是算下來根本賺不到錢，因為最後算下來是基本打平，白忙活，很不划算。因為我曾經看到國家要提高糧食價格，所以我問他弄幾百畝地種一下如何？他勸我千萬不要這麼做，如果可以他早就實現了。我爸爸還算是個比較西化的農民，早在十幾二十年前他就想過用機械進行噴灌，總希望將過程實現機械化，但是沒有完全成功，只是實現了一部分而已。

中國的農業養活的人口最多，遺憾的是因為農民太多，一旦實現機械化，意味著有數億農民要失業，這個問題可不好解決。工業化目前程度還不夠高，根本消耗不了這麼多的農民，而地產已經高速發展過一個週期了，下一個週期不知道要等十年還是十五年後，所以只能靠政策扶持著，暫時不能改變現狀。對於農業，我認為根本不具備投資價值，只是農業股在熊市中可以用來作為資金避險的港灣，它的價值僅此而已。

第十一節　電子

電子行業本是屬於高科技產業，但是這些年來在中國卻發展得不倫不類。要說高科技嘛算不上，因為很多產品都是代加工或者乾脆山寨版地模仿，靠複製別人為生，根本沒有自主創新能力。要說沒有科技含量也不對，至少廣大公民是弄不清其中的門道。

手機、電視等等電器的普及的確帶來電子行業相當長一段時間的繁榮，特別是電腦的普及更是大大促進了產業的發展，可以說只要電腦不被淘汰，這個產業就一直繁榮下去。我相信就算電腦被淘汰了，還有更先進的電子設備來大規模進行取代，所以這個產業只要有人類存在就不會成為夕陽產業，除非人類自動回歸到原始社會去，但那是不可能的。

從整個行業的發展前景而言，我認為是有投資價值的，但是這只是戰略的層面，一旦涉及到戰術的層面，我就不這麼認為了。這個行業的法律並不健全，就算是健全了也沒法全方位實施，對於知識產權的保護遠遠不夠，處於一種極度混亂的無序競爭狀態，任何一個企業都生存得十分艱難。就算你有錢都不知道該往哪投，乍一看都不錯，定神一看全不行，就像一潭死水中游動著無數的魚，十分擁擠，卻都死不了，要活得滋潤也絕不可能，就是大家都在努力掙扎著。這樣看來，該行業根本不具備投資價值。

美國在上世紀90年代曾經有過一次科技股崩盤的行情。而90年代中我們A股的「四川長虹」也算聞名遐邇，那些套在最頂上的人直到十幾年後的今天依然沒有解套。當電視機論重量進行銷售的時候，這個行業還能有什麼投資價值？遺憾的是在股價漲上珠穆朗瑪峰的時候大家都失去理智，瘋狂擁入。雖然我們是在進行投機，但是還是要有訣竅的，我覺得應該算是一種價值投機，兩者相結合，而不是單取其中之一。

電子行業的股票我很少參與，原因就是它們並不具備投資價值。雖然整個行業我看好，但是我真不知道往哪投才正確，所以乾脆不參與。這些股票的價格並不高，但市盈率卻不低，可見經營狀況很一般，甚至很糟糕。

第十二節　化工

我是學石油化工出身的，所以對於石油和化工這兩個行業都算是比較了解，因為也曾從事相關的工作，但是我對這個行業並沒有太多好感，有種恨鐵不成鋼的感覺。

很多化工廠對環境的污染實在怵目驚心，為了利益可以不講究遊戲規則，而且都這麼幹，不是個別。很多工藝技術非常落後，用的是人家在上個世紀已經淘汰的工藝，而我們還奉若珍寶，吹噓為世界一流，十足的夜郎自大姿態。

化工行業還是有些門檻的，不是誰都可以進。化工產品細分程度很高，分工明確，所以整個產業轉動起來倒也有些效率，很少出現無序競爭。但是由於整個生產工藝實在落後，在國際上不具備競爭力，而那些技術很先進的國際化大化工集團卻擁兵自重，甚至連各自國家的政府都對其進行管制，限制技術出口。在這樣的局面下，我們又沒有自主創新能力，這個行業一旦完全開放就必定會遭受大規模淘汰，你想，這樣的行業怎麼會有投資價值呢？

我很少去買化工類股票，這個板塊的聯動性也不夠好，通常是那麼一兩支股票突然走得特別強，卻很難及時發現並且去把握，畢竟化工板塊不是主力板塊，如果配備化工股，實際上就等於配備大盤指數，這是一個很沒個性的板塊，隨大流而已。別說投資價值，就是連投機價值我都覺得有些欠缺。

第十三節　旅遊

旅居杭州近三載，我時常在考慮杭州的發展模式。杭州西湖全國有名，但是不收門票，然而這座城市的遊人一年四季從未有消淡的時候，節假日特別擁擠，平時人氣也很旺，而杭州的消費水準不亞於深圳，整座城市發展得很好。歸根到底，杭州市政府還是有些眼光的，比如說少收10億的門票，卻能帶來整座城市100億的消費。大家知道西湖不收門票，而且景色又那麼美，文化底蘊那麼豐厚，都願意來玩，但是人來了總不能不消費，吃飯、住宿、購物、交通，哪一項都跑不掉。如果西湖收了門票，我相信人氣不會這麼旺，絕對是因小失大，但是這種發展模式全國卻只有杭州一例，其他城市竟然不懂得複製。當然，也可能是因為利益分配問題大家都不想讓步的緣故。這種規劃是在考驗一個城市管理者的戰略眼光，眼光遠一些自然能有長期的回報，如果只是很短視地死盯著高額門票不放，最後的結果必定是故步自封。

太平盛世，旅遊業肯定差不了。人們總得有消遣的去處，旅遊無疑是一種很好的選擇。只要生活過得去，很多人還是願意到處走走看看的，畢竟來人間走一趟，總不能一直待在一個地方。中國各地方的旅遊景點門票實在貴得有些過分，像北京還算好的，那些山高皇帝遠的偏僻地方，門票動不動就收得比故宮還高。像泰山的門票就遠高於華山，實際上泰山的景色不及華山一個零頭，只不過山上的石刻多了點，我看到其中大多數的字寫得巨醜，毫無審美可言，像是小學生亂塗鴉，我想不通它憑什麼能收那麼高的門票。

那些旅行團經常能拿到遠比我們散客低的門票價格，搞利益輸送也是一種短視行為，實際上旅行團的消費能力並不強，光是吃飯這一項就很低，住宿也很糟糕，你想每個人就交那麼一點錢，羊毛出在羊身上，基數那麼小你又能榨取多少出來呢？旅行團對散客旅行是一種變相扼殺，散客出遊消費起來還是很厲害的。拿我個人為例，我每一趟出去花的錢至少是跟團的兩到三倍。在一座城市吃飯，住宿也不太可能這邊省點那邊省點的，也根本省不來。如果大家都採取自由行的方式，全中國的各旅遊城市的消費必定要高一兩個級別，這對整個產業都是很有利的。遺憾的是，現在這樣的發展模式已經被廣泛複製，而且旅行社之間還惡性競爭，使這模式更加惡化。

其實完全可以採取一種複製杭州的發展模式，把門票降下來，甚至不收，刺激客流，這樣對大家都是有利的，遊客不必在門票上花太多錢，將這部分錢用於消費，落得心理舒服，而整座城市也將因此均衡收益，而不是旅遊局肥了，市民卻沒落得什麼好處，這對大家是很不公平的。雖然我對杭州的交通有很大意見，但是這不影響我對杭州這座旅遊城市的良好評價，這裏的景觀和管理的確是全國第一流的，值得重複遊玩。

對旅遊股我還是有很大好感的，這個行業雖然總體發展模式有問題，但是針對某個點的投資我認為還是有價值的，而一些股票的股性十分活躍，也具備了良好的投機價值。像2008年奧運前的「北京旅遊」我就多次參與，直到開幕式之前套利出局，賺了不少旅遊經費。這次世博會之前我也參與了一些投機，像「海欣股份」，「強生控股」我都參與了，而經營酒店的「錦江股份」我也曾推薦給別人。當然，參與這些投機一定要在題材兌現之前套現出局，否則一定會嘗到暴跌的滋味！

✎本章結語：

我們在看待一個行業的時候，最主要的因素是看它是否具備大的發展空間，你必須以未來的眼光來看待現在的一切，這要求分析者必須有良好的前瞻力。有的行業是屬於週期性的，不斷地循環前進，而有的行業是緩慢前行，沒有明顯的波動週期。如果你想作長達十年以上的投資並且期望得到穩定回報，那麼最好避開週期性的行業。如果你想較短的週期取得明顯的收益，同時作好承受風險的心理準備，那麼建議你選擇週期性的行業。週期性行業是指行業的景氣度與外部宏觀經濟環境高度正相關，並呈現週期性循環的行業。週期性行業的特點是產品價格、需求以及產能呈現週期性波動的，行業景氣度高峰期來臨時產品需求上升，價格大漲，為滿足突然膨脹的需求，產能大幅度擴張，而在蕭條期時則剛好相反。汽車、鋼鐵、房地產、有色金屬、石油化工等是典型的週期性行業，其他週期性行業還包括電力、煤炭、機械、造船、水泥、原料藥產業。食品飲料、交通運輸、醫藥、商業等收益相對平穩的行業就是非週期性產業。

第六章 期指聯動效應

第一節　期指

早在2008年熊市之中就開始出現股指期貨概念股的暴炒，像「中國中期」、「新黃浦」、「中大股份」等等，在熊市中時不時來那麼一兩個漲停板，十分吸引人的眼球，我也曾熱情參與過，大勢不好的時候，題材股的確是流動資金很好的去處。直到2010年元旦前我還最後參與了一把新黃浦，得到不錯的回報，元旦後套現，幾天下來足有20%的利潤。而從這時開始我就再沒參與過股指期貨概念股的炒作，原因是股指期貨已經有比較確鑿的消息要推出，一旦消息兌現就不能再參與了，這是參與概念股炒作的鐵律，後面第七章第四節　「題材炒作」中我再詳細講述這個問題。

2010年4月16日，滬深300指數期貨（由於目前只有這一個交易品種，所以後面簡稱為「期指」）正式上市交易，每點300塊，保證金定為15%，很多炒股票的人並不清楚期貨的資金槓桿概念，股票是100%保證金，沒有任何資金槓桿，所以你高興時可以選擇滿倉，反正跌完為止，誰也不去管你。期貨可不能這麼做，15%的保證金意味著你15元錢可以當100元用，資金槓桿是6.6倍，也就是說如果你有100元就可以當666元用，如果你滿倉然後押對了方向，那麼你會賺到比滿倉股票多6倍多的利潤。當然，如果你押錯方向，用不了多少幅度就會將你的本金跌完，並且系統會自動強制平倉，也就是所謂的爆倉！很可能你就血本無歸，甚至帳戶直接清零。實際上股票倉位管理的概念遠遠不如期貨嚴格，很多做股票的人一開始參與期貨不明就裏，一下就滿倉殺入，然後很快就爆倉出局，這種代價出得有點不值。

期貨和股票還有兩個不同的地方，一個是交易採用T+0機制，也就是當天可以買賣無數次，另一個是具備做空的方式，也就是說可以先賣空，然後再贖回。期貨的交易單項目有：開倉、平倉、買入、賣出，可以交叉選擇，比如空頭單是填上開倉、賣出，空頭單套現的時候是平倉、買入；多頭單自然就是開倉、買入，套現時是平倉、賣出。多頭單和股票一樣，比較好理解，空頭單對於習慣股票交易的散戶來說一下子不太能理解。大家在看期指交易單的時候應該會看到後面有漢字標注，現在我將這8種不同類型標注簡單解釋一下：

雙開：多頭和空頭同時開倉，持倉量增加，紅色字顯示。

雙平：原有多頭賣出平倉，原有空頭買入平倉，持倉量減少，綠色字顯示。

多換：原有多頭賣出平倉，新多頭買入開倉，持倉量不變，紅色字顯示。

空換：原有空頭買入平倉，新多頭賣出開倉，持倉量不變，綠色字顯示。

空平：空頭買入平倉，紅色字顯示。

多平：多頭賣出平倉，綠色字顯示。

多開：多頭買入開倉，紅色字顯示。

空開：空頭賣出開倉，綠色字顯示。

我現在講的是最基本的交易知識，涉及套期保值，升帖水那些就不在這裏多說了，畢竟多數散戶根本不需要了解這些。

期指上市給大盤帶來一段高強度的殺跌行情，我估計到了殺跌起點，也估計到了2,680點，但是沒有估計到2,680點剎不住車，最後竟然跌破2,500點。儘管如此，在這一波兇猛的殺跌中，我帶領許多人避開近500點的下跌浪，也算是一種幸運吧。下面對於這次預測我向大家進行分解，以後也許可以給你作為參考。

第一點是盤面交易單反映。期指上市之前，大盤從2,900點左右緩慢震盪上行，漲到3,180點左右。這280點的幅度中，像中國石化這樣的大藍籌股出現許多買入大單，我留意了一圈，滬深300指數的主力股都在盤中出現很多買入大單，這使我對即將上市的期指產生警覺，這些大單買入不像是布局，倒像是先吸籌碼，然後用來砸盤。理論上控盤主力的吸籌動作是連續以中等單買入，一切在悄無聲息中進行，而不是大張旗鼓用紫色大單買入引起大家注意。第二點是技術面分析。

參照圖2—6—1，大家可以看到，在期指出來之前，大盤K線已經進入一個收縮的對稱三角形通道，振幅越來越小，最後一波是從下軌震盪走向上軌，恰好在期指上市前一天逼近三角通道上軌，而就在這個時候，我向大家發出清倉提示，我本人也果斷清倉，因為這個時候基本上可以確認期指出來會被做空。

事實上要判斷一個預期中的消息被兌現之後會產生什麼樣的反應並不難，假如之前一直上漲，則消息兌現必定下跌；反過來，消息兌現之前下跌，一旦消息兌現，無論是利多還是利空，結果必定是形成拐點，引發上漲。市場中的人們對一個消息的解讀可以是：利空出盡就是利多，也可以是利多出來激發反彈。而

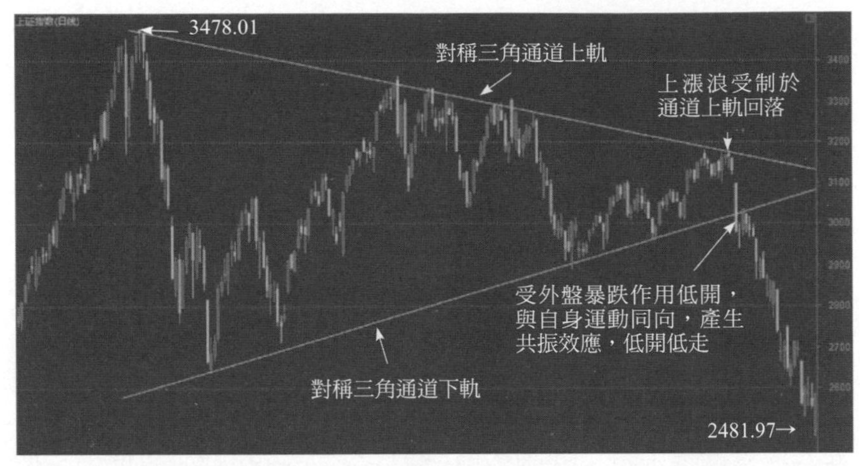

圖2—6—1

很多時候可能傳播消息的人都弄不清到底這個消息出來是屬於利多還是利空。作為散戶，很多人也根本沒有判斷的能力，所以根本不需要考慮消息是利多還是利空，就看前面大盤是下跌還是上漲就行了，大消息一般會激發拐點的產生。比如這一次，期指出來之前大盤為上漲，那麼出來直接就是拐點，產生下跌浪。這是最基本的一條判斷規則，作為一份小小的禮物獻給大家。

在下跌浪產生的時候，股票做空可以避免虧損，而期貨做空就可以直接產生利潤，所以，一旦空頭趨勢形成，期指的殺跌動能會十分強勁，空頭會不停地接力往下打壓，所以跌起來酣暢淋漓。很多人弄不清期貨交易規則，以為空頭會缺乏籌碼，實際上期貨上面空頭和多頭一樣，需要的是資金，而不是籌碼，股票的空頭的確需要籌碼，畢竟融券發行太少，發揮不了什麼作用。

根據這一個多月來的觀察，期指基本走在大盤前面1到2分鐘，並且直接取代中國石油的地位，引導大盤波動。整個滬深

300指數的300支成分股是大盤指數的絕對主力，所以期指取代中國石油的權重地位也很正常。我留意到中國石油經常是跟隨大盤走，而不是像以前大盤跟隨中國石油走，所以，那些公然說股指期貨不是大盤指數下跌元兇的人，我不知道他們是替誰說話？有何居心？這一切都明擺著，期指已經成為大盤的風向標。

前面有人拿期指開戶數說事，也有人拿成交額說事，實際上在我看來，這些所謂的專家都挺無知，我都不清楚他們是否直接參與過股票或者期貨的交易。IF1006合約5月21日的成交額是2,530億元，大盤是892.7億元，T+0的確有一定的作用，但是這個成交差額是成倍數的，誰的力量大一目了然。那些期指開戶的門檻金額是50萬，股票是任何人只要交得起開戶手續費都可以參與，目前一手期指合約12萬多保證金，12萬可以買任何一支成分股很多手了。期指開戶的放在股票中都是大戶，並且這些大戶還有6倍多的資金槓桿，簡直如虎添翼。由於資金集中，火力十足，以一敵萬綽綽有餘，就好比古代戰場上大將帶領成千上萬的兵，大將的戰鬥力經常直接決定戰局的勝負。大盤就如同千軍萬馬，而期指無疑就是指揮千軍萬馬的將帥，它的作用無須質疑。

最近國家在積極準備開放外資參與期指的政策，有的經濟學家大喊狼來了，並且與日本1990年的行情進行對比。日經指數從38,957點一路暴跌，至今沒有再現更高點，日本的確遭到美國的暗算，在歷史最高點附近開了期指，由於股票都充滿泡沫，美國的對沖基金好歹有些價值投資理念，沒理由繼續做多，所以都選擇大肆做空，日本經濟隨之崩盤，兩者相互作用，最後形成股災。現在我們的A股與當年的日本不可同日而語，已經跌到2,500點附近，大部分股票具備投資價值，往下做空的話就算跌到1,000點去，空間也不見得有多大，不但阻力重重，甚至有被獵殺的風險，而往上做空間卻無限，就算6,124點的標杆樹立在那裏，這也有超過3,500點的空間。如果繼續創新高衝到10,000點，那就是4倍，有7,500點的空間，試想一下，做多和做空哪個賺的錢多？

很多人以為美國人只懂做空，實際是錯誤的觀念，美國股市很早就形成一批主流的價值投資者，以做多為主，所以道瓊指數一百多年來是震盪中上行的，從最初幾十點到現在上萬點。一旦發現價值被嚴重高估，他們自然會選擇做空，就像當年日本一樣，整個是泡沫能不做空嗎？如果我們在大盤6,000點推出期指，那毫無疑問也會被做空，因為充滿泡沫，沒有投資價值了。

還有很重要的一個因素是日本是自由市場，而中國目前還不是，政府會大力干預，這麼低的點位再被大肆做空會引起經濟崩盤，政府不會坐視不管！並且對沖基金在中國的投機能力也因為外匯的管制而大打折扣，雖然有部分熱錢通過非正常通道擁進來，但是其規模無法與本土的中央匯金對抗，中央匯金坐擁天時地利，美國對沖基金不會傻到在中國市場與其硬碰，遊戲規則是中國政府定的，硬對抗是找死，他們絕不是傻子。

「中國石油」上市之前，各方媒體大肆報導其投資價值，所有人都期盼著「中國石油」到來，好進行長線投資。結果呢，中國石油一來就是最高位，然後整個跌廢，投資價值成為笑話。現在對於期指對外資開放的消息大家都看空，大喊狼來了，在我看來，這種輿論就應該反著做，並且我已經有了以上的基礎分析作為依據，我毫無疑問會認為這則消息是重大利多，外資進來我相信是做多為主，中國股市也絕不會走1990年日本的老路。

第二節　商品期貨

以前做期貨主要看外盤就可以了，現在做期貨還得看大盤指數，商品期貨和股票的聯動性越來越強，近一年來尤甚。經常是開盤高低由外盤決定，而盤中走勢和收盤高低由股票決定，所以做期貨的難度是加大了，特別是外盤期貨和大盤指數有出入的時候經常無所適從，在燃料油期貨上我就經常遇到這樣的行情。原油暴跌，然後燃料油直接低開，但是因為大盤上漲，最後成了低開高走；有時候反過來，事後來看自然是簡單，但是處於當時，根本弄不清狀況，特別是當天大盤走勢無法完全把握的時候，整個人就傻掉了。

現在商品期貨和股票聯動性（見圖2—6—2、圖2—6—3）較強的是：有色金屬、黃金、白糖等幾個；鋼鐵、燃料油的聯動性差點，燃料油和中國石油或者中國石化基本不存在聯動效應，只是與大盤同步聯動，但不完全是。有色金屬和黃金是非常明顯的，屬於高度聯動，尤其是黃金。

按理講期貨和股票的聯動性應該很高才是，國外基本是同步聯動，任何一個品種都不再是單一波動，而是同向或者反向聯動。上海的黃金期貨與外盤現貨黃金同步聯動，而股票緊跟著上海黃金，這樣一來它就成了紐帶，黃金股直接與外盤現貨黃金走勢聯動。

我也曾細心觀察它們之間的聯動順序，但是最後發現是互相作用，有時候期貨走得快，有時候股票走得快，很難界定其中的先後順序，只能說相輔相成。

為了方便大家作對比，我做了個圖，選擇滬銅（圖2—6—2）和江西銅業（圖2—6—3）進行同時間點的K線走勢圖進行對

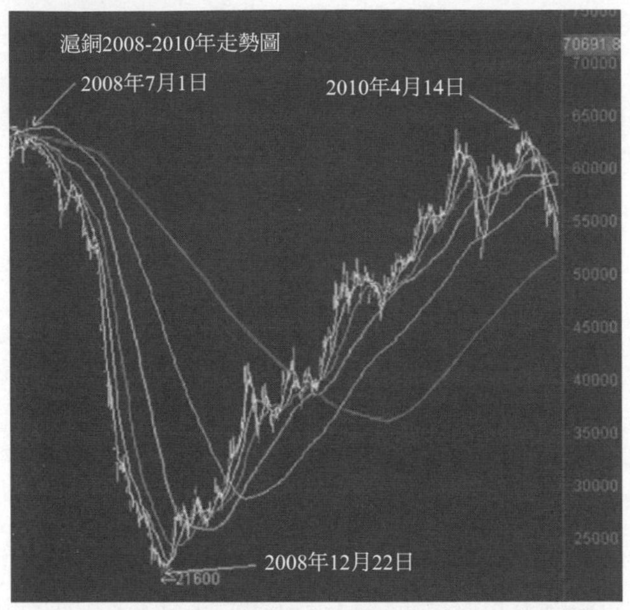
滬銅2008-2010年走勢圖
2008年7月1日
2010年4月14日
2008年12月22日
21600
70691.8
70000
65000
60000
55000
50000
45000
40000
35000
30000
25000

圖2—6—2

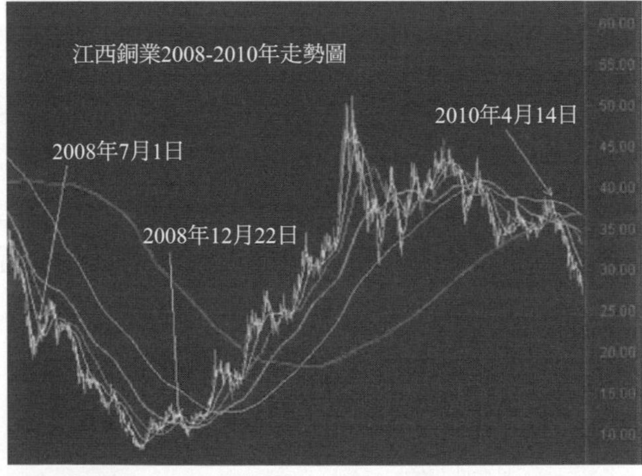
江西銅業2008-2010年走勢圖
2008年7月1日
2010年4月14日
2008年12月22日
60.00
55.00
50.00
45.00
40.00
35.00
30.00
25.00
20.00
15.00
10.00

圖2—6—3

比，大家可以看到主要的路徑，兩者還是比較一致的，只是在波浪震盪過程中幅度會有一些出入。如果你感興趣的話，不妨花點時間對比一下其他的品種，比如期鋁和鋁業股、滬黃金和黃金股等等，無論什麼經驗都是在總結中得出的，絕不是憑空臆想出來的。

✎本章結語：

每天股市開盤之前，我都習慣性地看一下商品期貨市場的行情（期貨開盤時間為上午9點），大多數時候期貨市場漲得好則當天股市表現也不錯，聯動性日漸增強。主宰大盤漲跌已經不再是中國石油，或者其他大藍籌股，而是期指的波動，它已經完全取代中國石油的位置，成為影響大盤的最主要力量，所以掌握它的波動規律就等於掌握了大盤。自從有了期指，大盤的波動節奏明顯加快，所以我們必須加快自己的步伐才能保證自己不被拋棄。

第七章 操盤基本策略

第一節　牛市基本思路

在我解盤期間，經常有人來問我：選什麼股票好？選什麼板塊好？無論牛市還是熊市，問的人絡繹不絕，我也大概能理解這些朋友的想法，很多人在波浪中根本弄不清方向，迫切需要個指路的人。實際上我很少親口告訴別人該買什麼股票。如果有人問我：「請問你手上拿的是什麼？」我一般都會告訴他我拿的是×××。問問題是有技巧的，本來我就是無私地解盤，明著說不進行任何股票的推薦，所以就算私下我也不會違反這個我定下的遊戲規則。指點別人買什麼股票是有責任的，我不想負這種責任，別人問我拿什麼股票，我會說，因為跟不跟那是你的問題，不是我的問題，我不需要負任何責任。同時我也不輕易對別人的股票進行點評，在我看來，只憑一眼就妄下結論是極不負責的一種態度，誰也不能匆匆一瞥之間斷定一支股票的漲跌或者好壞。在此我奉勸那些新股民朋友們，當你買一支股票的時候，一定要找到足夠的理由，不要盲目跟風，買了它就要相信它，不要到處問別人是什麼看法。別人在不了解它的情況下作出的評論也許還不如你原來的想法正確。永遠不要相信有什麼「高人」可以給你作點評，在股市裏並沒有絕對的專家，換句話說——誰都可能是專家。

牛市的主要思路就是做多，只要確認身處牛市之中，這個思路就一定要堅定執行，無論什麼情況下都不要空倉，至少保持半倉的股票，無論多大的利空消息只是一時的，過後必定會再創新高。牛市的基本形態就是滿漲快跌，漲的時間長，跌的時間短，偶爾出現單日暴跌，但過後連續反彈又將全吞暴跌日形成的大陰線。一波主升浪之後便出現一個平臺震盪區，然後再來一波主升浪，循環進行。

國家2005年啟動了股改，A股也進入新的階段，之前的市場算是初級形態。20多年的演繹走得很混亂，所以對於現在而言並不具備參考價值，尤其是技術面的參考價值，對於長線投資而言倒是可以借鑒一些。2005年是個階段性的分水嶺，之後展開的一輪牛市奠定了A股的基礎，以前可以一天成交三五十億元，分水嶺之後，一天再怎麼樣也有數百億成交額，沒有成交量支撐的話，行情再好都不能算是牛市。我曾遇上一輪熊市，2004年到2005年底這段時間的行情很低迷，不但陰跌，而且沒什麼成交量，很多股票的日分時圖就像長城的城牆頂部一樣，哪怕是幾千塊錢扔進去都能像墊上一塊磚頭，不像現在，哪支股票你丟幾萬進去連水花都沒有一個。那個時候炒股是要受別人鄙視的，無論是誰，只要你在別人面前說你在炒股，關係好的人會勸你別參與，趕緊退出來，關係一般的人難免要拿你當傻瓜看待了。誰也不敢說自己是股民，那是要被嘲笑的，我也是偷偷地在炒著，挨了跌自己關上門獨自忍受，享受到漲停板當然也只能偷著樂。我開戶的時候營業大廳門可羅雀，電腦全部在那裏空擺著，開著的機器不過三五台，一個人開戶有三四個人為你服務。而到2007年牛市最瘋狂的時候營業大廳排著數條長龍，比菜市場還吵鬧，簡直天壤之別。那種極度低迷的市場是很可怕的，沉悶得令人發狂，我很慶幸自己總算經歷過那一回。

下面我要講的是在2005年到2007年這輪大牛市中我的一些經歷，也許從中你可以得到一些經驗作為自己以後炒股生涯的借鑒。

2005年到2006年中這段時間的大題材是股改，我到處打探消息，每天忙完工作便在網上到處查找有關股改的信息，然後猜測哪些股票會被選進名單。一開始大家對股改抱著觀望的態度，誰也不知道它能否獲得成功。因為經歷了長達4年的大熊市，大家都被殺怕了，所以謹慎是必然的。當時我算是比較新的股民，初生牛犢不怕虎，所以我大膽地押股改成功，並且參與其中，誰入選我就押誰。一開始並沒有出現很瘋狂的拉升行情，但是多少會漲一些，大家看到股改的股票都走得不錯，幾批過後便開始跟風，這樣一來，誰要入選下一批次名單誰就會大漲，因為資金瘋狂跟進作用太明顯了，到了2006年，要股改的股票動不動就連續漲停，停牌後放出來又是封一字板，非常瘋狂。那段時間賺錢純粹靠消息，所以每天都是消息滿天飛，新股民也都跟風，這個行情造成後來的新股民入市首先就到處打聽消息。而股改早已經結束了，這個壞習慣卻保留下來，直到今天依然如故。

整個2006年都是以消息股為主，反正就是搏股改題材，到了年底股改基本結束。2007年春天垃圾股漲翻天，那些業績很差的小盤股像吃了春藥一樣拼命地上漲。由於股價都很低，所以一下子翻兩三倍的股票比比皆是，多的六七倍都有，十分瘋狂。直到「5．30」行情出現的時候才告一段落，基本上這些瘋漲的小盤股都連續挨了4個跌停板。當時我手上拿了一點000788西南合成，跌得氣勢如虹。

2007年春天這段行情我並沒有賺到多少錢，原因是我沒有買小盤垃圾股。業績越差漲得越凶，在我看來這是件很荒唐的事情，但是它就這麼發生了。我這個從上輪熊市走過來的人反倒不如那些新股民，他們不明就裏地盲目衝鋒，反倒賺得盆滿缽平。這段時間我主要是做業績很好的藍籌股，我開始探索價值投資，但是我錯了。這次失敗讓我總結出一條經驗，那就是牛市真正開始的時候應該買點低價小盤股。我的師父比我聰明得多，他做了一把ST禾嘉（後來變成禾嘉股份），很輕鬆就本金翻倍。我唯一作的正確選擇就是在4月份的時候全倉買了ST東泰，並且趕在它停牌之前出掉，連續6個漲停板，這是我第一次買垃圾股，並且在很長的時間裏我不再去碰，原因是「5·30」行情。

在「5·30」行情中，我看到「中國石化」是那樣的頑強，也看到「濰柴動力」是那樣的抗跌，這使我感受到價值投資還是很有必要的。看看那些垃圾股連續跌停，漲大半年的升浪一把就回到原地，跌得驚天地，泣鬼神。小盤股一點也不抗跌，由於沒有投資基金護盤，裏面都是小散戶為主，一旦有大行情來臨，都想奪路奔逃，千軍萬馬過獨木橋，互相踩踏，焉能不造成重大傷亡？所以那些小盤股毫無抵抗地趴在跌停板上，而且一趴再趴，那個行情實在太慘烈了！更慘烈的是自「5·30」行情之後，很多股票和西南合成一樣，再沒能像大盤那樣連續創新高，而是將整輪牛市最高點定格在5月29日，比大盤早4個月見頂，錯過了整整一波主升浪行情。

為便於大家理解，我特別做了個西南合成的K線圖（圖2—7—1），相信大家可以從圖中把整個過程一目了然。

由於總結了「5·30」的教訓，所以從那開始我一直堅持價值投資的原則，以價值投資為思想指導進行波段投機操作，簡稱

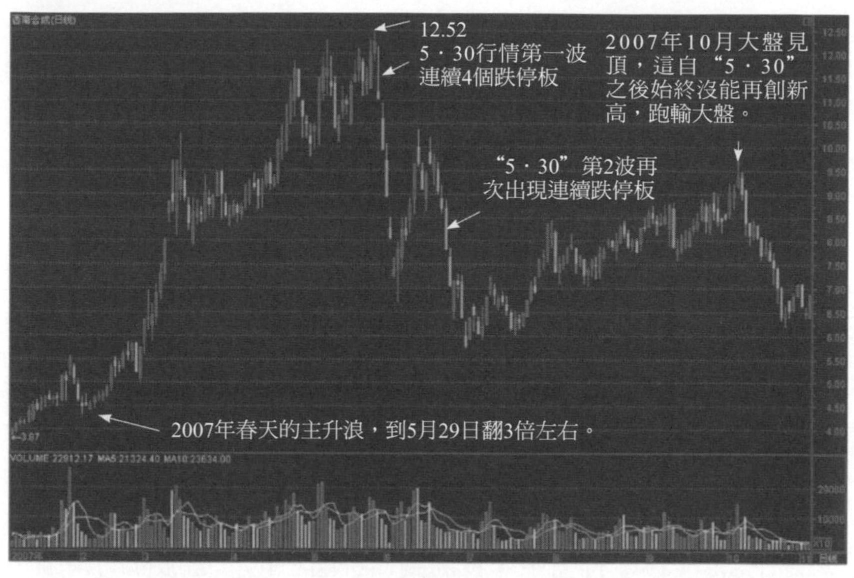

圖2—7—1

為「價值投機」，這種理念我堅持至今，我認為還是值得推廣的。

「5・30」行情中出現瘋狂的認沽權證爆炒行情，像鉀肥、中集、華菱、招行等認沽權證都漲翻天，和大盤完全逆向。大盤跌得越凶它們就漲得越凶，各方資金瘋狂接力。當然，我也沒有落下，參與爆炒，甚至因為過度交易使帳戶被凍結，的確賺得不少。但是在6月5日大盤探底反彈的過程中也遭遇了「秒殺」，短短幾分鐘內一口氣跌掉40%，根據交易規則，下單時波動幅度超過10%即為廢單，殺下來的時候是直線往下打，我們的交易單傳到上證交易所去的時候單價和實際成交價已經超過10%，你想逃卻逃不出去，所以稱之為秒殺，很形象。我一把跌掉前面辛苦賺來的利潤的30%左右，這使我認識到風險和利潤成正比的鐵律。

所以我迅速收手，靜下心來，回到股票上進行價值投機。我有的朋友沒能控制住自己，最後賺來的錢連同本金一起在權證上被殺得一敗塗地，這真是血淋淋的教訓！

我總結了一下他們的失敗教訓，無非是以下幾方面：

（1）貪心。認沽權證漲起來的確很瘋狂，幾分鐘就能賺20%或者更多，並且是T+0的交易機制，一天之內可以無數次買賣，如果手腳足夠靈活的話，有的人甚至一天就能使本金翻出數倍，這自然不是股票漲停板可比，連續7個漲停板才能翻倍。038008鉀肥認沽權證在5月30日那一天就可以翻出7倍來，這種暴利之前，能控制住自己的人可不多。貪婪的結果是被暴利蒙蔽了眼睛，做出瘋狂的舉動，思想一旦失控，整個人就心浮躁，敗北是遲早的事。我親身經歷了這樣的行情，當時我的確也常常激動得手發抖，因為利潤來得實在太快了，快到我連西南合成連續跌停板都不當回事，因為一天就可以賺足西南合成5個跌停板所虧損的錢，一天一個跌停板還有什麼可怕的？

（2）缺乏認知。很多人參與權證投機的時候根本不清楚權證是什麼東西，也不明白溢價是什麼意思？說到底，認沽權證就是廢紙，一旦到了行權日，無一例外的都跌到每份0.001元，然後退市，它的價值幾乎是0。有的人不明就裏，最後的交易日還買了放在那裏，結果隔天發現不能交易，再過些天發現錢沒了。當然，我也見到很勇猛的高手，在收盤前幾分鐘拿30萬資金0.001元買入並且立刻掛0.002元賣出去，賺了100%，一下子變成60萬，這就是所謂的權證末日輪行情。但是這是虎口搶食，萬一賣不出，那30萬資金就血本無歸了。很多人並沒有像我這樣，在參與之前先花心思去了解，而是盲目地跟風，不管是做股票還是做權證都有這樣的人。股票的風險和權證不可同日而語，在權證上盲目跟風的結果是非常致命的！

（3）賭徒心態。當遭遇虧損之後，很多人並沒有收手，而是想盡快翻身，不惜冒險，並且不斷告訴自己「只要賺回先前的損失就收手」。問題是大勢已去的情況下，自己心態也做壞了，再想賺錢難比登天，你越是著急越是容易出錯，最後越陷越深，不可自拔。所以我看到有人一步步地把利潤跌完，然後再把本金也虧掉，徹底斷送在權證上。我非常慶幸自己在當時那樣混亂的局面下依然能清醒地認識到這一點，所以我最後割了一把之後堅決離場，不再參與權證賭博，而是重拾價值投機，回到股票上來，並且獲得豐厚的回報。

在佛法中有「貪、癡、嗔」三害。貪，是對於喜好的過分偏執；嗔，是對於討厭的過分偏執；癡，是對於根本的不明的事做出貪或者嗔的反應。在「5・30」行情中，我看到很多人犯的錯誤是在佛經中可以得到解釋的，所以我深刻意識到佛法的重要性：「戒、定、慧」是治「貪、嗔、癡」的方法，所以，我在本書的開頭就首先講述佛法，這是非常重要的一課，希望大家不要忽略。

離開權證之後我參與「5・30」第一波反彈的股票投機，選定了大唐發電，由於有高派送的預期，所以漲得很兇猛，與它聯動的還有美的電器和柳鋼股份，都在同一時期出現連續漲停板，上漲幅度驚人。（由於這涉及波浪理論中的黃金分割比率問題，這是一次經典戰例。所以這裏不詳細講述，留到後面第三部分第一章中再詳細分析。）

「5・30」之後我的投機方向主要是有色、地產、煤炭三個主力板塊。大盤的主升浪一開始，有色和煤炭股漲得非常猛，率先集體創下新高，並且出現了許多百元股。像包頭鋁業（後來併入中國鋁業）從20多元一下子就衝到80多元的高度；焦作萬方（見圖2—7—2）也很猛，中金黃金從40多塊一路衝破百元大關；煤炭股中的西山煤電、山西焦化都不錯；地產股中的上實發展、中華企業、金融街我都先後參與，也漲得很兇猛。大盤也在這個時候拉開最後一個主升浪。這輪行情中垃圾股基本上沒怎麼動，主要是業績良好的藍籌股在輪番上陣表演，由於我堅持價值投資的方式選股，所以我的戰績自然挺不錯。

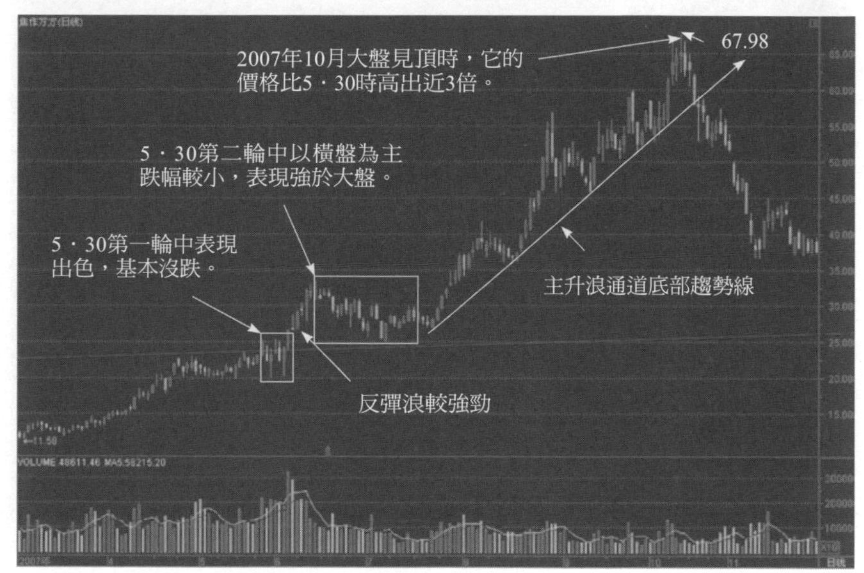

圖2—7—2

值得一說的是有一支叫「雅戈爾」（見圖2—7—3）的股票，這是一隻業績非常好的藍籌股，也是當時名揚天下的瘟股。我在論壇上到處都可以看到有人在談論它，隨便一問都有人持有，結果它一直不漲，天天橫盤震盪，直到大盤主升浪走完，大牛市也結束了，它都沒有任何表現，最後隨著大盤一塊跌。我想很大一個原因是它並非主力板的成分股，服裝類股票在當時並不是市場的熱點，還有一個原因是它的品質太好了，以至於散戶都盯上它，主力機構也被嚇跑，散戶都死拽籌碼不放，莊家又怎能吸籌拉升？到了後來，我在論壇上到處都看到有人在說，只要給我拉一兩個漲停板，我就套現走人，大家都抱這樣的心態，哪個莊家也不傻，去給散戶抬轎子然後把自己套牢？

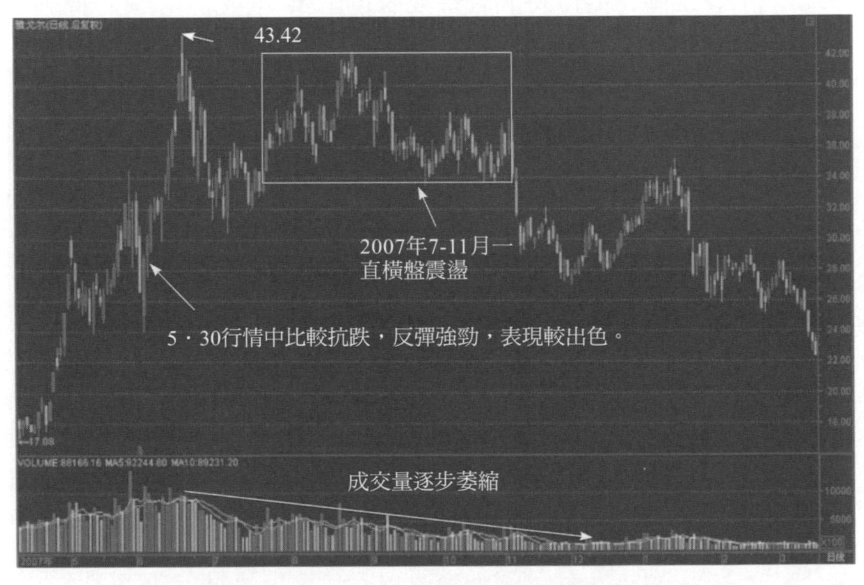

圖2—7—3

7月中旬開始，由於大部分有色金屬股特別是黃金股的價格總體偏高，這使我產生一些畏懼，想像那麼大的基數，了不起就再翻一倍，一下子就過百。切入點基數太大對於投資而言是大忌，因為投資成本高了，利潤卻有限，風險和利潤不成正比，而是反比。當時看看就焦作萬方低一點，於是我選定了它。同時，地產股我也沒再參與，這畢竟是人們的生活必需品，和糧食一樣都是最基本的需求品種，事關生存大計，賺這些錢始終不能安心，所以我也放棄了所有地產股的投機。雖然我阻止不了房價瘋狂上漲，但是我可以選擇不參與助長這樣的風氣，這些錢不賺也罷。在交談中，很多人都說房價只會上漲不會下跌，我不想與人爭論，我想，說這話的人都挺沒見識，任何一種商品都不可能只漲不跌，這是最基本的規律。房子只要是被炒起來的，總有一天它的價值要回歸到合理狀態，而在2007年，我認為它已經嚴重脫離了價值區間。

以價值投資來分析房子，拿歐美國家作對比就很明顯，折成人民幣，大家的房子都是兩三百萬居多，人家一個月拿三四千美元或者歐元，我們拿的是三四千人民幣，當時美元是人民幣的7倍多，歐元是10倍有餘，他們的房子是永久性的，我們的房子是70年有效期。這樣一對比，我認為國內一線城市的房價已經漲過頭很多倍了，還大談投資，簡直是荒唐，並且越荒唐還越多人瘋狂追搶，由於太多人的不理智行為導致房價節節攀升。但是，當深圳福田區的房子均價達到3萬的時候，你還能指望它用過去同樣的時間（3年）漲同樣的幅度（約6倍）嗎？基數如此之大，要翻一倍都是很困難的，從投資的角度來說，這完全沒有價值，並且風險無限放大！

出於對房子的價值考慮，我認為地產股也實在不值得玩了，於是我開始尋找低價股。因為我常常坐飛機，於是我便看上航空股，我看到它們的價格都很低，才十來塊，並且動態市盈率也很低，就十幾倍而已。由於人民幣升值帶來巨大的利潤額，航空股的業績都很好。當時我看南方航空從6月中旬到7月中旬整整橫盤一個月，均線形態很好，於是我就決定出擊，我切入點正好是拉起來的那一天（參見第二章中關於這部分的講述）。

7月到9月中旬我一直在參與航空股的炒作，在焦作萬方和它之間來回切換著做，的確也賺了不少錢，我膽子不夠大，中間進出好幾次，也錯過了一些上漲空間。如果我膽子大一點，一開始進去之後就死拽不放，那麼兩個月的時間我的資金可以翻出2倍多。這同一時間段任何板塊的股票都沒有漲得這麼多，這是一段航空股行情，中國國航和東方航空也同樣表現出色。

牛市中我參與最後的板塊就是包括航空股在內的交通運輸板塊，做完航空股之後，我參與中國遠洋（見圖2—7—4）第二波行情的投機。實際上這也是一次運用均線理論的經典戰例，K線調整接觸15天均線為切入點，這種戰例後面第三部分的第二章我還會詳細講解，所以這裏不多說。

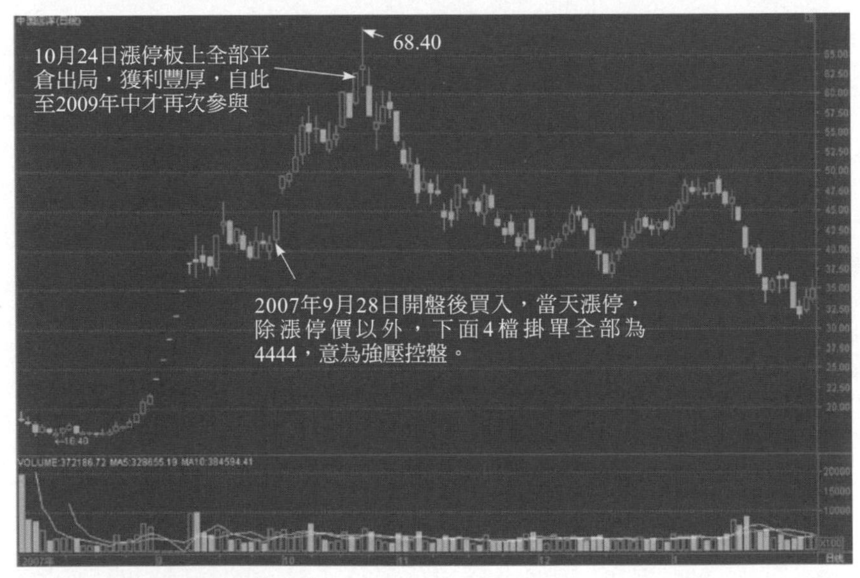

圖2—7—4

在牛市和熊市的過渡階段，我參與的是鋼鐵板塊中的000709唐鋼股份（後來合併了邯鄲鋼鐵和承德釩鈦，改名為河北鋼鐵），在中國遠洋和唐鋼股份之間，我做了一把中國鋁業，當時有點摸不著市場熱點，於是我鬼使神差地又回到有色股上去。大家都在喊著中國鋁業衝上100塊，我當時自以為手快，別人撐到100元，我90不到套現總沒問題吧？要命的是我50塊買入沒幾天就跌到40來塊，我趕緊認輸出局。而這段時間我從深圳遷往杭州，辭去原來的工作，換了一座城市，所以空倉了一些天，等我安定下來的時候，就看到唐鋼的機會來了，於是我全力出擊唐鋼。當時在「別境解盤」中很多人都知道我在做唐鋼，並且也有不少朋友跟風。那一輪行情中唐鋼的漲幅居鋼鐵板塊第一位，最大揚升幅度超過80%，這是整輪牛市中最後的一次投機。

現在梳理一下思路：大家從我的經歷中可以清晰地看到，這一路我除了垃圾股行情沒有趕上以外，其他熱點我都跟上了，原因是我每天都花大量的時間進行統計，所以很清楚市場的熱點動向。整輪牛市下來的思路就是：

題材股——小盤股——權證——電力——有色，地產，煤炭（中盤藍籌為主）——航空（次大藍籌）——海運（大藍籌）——鋼鐵

好玩的是在2008年底到2009年8月這一輪小牛市中，依然是由小盤股率先漲翻天，紛紛翻出數倍，而大藍籌股等到主升浪快走完的時候才發力衝擊一把，輪動的次序和上一輪大牛市相差無幾。

決定這種板塊輪動的一個重要因素是股票價格，一開始垃圾股的價格都很低，並且在牛市還不能完全確立的時候，做多資金有限，拉動藍籌股顯然很吃力，所以各方資金會先選小盤股——這些股票盤子輕、價格低、拉動容易，並且翻倍幅度大，於是率先啟動行情。

小盤股拉起來之後由於本身偏離價值，而且散戶會拼命擁進，莊家便可以逐步套現出局。緊接著開始拉業績良好的中盤藍籌股，這些股票有故事可講，價格適中，漲高一點也沒什麼關係，盤子不大不小，拉起來也不太吃力。於是，第二輪就開始將這些股票輪番頂起。這時候，基本可以確認牛市已經到來，場外資金開始擁入，主力板中的中盤藍籌股比較容易吸引眼球，特別是資源類股票，於是這些股票開始猛漲，迅速翻倍。最後一輪是價格較低的一線大藍籌股，由於資金充沛，中小盤股該漲的都漲了，不該漲的也漲了，剩下大藍籌價格最低，於是開始將它們拉起。而這時候小盤股基本不動了，中盤股跟風再漲一些，但幅度不大，大盤指數在一線股的作用下強勁上漲，造成瘋狂的局面。最後補充的一輪就是鋼鐵股和鐵路股，這些股票的市盈率都比較低，在全世界任何一個國家的股市都是如此，鋼鐵和鐵路股最後墊底，成為牛市的封筆之作。

大家可能有個疑問，為什麼我沒有提到金融股？實際上在上一輪牛市中我都沒有參與金融股的投機，直到熊市出現的時候我才參與了一下。當時選中的是華夏銀行。金融股和中國石化一樣都是大藍籌，在牛市最後的階段引領大盤衝上6,124點。大盤從2007年國慶日前到10月中旬這一段最後的瘋狂行情就是由一線股給頂出來的，這段時間我剛好拿著中國遠洋，也是一線股，所以我沒有參與金融股或者中國石化這樣的大藍籌，但性質實際是一樣的。

值得一提的是，地產股先於大盤2個月見頂，大部分地產股早在2007年8月就見頂了，而大盤一直漲到10月。在2008年熊市中，地產股也基本先於大盤1個月見底。而到2009年7月初，地產股又先於大盤近1個月見頂，大盤一直撐到8月1日。可以說，地產股是大盤的風向標，關注地產股的走勢對研判大盤的主要拐點有著決定性的作用，這點大家在實踐中要多加注意！

第二節　熊市基本思路

在一般人的認識中，熊市最好的辦法就是空倉，遠離股市，最好看都不要看，以免受到誘惑。因為熊市只有虧錢的份，實在沒有參與的必要。我的經驗告訴我，熊市離場是一種錯誤的選擇。我親眼見到在2001到2005年的大熊市中無數人被迫先後離場，他們也許會很長一段時間都在慶幸自己作出了正確的選擇，但是最後他們卻錯過了2005年的探底反彈，錯過2006年的股改行情，甚至錯過了2007年上半年的垃圾股暴漲行情，直到「5．30」前後在4,000多點入場，更有甚者是在最後的一波主升浪中進場，或者有人乾脆是在6,000點附近按捺不住，調集資金殺入，結果挨到了慘烈的2008年熊市。

我沒有看到有人避開大熊市之後在1,000點左右進場。我周圍有不少老股民朋友，但是他們只會一個勁地勸我盡快離場，不要再玩下去。而我在他們眼裏就是一塊頑石，有點執迷不悟。大盤跌到1,000點的時候，他們會認為將跌到500點甚至更低；大盤彈到1,500點的時候他們堅信還會跌回來1,000點；當大盤突破2,000點的時候，他們認為逼近2001年的高點，必定要見頂了；等大盤突破3,000點的時候，他們有點懷疑自己是不是錯了，但是依然選擇觀望，看看再說；大盤突破4,000點時，有的人坐不住了，匆忙殺入。「5．30」行情一來臨，那些比較頑固觀望的人終於鬆了一口氣，笑著對我們說：「看到了吧？這下見頂了，殺起來真猛！」也許他們的笑意還掛在臉上，正為自己沒有匆忙進場感到沾沾自喜的時候，大盤又創新高了，這時候，他們腦海中只有一個想法──我錯了！於是，這些老股民拿出所有的家當，重新投入股市，並且到處喊著大盤將衝上1萬點。想想也不多嘛，5,000多點到1萬點還不到一倍，從1,000點上來已經翻了5倍多，可是基數如此之大，談何容易！

上面這個過程我親身經歷，人間百態，盡在其中，不得不說。老股民的經驗有時候會成為行為束縛，並不是所有的經驗都是值得吸取的，股市永遠在創新，經驗有用，但是那只是使你的心更穩健一些，或者說知道自己什麼時候該幹什麼。如果你想戰勝股市，一定要不斷地琢磨，不斷地變換手法，更新經驗。一旦你選擇離場，也將意味著失去很多的機會。熊市選擇離場會使人變得遲鈍，熊市和牛市總是更替發生，當牛市來臨的時候，已經離場的人是無法迅速捕捉到這種信息的，因為惰性會形成一種慣性，這種慣性成了日常習慣，那就是不看股票。

2008年中，我有的朋友在3,000多點離場，然後看著我們一路走向1,664點，無論如何，我始終堅持著。2,000點以下我一直滿倉，因為價值投資的理念告訴我──現在已經嚴重低估了，正是投資時機！但是他們並不聽從我的勸告，而是選擇不看股票，或者圍觀、看熱鬧。等他們再次忍不住殺回來的時候，大盤已經重回3,000點，這時候已經有300多支股票突破當初大盤6,124點時的高點，創下歷史新高，相當一部分股票已經進攻到大盤5,000點的水準，只有大藍籌股還在下面，他們有的人驚歎：還不如一直滿倉押在那裏不動。

當他們進來的時候，2009年8月份開始見頂回落，殺了很兇猛的一波。他們正好趕上了大跌，前面的主升浪沒享受到，一下子又挨了打，那滋味想來並不好受！我說了這麼多，無非想告訴大家一點：只要你確定一生都無法遠離股票，那麼無論熊市還是牛市，最好不要選擇離場。熊市並不意味著不可為，只要你操作正確，一樣可以有所作為。

界定牛市和熊市最簡單的辦法就是看250天均線，也就是人們常說的年線，K線位於年線之上則為牛市，反之為熊市。一旦跌破年線，立刻採取熊市操盤策略。熊市的操盤策略是什麼？下面我通過自己的親身經歷告訴你，在熊市中會犯什麼樣的錯誤，並且採取什麼樣的措施才是正確的。

上面說到唐鋼，當時唐鋼很明顯出現雙尖頂（見圖2—7—5）的時候，我拿過頭了，本以為會再創新高，也沒有意識到熊市已經來臨，等回落的時候發現大雙頂形態，我意識到不太妙，於是平倉出局。

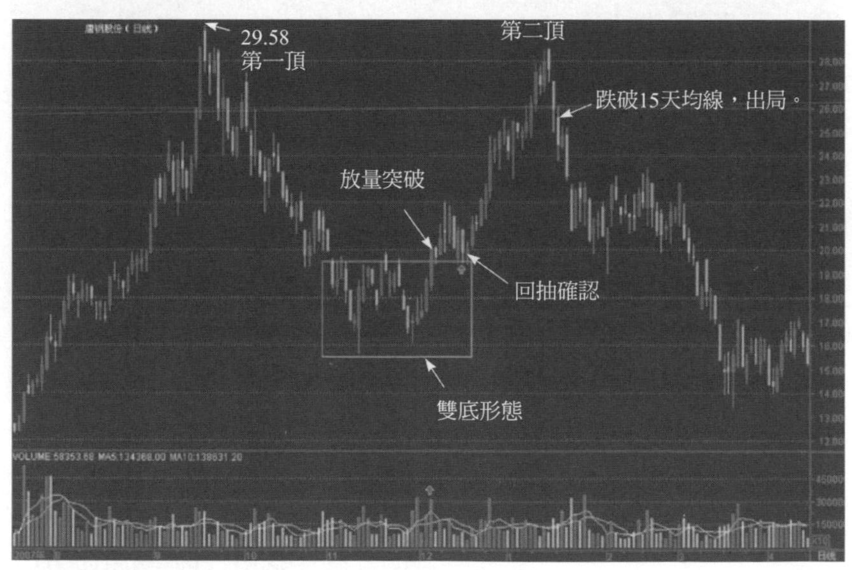

圖2—7—5

唐鋼股份當時的圖形是很標準的雙底雙頂形態，我在雙底區域分批買入，跌破15天均線時雙頂形態已經很明顯，於是選擇出局。幸好當時跑得快，不然用不了幾天利潤就會被跌完。

大盤在1月底跌破年線的時候，我確認熊市到來，並且將這一結果告訴大家，遺憾的是，當時遭到很多人惡語謾罵。當時大家都沉浸在牛市的慣性中，都夢想著要賺大錢，我的這一論調無疑是在破壞別人的美夢。遭到做夢者的謾罵倒也可以理解。為便於大家理解，我將大盤2005年到2009年整個牛一熊市週期進行標注，從中可以清楚地看到整個過程的演繹（圖2—7—6）。

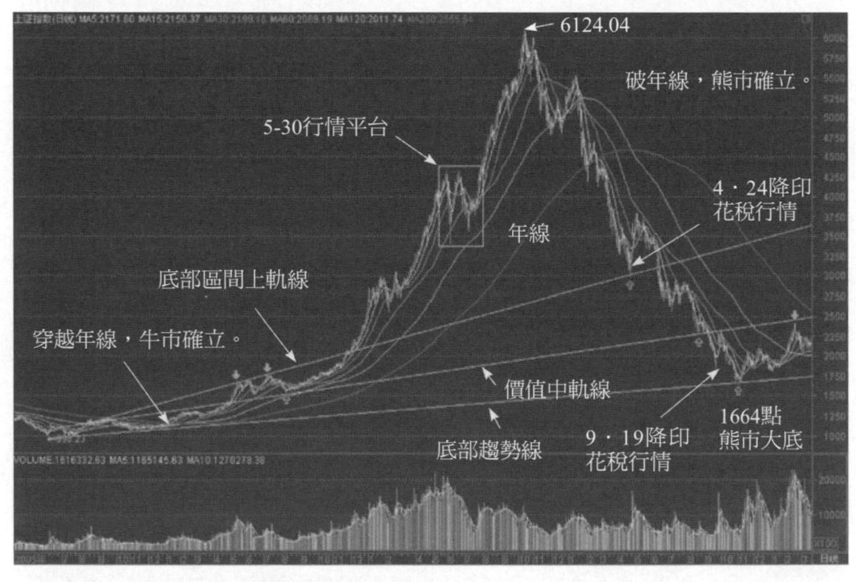

圖2—7—6

在大盤跌到4,500點確認熊市的時候，我第一時間提出2,780點的熊市大底，當時取這個點位的依據是底部區間上軌線的支撐力加上價值中間軌的共同作用，在這兩者之間應當能形成熊市大底。畢竟股票跌到有價值的時候自然會有大資金進行投資，而4,000點以上顯然整個價值體系是被高估了。這個點位在當時看起來相當低，低到不為大多數人所能接受，於是我再一次遭受謾罵。現在看來，這個點位比起最後的熊市大底足足高了1,100多點。歷史事實證明，我的眼光不夠準確，對於整個熊市的估計也過於樂觀。當時大家都在談論關於美國次貸危機，並沒有提出「百年一遇金融危機」這個名詞，但是大盤已經跌到3,000點區間。我本人對於次貸危機的認識也不夠充分，總覺得那是美國人的事，沒有預料到它會席捲全世界，帶來一場百年一遇的金融災難，並且足以相比1929年經濟大危機。

從圖2—7—6中大家可以看到，最後發揮作用的是底部趨勢線，加上國家提出4萬億經濟刺激方案，結束了這輪兇猛的熊市。

大盤跌破年線確認熊市之後，我提出一個控倉位的觀點，就是最高不超過50%，盡量保持低倉位運轉，並且減少持股時間。熊市與牛市完全相反，牛市持股時間長，盡量縮短持幣時間和數量；熊市裏持股時間越長風險就越大。其實最理想的狀態就是用一點小資金，時不時搶反彈，無論輸贏在幾天內了結，然後繼續觀望，這樣既可以保證自己時刻關注股票，又不至於出錯的時候傷筋動骨。

出完唐鋼之後，我在漲停板上發現600624復旦復華這支股票，當時它受到創業板上市消息的刺激，游資開始對它進行暴炒，屬於創投板塊，純粹的題材股。1月18日它漲停，是週五。週末我沒事做就溜股票，看到它的時候由於出現明顯放量，而且這種K線我比較感興趣，於是週一開盤我便買入。熊市嘛，無非就是炒點題材股。整個2008年能炒的股票實際上題材股占了三分之二，剩下的是農業股和醫藥股，這是兩個防禦型板塊。許多資金會進去避險，在熊市末段殺跌之前這兩個板塊的表現還算可以。2008年的主要題材是奧運，其次是創投，然後中間又加了個地震的救災題材。復旦復華我進出多次，一直炒到16塊多的時候才感覺有點高了，收了手，它最高漲到離19塊不遠的地方。

由於對農業的投資價值不看好，所以我沒有參與農業股的炒作，其間除了題材股之外還參與藍籌股投機，結果吃了虧。

2008年4月24日國家下調印花稅，前一天的大反彈中我拋空了股票，可想而知，當時我的心情是何等鬱悶！但是鬱悶沒有用，我迅速調整好心態，用最短的時間內使自己冷靜下來審視這一切。大盤4月22日下探2,990點後展開反彈，我搶反彈是正確的，23日大盤繼續反彈了4個多點，個股表現出色，由於獲利不少，我自然選擇平倉套現。之前一段時間到處都在傳聞降稅的消息，但是對於降稅時間誰也沒說出個準頭，所以我也就不當回事，23日晚上新聞出來的時候，我意識到消息終於兌現了。

由於23日下午我建議我的支持者們和我一樣套現出局，所以很多人和我一樣空倉面對這個重大利多消息，大家的情緒都顯得很激動，我穩住自己的同時也努力穩住別人，於是我想到一個補救辦法，那就是權證。當天晚上我首先普及權證知識，讓大家用最短的時間了解有關權證的一切，並且對幾個權證都作了點評。我建議大家開盤後直接買入權證，賺錢之後等待中午股票全面回調一些時買入股票，這一舉措事後看來完全正確。當時會想到權證，主要是因為意識到開盤後股票必定全體逼近漲停，買入的話當天無利可圖，並且盤中可能出現獲利盤回吐，會有殺跌動作。而權證開得再高也不可能逼近漲停，至少有15%左右的幅度可以投機，而且權證是T+0制度，只要有震盪就可以多次買賣。當天的權證跳空高開很多，都十幾個點，然後迅速漲上20%，我衝殺了幾次，獲利超過10%，這已經超過股票的漲停板了，於是午後我看到大部分股票回落的時候迅速買入（大盤從開盤後衝到9個多點跌回5個多點，個股回落幅度都比較大），到收盤的時候大部分股票封上漲停板，由於採取正確的措施，這一天的獲利竟然比全倉拿著股票不動還要多。而這個重要經驗在4個多月後的9月19日第二次降稅行情中再次發揮巨大的作用，為許多朋友所採用，這是後話。

當時對於這一波反彈的定位是中級反彈，也就是說這不是熊市大底，既然是中級反彈，那麼高點是多少？當時我通過反覆推導，最後定為3,800點，實際上只衝到3,786點，還差14點才到，而我在高點之前已經清倉出局，避開隨之而來的大跌，直到「5．12」大地震發生第二天才買入股票。

4月28日晚上我和遠道而來的朋友在西湖邊喝酒聊天。當時正好有來自北大的教授，他們很興奮，樂觀地看大盤會漲回5,000點，那時候在座的人年紀都大我許多，經驗顯然也都比我老到，大家大談價值投資，但是對於他們的觀點我深感失望。我清楚地記得當時我用當天上市的紫金礦業來說事，這支神票當天的換手率竟然達到92.53%，盤中暴拉一大波，然後被停牌半小時，接著和權證一樣秒殺下來，假設它不被停牌，弄不好換手率就到100%了，甚至更多，這簡直是天大的笑話！當時我反問某教授說：「萬科都預支了未來若干年的業績，難道房價接下來這3年還能像過去3年那樣翻出那麼多倍來？紫金礦業今天如此高的換手率該作何解釋？難道不是有人可以在T+1機制下進行T+0交易嗎？這樣的奇特市場中你們大談價值投資不覺得是件很荒唐的事情嗎？」教授自然回答不上來什麼，連他也覺得紫金礦業這麼高的換手率有點不可思議。然後我就開始大談我的價值投機理念，也算博得在座朋友的讚賞。那天晚上我也說出大盤3,800點的中級反彈高點，比在座任何人預計的都要低。

5月12日我在西湖邊晃悠，因為空倉等大盤跌，所以我沒看盤，而是出去散心。那天下午四川省發生了強烈地震。

汶川大地震幾乎將整個中國變成搖籃，到處都有震感。獲知震級達到芮氏8級的時候，我意識到這是一場重大的災難，因為它已經超過唐山大地震。那時我還沒出生，而現在是我有生以來經歷的中國所發生的最強的一場地震。沒有人知道傷亡情況，只知道震中整片地區已經被完全封閉，我腦袋第一條件反射是——明天醫藥股要大漲了。

同時，我也想到災區的人們，那裏應該有不少股民，並且將會有大量的人員投入到救災行動中，面對重大災難，股民怎麼辦？

我是空倉狀態，國難當頭，我不想做一個袖手旁觀的圍觀客，於是我做了一個決定，我沒法參與救災，但我可以參與護盤，買入股票。當天晚上我在「別境解盤」帖中宣布哪個上市公司率先捐款我就買他們的股票表示支持！最後，我沒想到的是剛度過三聚氰胺風波的伊利股份捐出第一筆款項，於是我兌現承諾買了他們的股票，儘管我明知道這筆投機必定會虧損，因為K線實在不好看，但我還是堅持執行。事實上，這筆投機最後的確是虧損出局。當時我反覆強調這是我的個人行為，請大家不要盲目跟風，但是過沒多久這卻成了小人攻擊我的把柄。我呼籲大家盡量不要參與砸盤，人家在前線救災，我們在後面砸盤，這實在是很不道德的行為。作為一名投資人，我深信道德比金錢更重要。如果一個人道德淪喪，縱然他獲得再多的財富也毫無意義，也相信總有一天，那些財富會離他而去。當金錢與道德衝突的時候，我毫不猶豫地選擇了道德。第二天我買了上海醫藥，當天漲停，也買了南方航空，當時跳空低開，所以全天雖然跌不少，但我虧不多，14日還漲了5個多點，竟然賺錢了。

買了上海醫藥之後我就覺得發災難財似乎有點不符道義，於是隔天我平倉出局，然後買了唐鋼，和南航一樣都是有點救災題材的意思，漲得還可以，但好景不長。由於每天都在關注救災，而且也不想參與砸盤，於是這2筆我都沒有急於套現出局，後來都被跌掉所有利潤，開始虧錢。撐了一個月後我才認輸出局。如果我不顧道義，純粹是個投機客，那個時候我完全可以賺錢走人，然後看熱鬧。但我始終沒那麼做，因為那樣對不起自己的良心。我寧願虧錢也不願意背上失德的枷鎖。虧掉的錢可以賺回來，國難當頭，如果我選擇丟棄道義，那將是我一生不可挽回的恥辱！儘管我這樣的做現在有些人看來有點傻，那時也遭到很多人的嘲笑，但我很欣慰，畢竟有很多人支持我，讚賞我這樣的行為。在70年前，我們的先輩們在國家民族面臨滅頂之災時，有多少人連性命都可以不要，為的是存民族之根本，社會之道義，他們傻嗎？我看他們一點也不傻，他們都是有良知的人，執行了那個時代所賦予他們的使命，擔負起一名正常人對社會的責任。今天我們坐享榮華富貴，難道就可以變得自私？

當時我是虧了不少錢，特別是6月大盤出現歷史僅見的K線10連陰行情，我頂著巨大的壓力，不但要忍受帳戶的虧損，還要忍受很多人的謾罵，「5‧12」地震所作的選擇也成了無數人攻擊我的理由，同時新聞上出現了許多貪污救災款和物資的報導，我為他們的行為感到恥辱！

關於地震的記憶現在依然清晰如故，如果重來一次，我依然會作出同樣的選擇，同樣地再虧一次錢，救災中有多少人付出生命的代價，我虧這點錢又算得了什麼呢？我慶幸當時作出正確的選擇，否則今天我無顏於諸君尊前講述那一段經歷。我要告訴大家的是，這個社會還有很多人像「別境」一樣，當國家民族遭遇災難的時候，毅然選擇鐵肩擔道義！

當時重慶路橋（圖2—7—7）漲得好猛，幾乎翻倍，以連續漲停的方式上衝，與之聯動的還有四川路橋和路橋建設，但我都沒有參與。

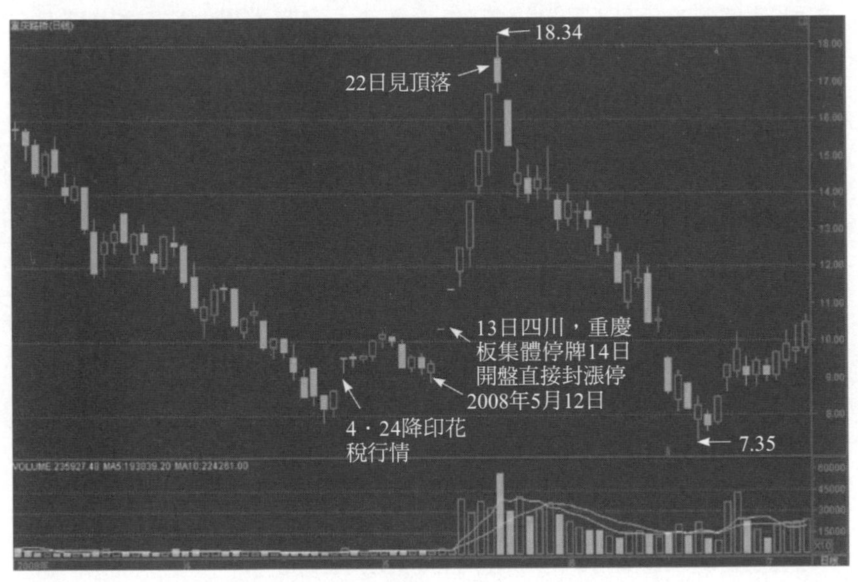

圖2—7—7

大盤在2,600點到3,000點之間震盪築平臺，這已經跌到我最初所預計的熊市大底區間，我也認為很多股票已經跌出價值來了。當時因為奧運臨近，所以我開始參與奧運題材股的炒作，選擇的對象是000802北京旅遊。

「北京旅遊」我進出多次，一直折騰到8月8日奧運開幕式前平倉出局，由於涉及題材炒作的知識，所以留到本章第四節《題材炒作》中詳細講解。

8月6日晚上，我掃遍1,600支股票的K線，發現大多數有殺跌的跡象，於是晚上我發了個提示，告訴大家我感受到一股殺機，7號最好先拋掉一些股票。當時大家都很期待奧運行情，但是我真真切切地感受到殺氣臨近，也許是我沉浸於股市時間較長的緣故，當時有一種說不出來的感覺，反正就是不妙。隔天是週五，也是8月8日奧運會開幕日。太多人期待上漲行情出現，歷史經驗卻告訴我這個時候反向的機率會更大些。我手上只有北京旅遊，7號我到千島湖遊玩，8號上午在酒店特別抽時間拋掉北京旅遊再返回杭州。下午我回到杭州的時候打開電腦看到跌得一塌糊塗，很多股票跌停了。然後過了個週末，週一又跌得連媽都不認得，萬眾期待的奧運行情最後以兩根大綠線回報大家。

8月到10月是殘酷的熊市末段殺跌，市場幾乎沒有避風港，所有的股票都在跌，題材股跌得尤其兇猛，那些農業股也經歷崩盤一樣的行情，前面沒跌的補跌起來比藍籌股厲害得多，市場上哀鴻遍野，並且持續時間很長，我也是左右挨跌。中間還經歷了個9月19日的降印花稅行情，那一天大盤漲停。18日大盤跌到1,800點的時候我號召抄底，當日交換手套現了部分股票，所以降稅消息出來的時候我還有60%倉位。由於4月24日在權證上取得成功，所以我再次複製經驗，並且告訴大家開盤可以考慮出掉股票買入權證。有很多人這麼做了，其中有的朋友比較幸運地買了石化權證，當天封上漲停的時候漲幅達到58%，開盤買入的話有近30%的利潤，可謂豐厚！並且下一個交易日（週一）開盤便上漲30%，這比股票強得多。

在9月19日之前，我看到工商銀行這類大盤藍籌股出現連續跌停的行情，這是一個很重要的信號，超級大盤股的大幅度殺跌很可能是大盤見底的徵兆。這時候大盤已經跌到1,800點的區間，市場上絕大多數股票已經具備投資價值，這樣的下跌是屬於「過量殺跌」，造成這樣的原因是市場上的投資人不成熟，恐慌的情緒導致在如此低的點位依然作出割肉出局的選擇，這已經是失去理性的做法。也正是因為這種集體恐慌的情緒導致市場底的產生，共振效應發揮到極致。經驗告訴我：當市場上出現一種極端的行情時，隨之而來的必定是另一個方向的極端行情。

「9・19」行情之所以出現大盤漲停的奇觀，正是這種共振效應的逆反作用。大家從恐慌性的割肉立刻轉化成不顧一切的搶籌，行動一致導致所有的股票封死漲停板，這同樣是一種失去理智的行情，而這是促成熊市底部的關鍵條件。

當「9・19」行情演繹完畢，大盤重新選擇下跌的時候，我意識到這可能是一種築底行情的開始，因為我經歷過2005年998點時的那一段行情，知道築底過程很殘酷，而且會出現多重尖底，我逢跌加倉，選擇了南方航空和武漢鋼鐵。我對藍籌股比較有信心，源自我的價值投資理念。在1,664點的時候，我是滿倉狀態，並且作出鎖倉的決定，然後我去北京會見一些朋友，同時散散心。反正跌到這份上，再跌我也不出了，當作一項投資。

在北京的時候，國家出臺4萬億的經濟刺激方案，我意識到熊市可能會結束。就算不出這個政策，市場也該見底了，這個政策是一種促進作用，並不是決定性的作用，決定性的作用是股票全體具備了中長線投資價值，閉著眼睛買一支股票放著，一年半載必贏無疑。很多股票都跌回2005年的水準去了，我從那裏一路走來，至少這點理性還是有的。

1,664點最終成了那一輪熊市的大底，從6,124點一路跌下來，跌幅72.83%，可謂慘烈至極！許多有色金屬股的價格跌到原價的零頭。最慘烈當屬有色金屬，其次是煤炭股和地產股，這些藍籌股跌起來真是玩命的。

2009年我作的第一篇文章《全年低點或在1月》中作全年預測是高點見3,100點，當時很多人甚至預測低點會跌到1,300點甚至更低，最後衝到3,478點，超出了我預測的範圍。當我回過頭來看這一切的時候，我發現原來我的3,100點預測在當時是非常高的，當時對於全年的行情描述是這樣的：

我認為2009年主要是築底和試盤階段，年頭踩實底部，年中震盪上行，年底衝高回落，全年收陽線，中間實體段長，兩頭影線短，低點應高於1,664點，高點最多吞2008年長陰線1/3，也就是在3,100點左右。其實這根陽線主要是對2008年大殺跌行情的一種修正，日線上如果大殺的話隔天都會反彈修正一下，K線上一般都是這樣的組合，所以，這是我看好2009年的一個技術面依據。實際上，2009年也是一個不錯的年份，年線收陽，也可以算得上一個小牛市。

我的「小牛市」論又成了一些人揶揄我的詞語。在大家被殺得人仰馬翻的時候，我率先喊出小牛市，連我自己都顯得底氣不是那麼的足，何況他人？歷史再一次證明：股市中大多數人的眼光是錯誤的，真理只掌握在少數人手裏。現在回頭來看我自己當初的預測會忍不住笑（不是得意的那種笑），那時候的確有點冒險成分，雖然僥倖贏了，但是多少有點賭氣的成分。

現在梳理一下思路：熊市最基本的策略是持股時間短，持幣時間長。在熊市中，最好以低於50%的倉位參與題材炒作，熊市初期可參與農業、醫藥等防禦板塊，對於熱點題材股要大膽上，不要猶豫，賺到錢盡快套現，然後等待下一次時機，不要戀戰。不要參與藍籌股的投機，特別是那些在牛市中出盡風頭的牛股，它們跌起來會非常兇猛，這是一種對稱效應，也可以稱為「共振效應的逆反作用」。熊市的末段殺跌行情是以超級大藍籌的補跌為信號的（牛市正好相反，是以這些超級大藍籌股的補漲為結束信號），這種信號出現的時候，大盤便進入築底階段，市場會一片恐慌。但你一定要保持理智，也許這是千載難逢的好機會！機會永遠是跌出來的，對於投資人而言，買跌比買漲正確。由於牛市來臨時最先暴漲的是低價小盤股，所以在築底階段的布局最好選擇一些帶一點題材的小盤股，它們會漲得比藍籌快。2009年大盤只翻了一倍，而那些小盤股基本翻了三四倍，甚至更多。

在熊市中虧錢是很正常的，要敢作敢當，不要一虧錢就把氣出到別人身上，這是很不道德的一種行為。做人應該拿得起放得下，只要你堅持住，下一輪牛市來臨的時候，虧掉的錢會連本帶利回到你的帳戶上。沒有只漲不跌的股票，也沒有只跌不漲的股票，一切都在交替中進行，再熊的熊市也會成為過去，千萬不要放棄希望。

第三節　個股精選思路

選股是一項對個人技術很綜合的考驗，其中既涉及基本面，又涉及技術面。我認為在進行精選個股之前，必須選對板塊，而板塊的選擇主要取決於什麼樣的市場。比如牛市初級階段該選什麼？熊市中級階段該選什麼？這些通過上面兩節的詳細講述，我相信你已經心裏有數了。所以，現在要講的是在選對一個板塊之後，如何對其中的個股進行篩選。

選股分兩個層面，一個是價值投資的理念，另一個是投機的條件。

投資層面主要考慮這個行業是否屬於正在走上坡的階段。在即將要進行操作的週期裏可能會出現什麼樣的利多因素？這個股票的盈利能力在整個板塊中排位是多少？它未來可預見的期限內是否有業績大幅度提升的可能性？這些問題都需要考慮。一支股票要想大漲就必須有故事可講，那些沒有故事可講的股票是不會大漲的。裏面的莊家如果編不出故事吸引散戶盲目跟風，那麼他將面臨拽著一把籌碼把自己套牢的結局。而投機的層面要考慮的因素是這支股票的換手率如何？是否出現底部增量？每天的振幅（振幅大意味著活躍度高，籌碼鬆動）如何？K線技術形態如何？

我舉個例子，在2006年對有色金屬股進行精選的時候，我為什麼會選中包頭鋁業（見圖2—7—8）？當時它上市時間很短，股價很低，我介入時才不到4塊，後面漲到近百塊，在整個有色金屬板塊中還是比較強勁的一支。當時我的考慮是：

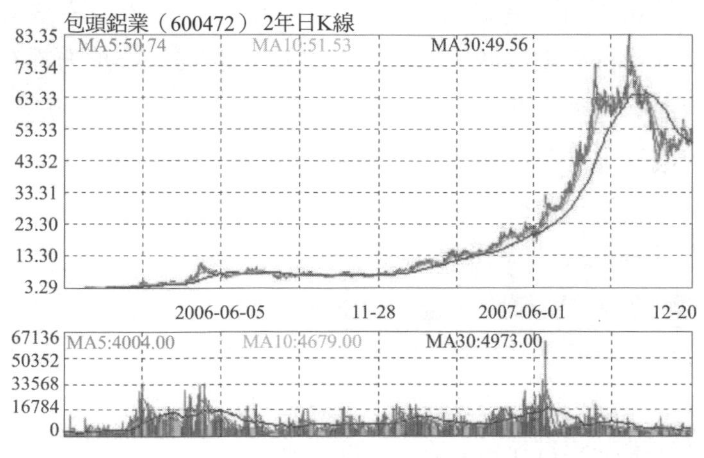

圖2—7—8

（1）這支股票新上市，沒有歷史包袱，也就是說沒有過去大熊市積累下來的套牢盤，這樣，拉盤的時候不會有太大的壓力；（2）國家對鋁這個行業進行管制，限制電解鋁項目繼續上馬，因為屬於高污染、高能耗，限制擴張意味著已經在生產的企業將不會有惡性競爭的壓力，競爭壓力減輕也意味著盈利能力的增強；（3）各個行業都在進行資源整合，包頭鋁業顯然也有進行整合的可能性，一旦有這種題材的作用，股票將會被暴炒一番；（4）由於國際原油的大幅度上漲將會帶動期鋁跟著飛漲，這是一個利多趨勢，將會給公司帶來業績提升空間；（5）由於當時的市盈率較低，才10倍出頭，一個成長中的市場這麼低的市盈率，投資價值很明顯有優勢，並且又有鋁價大幅度上揚的預期，就算市盈率不變，業績的提升必然使股價大幅度上漲，就算沒有業績支撐，將市盈率炒到20去股價也將拉升不少，如果業績和市盈率同時提升，那股價上漲就更厲害了。綜合以上5點考慮，顯然這是有故事可講的，在基本面上它已經具備大炒一番的條件。

從投機層面考慮包頭鋁業是這樣的：它的換手率當時在整個有色金屬板塊中屬於比較靠前，對比雲鋁和焦作萬方都有點優勢，活躍度是很重要的一項指標，它直接決定莊家是否能快速介入之後快速出逃，如果籌碼太穩定的話這是很不利的，游資不會冒太大的風險，當時整個有色金屬板塊的活躍度還是比較高的，所以裏面的個股大多數時候換手率都超過5%，甚至大漲時超過10%，對於中盤藍籌股而言，這個數字是比較理想的。當時我引進了分析化學的一套分析方法，即平行試驗，對每日振幅進行比較，取了焦作萬方和雲南鋁業、南山鋁業、關鋁股份幾支同是鋁業的股票進行平行比較：在大盤的波動作用下，包頭鋁業的振幅最大，南山鋁業的振幅最小，其他幾支交替著，這說明包頭鋁業的活躍度明顯較高，籌碼相對鬆動，這套平行試驗的方法我一直沿用至今，頗有收穫。

包頭鋁業於2007年底併入中國鋁業，在軟體上找不到K線資料，這張圖片是在財經網上抓的圖，效果很一般，從圖中可以清楚看到2006年底部橫盤的時候出現大幅度放量的情況，但股價沒怎麼上漲，這是莊家吸籌的行情，它從4元不到一路飆升到83塊多，中間還經歷了除權派送，復權的話股價上百了，同期的南山鋁業股價從4.6元左右漲到頂點近41元，這漲幅相比就差得太遠了，其他鋁業股也都不如包頭鋁業，可見當時的精選過程是很成功的。備選股焦作萬方的表現也算不錯，從3塊多漲到68塊，中間還經歷除權派送，也算很不錯的。

在多年的實踐中，我嘗試過無數種投機方式，有超短線，甚至追擊漲停板，也有短線和中線，從未進行長線投資。我發現追擊漲停板的確很有快感，問題是賺8次的利潤可能在2次失誤中就折損殆盡，到頭來只賺了吆喝。而幾天週期的超短線雖然賺錢速度也快，但是人很疲憊，長時間這麼折騰根本頂不住，並且失誤的時候也不少，每次都虧損很大，得不償失。最後我發現自己中長線選股還是比較不錯的，我精選過的股票從中長線看來都漲得很好，但是我很多時候並沒有賺到許多錢。原因是我做了一個波段之後就「花心」了，看到別的更好，於是就去了，忘了這邊，不停地追逐。現在我不這麼做了，一般選定之後就在單支股票中進行多次波段操作，由於熟悉，所以能把握得住買賣點。實踐證明這套方式很有效，所以我選股的思路永遠定位為中長線，然後結合短線波段操作。以前我是一個人對付無數個莊家，現在我不這麼做，而是一對一進行對決，局面就變成莊家以一敵眾，而我是眾裏之一，贏他自然容易多了。

前面一節中提到唐鋼股份，這也是一次個股精選的經典戰例。在我確定要投機鋼鐵股的時候，板塊裏面有30多支股票，選誰好呢？

我將它們按照各項不同的指標進行排位，比如流通盤，換手率，每日振幅，同時對K線形態也進行反覆的對照，最後我篩選出武鋼、唐鋼和酒鋼。唐鋼各項條件都居中，知名度沒有武鋼高，盤子也不算特別大，裏面機構持股為主，我選它還有一個重要條件就是它的盤子排第5位，如果它有朝一日躍上第一位的話，這段空間是很驚人的。像寶鋼已經是第一位了，如果它不幸跌下第一位，那麼它還有什麼投資價值？在進行行業中個股精選的時候，我很少選第一位的股票，因為它已經到頭了，就算它一直領先，那意義也不是很大，而那些排在三五位的公司如果躍升兩三位，那投資價值就非常明顯了。也就是說，從中長線週期而言，我更看中一個公司的成長空間，那些已經排在龍頭地位的公司無疑會成為散戶千夫所指的標杆，它們很難有出色表現的機會。

最後的結果是，從2007年11月29日最低點16.11元（波浪段最低點）到2008年1月15日最高點28.5元，最大揚升幅度為76.9%，居同期鋼鐵板塊第一位。武鋼為67.9%，酒鋼為65.7%，八一鋼鐵為65.2%，而寶鋼只有40.4%，結果對比差距很明顯。2008年1月10日，在唐鋼最大揚升超過70%的時候，我在解盤中提示所有跟我出擊唐鋼的朋友注意套利出局。1月15日唐鋼開始見頂回落，我並沒有出在最高點，而是回落到15天均線確認趨勢逆轉時才出局，少賺了一些。

在一個行業中精選股票時要注意很重要的一點就是可以將

龍頭股作為標杆，但是不要選它，而是選擇那些有望取代龍頭股的股票，比如唐鋼後來合併了邯鄲鋼鐵和承德釩鈦之後（改名為「河北鋼鐵」），排位一下子就躍到第3位去，超過了武鋼，一度被認為鋼鐵行業第一。當然，從重組之後它就再也沒有走強過，基本面發生大改變之後，這支股票在很長一段時間內最好都不要去參與，這是原則問題。再比如現在如果要我從地產股中挑選，我肯定不會選萬科，而是選擇保利或者金地，甚至是招商，因為它們都有機會取代萬科的龍頭地位。假如保利過些時候取代了萬科的地位，那麼兩者的投資價值差距就非常明顯了。投資很重要的一點就是預期，萬科已經是第一位，因為再怎麼樣衝它也就是第一，沒有預期，而保利是第二，它的預期明顯就有優勢，第四位的招商就更有預期空間。

曾經有一位近20年炒股經驗的前輩跟我說過他的一條配倉法則，那就是選擇最好的一支和最差的一支，兩支同時分配資金，選擇最好的那支理由不必多說，最差的那只呢是因為現在已經這麼差了，除非退市，否則它就不會更差，預期的利空不存在，一旦它變好，那麼投資價值就非常明顯，鹹魚一旦翻身它就成了寶貝，有可炒作的預期，這種股票往往會有驚人的表現。當然，如果它已經淪為ST，甚至帶上星號，根據風險和利潤對等的原則，它的風險是巨大的！

我覺得他的投資最差個股的理念值得探討，我曾經在華夏銀行上賺過一些錢，當時我選它就是因為它經營最差，在所有銀行股裏面沒有比它更差的。結果它就像戰鬥機一樣，經常日漲幅居板塊第一位，當然，有時候也跌在第一位，因為它的股性最活躍。衡量股性是否活躍，除了振幅和換手率之外，還有一條技巧，就是數過去一段行情的漲停板和跌停板次數，兩者越多就表示是越活躍，這一條法則在精選到最後二選一的時候尤其管用。

記得有這麼一個故事，當年紅軍備受打擊，東奔西走的時候，有位領導在一個廟中求籤，他不幸抽到一支下下籤，同行者大驚失色，但是他看完哈哈大笑。眾人不解，於是他解釋說：「現在我們都這樣糟糕了，如果求來上上籤，我們必定還會更糟糕，這下下籤是老天在給我們暗示，最糟糕的局面就是現在這樣了。」事實證明，那的確是紅軍最艱難的時刻，之後便開始好轉，直到戰勝對手，建立新國家。如果我們要對那時的紅軍進行投資，那無疑是一個最佳的時刻，反正已經那麼差了，再差大不了就退市，如果不退市，它就有望鹹魚翻身。中國歷史上還有一個人有類似的能力，他就是春秋戰國時期的管仲，《史記》中評價管仲的一句話是：「其為政也，善因禍而為福，轉敗而為功」。

最後，有一條很重要的選股規則我必須告訴大家：不要相信別人的推薦，特別是電視和報紙上所謂的專家的推薦，每年的券商推薦出來的十大金股尤其不要買，歷史一次又一次地證明這些股票最後的走勢都很爛！不要相信什麼明星股，這些股票的輝煌已是過去，凡是爆炒過的股票都要排除掉，而那些沉寂已久的股票可能在某個時刻就發生行情爆發，它們的機會遠勝明星股。不要把希望寄託於別人身上，選股應當自食其力，否則你永遠也不會出師！自己選股哪怕最後失敗，其經驗也彌足珍貴。

第四節　題材炒作

在2005到2007年的大牛市中，題材的炒作並不多，股改題材主要是以消息為主，並沒有什麼借鑒意義，所以我關於題材炒作這一節內容主要以2008年到2010年這3年間的一些大題材為案例，大牛市裏題材沒有太明顯的優勢，熊市則不同，題材股會成為資金的避風港，走出與大盤完全不同的行情，我們稱其為獨立行情。我曾多次參與題材股的炒作，多少也積累了一些經驗，而且都是成功經驗，我願意相信有神明的眷顧，但我更相信成功原自我對經驗的總結。

第一個題材案例是創投概念，選擇對象為600624復旦復華（圖2—7—9）。

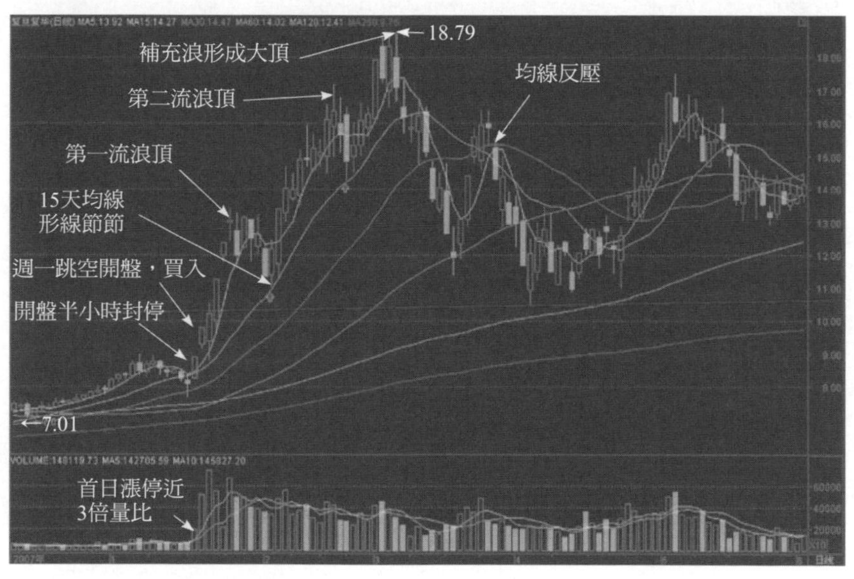

圖2—7—9

選擇復旦復華的理由有很多，最重要的一條理由是它率先漲停，在所有的創投股中它是活躍度最高的。選題材股最重要的一點就是活躍度，這決定游資能否順利介入後順利逃脫。1月18日（週五）開盤後半小時就封上漲停板，並且牢牢封死一天，這說明控盤主力非常堅決做多，並且實力雄厚，而裏面的籌碼多數有強烈的做多意願，不存在重大分歧，這一點非常重要。大家作出同向選擇的時候容易形成共振效應，而這是爆炒的條件。

復旦復華依託15天均線進行拉盤，一共分5浪，其中3波屬於上漲浪，第1波和第2波幾乎等差，第3波為補充浪，中間兩波很小的回調浪，關於波浪劃分和黃金分割比率計算留到後面第三部分第一章《K線波浪理論》中進行講解。這支股票最後是炒翻倍了，題材股一旦開炒很少不翻倍的，翻一倍還算少的，猛一些的翻出好幾倍來。參與這類股票的投機要訣是：敏銳，大膽，心黑。

敏銳是取決你是否能在盡量低的位置上介入，因為開始是快速上漲的，如果你遲鈍一些，用不了三四天就已經漲得很高，因為可能會出現連續的漲停板，非常兇猛。有一個重要的徵兆是突然放量，量比放大2到3倍最好，如果超過5倍最好不要介入。放量太過頭說明存在嚴重的分歧，新主力進去舊主力退出，這樣拋盤太大，很難連續拉升，弄不好就是一日遊。如果沒放量就封板，則可能是一些大戶玩一日遊，根本玩不大，所以量比在2到3倍是最理想的，這是我總結出來的一個數字。膽子大小將決定你是否能在敏銳捕捉到機會的基礎上迅速出擊，有的人膽子小，看到機會卻白白錯過了，每天看著股票拼命地拉升，每天收盤都在後悔：為什麼不上？該出擊的時候膽子一定要大一點再大一點，不要猶豫，你要這樣想，人家資金那麼大漲停板上都敢出擊，他們都不怕你怕什麼呢？週一開盤我看到許多大單進出，雖然跳空高開幾個點，但是我一點也不猶豫，集合競價就直接上了，我想他們資金量比我大無數倍，要虧錢的話他們比我慘，他們不怕我怕什麼？所以我上了。心黑蠻重要的，有的人前面2個條件具備了，可是才賺一個漲停就走人，錯過後面長長一大段，說到底就是心不夠黑。做股票要敢想、敢做，還要敢贏，贏不起的人同樣輸不起，人生能有幾回搏？該搏的時候不要手軟，反正不用你自己去拉盤，只要技術指標沒有發生頂背離就不要急著出來。要知道多撐一天可能就多10%，資金量稍微大一點就是好幾個月工資呢，你賺工資的時候老闆會心疼你的勞動嗎？所以無論如何，遇到大題材的炒作往翻倍處想，膽子要大，心要黑，記住我說的話！

只要是題材，暴漲過後就是暴跌，上去和下來是對等的，這是個原則問題。所以，當你獲利平倉之後立刻將其踢出票池，永遠也不要再回頭去看，更不要去做，你已經賺到豐厚的一筆了，把風險嫁接給別人，不要去憐憫別人，更不要貪心去殺回馬槍，弄不好是別人殺你。題材股跌起來是非常兇猛的，和上漲一樣兇猛，跌停是小意思，千萬不要以為有資金在裏面撐著，游資出貨的時候非常堅決，等到反彈出現的時候都跌廢了，反彈也沒什麼意義，如果你不幸黑心過了頭，見頂回落你還沒出挨了跌，千萬不要手軟，更不要想著反彈回來的問題，手起刀落平倉就是，就當是前面出早了，然後生病睡了幾天浪費時間。題材股投機的時候進去要堅決，出來同樣要堅決，千萬不要猶豫，同時對自己要心狠點，下手要堅決，我再一次強調這個問題。

第二個題材是奧運概念，選定的股票是000802北京旅遊（見圖2—7—10）。

無論北京旅遊還是復旦復華，或者是後面要講的其他題材股，它們都有一個共同點，就是業績很爛，市盈率都很高，這些股票充滿水分，但是這是爆炒的條件，沒有水分就無法爆炒。像工商銀行那一類的股票業績太好了，機構喜歡，散戶更喜歡，游

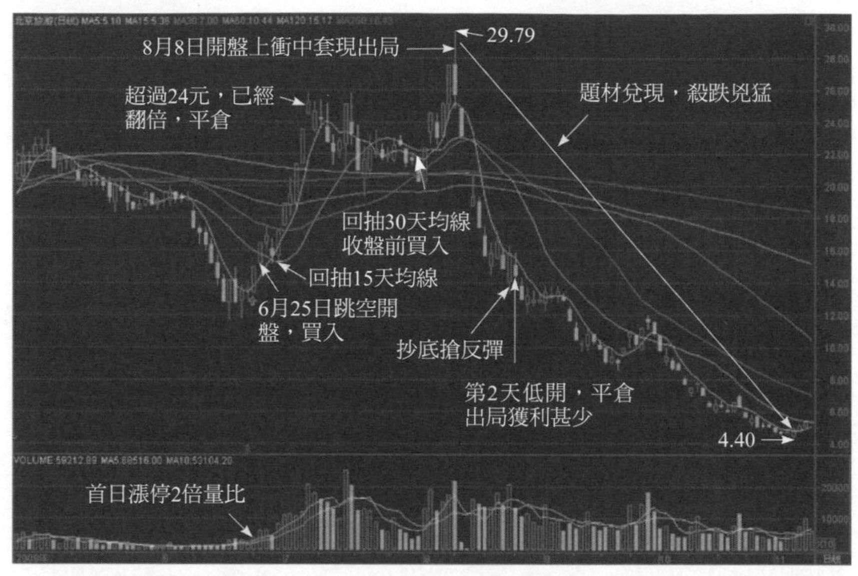

圖2—7—10

資不敢喜歡，他們一拉盤準被砸死，不是被機構砸死就是被散戶砸死。像中國聯通曾經就發生機構合力獵殺游資的事情，那是慘痛的教訓。爆炒題材股盤子不能太大，但也不能太小，太小的話游資賺不到錢，太大的話需要資金量太大，根本拉不動。所以那些流通盤在20億元左右的股票是最理想的，超過50億的話基本可以排除掉，低於5個億也基本不用考慮。

北京旅遊的換手率經常超過10%，大漲大跌時經常超過20%，籌碼高度活躍，流通盤不到10億，這樣的股票具備爆炒的條件，奧運會要突出的就是旅遊業，所以我選了北京旅遊。一方面是對它足夠熟悉，從2007年中開始就一直關注它；另一方面是價位不算高。這是很重要的一點，所有被爆炒的題材股啟動價位都不高，太低也不行，主要是10塊左右的為主，這些股票拉到30

塊基本就能翻出兩三倍來，比較理想。

北京旅遊在奧運前2個月左右啟動行情，由於我一直關注，所以在第一個漲停板之後第2天開盤我就大膽出擊，在集合競價的時候就衝進去，跳空高開，並且開盤為全天低點，和復旦復華一樣，買入當天直接上漲停板。它的啟動波浪底不到12塊，所以漲過24塊的時候我就選擇套現了。股價是翻倍了，我的資金沒有翻倍，但是也賺了不少。遺憾的是當時膽子還不夠大，只是輕倉出擊，因為很多資金在別的股票上套住了，如果我果斷一點，把所有股票都割了，然後全倉殺入北京旅遊，這一把足夠讓我挽回損失，甚至還有賺，這是一次很重要的教訓。

那一次北京旅遊我投機了2次，在回抽30天均線時我又衝進去，依然是不到30%的資金量，這次出擊沒有第一次出擊那麼有把握，所以不敢投入太多資金，現在看來，當時膽子還是不夠大。第2天開盤還挨跌，不過我忍住不動，最後衝上漲停板，並且一路衝到8月8日。這一天是週五，晚上是奧運會開幕式。早上開盤後上衝到5個點時我就套現走人，就算它衝到漲停我也不要了，畢竟賺了不少，而且我知道這一天必定是波浪高點了，因為題材要兌現，一旦開幕式舉行，後面就是兇猛的殺跌。果不其然，週一就跌停，並且啟動一輪兇猛無比的暴跌行情。炒題材股非常重要的一個法則就是——一旦題材兌現，必定迎來崩盤式的下跌，並且沒有一次例外。

上面兩次的投機都取得完美的成功，下面這個案例雖然最後也成功了，卻並不順利。第三個案例，世博概念股——600851海欣股份（圖2—7—11）。

2010年最大的題材就是世博概念，經過幾年的準備，總算迎來盛開的時刻，題材股自然免不了要表現一番，然而這次出擊之

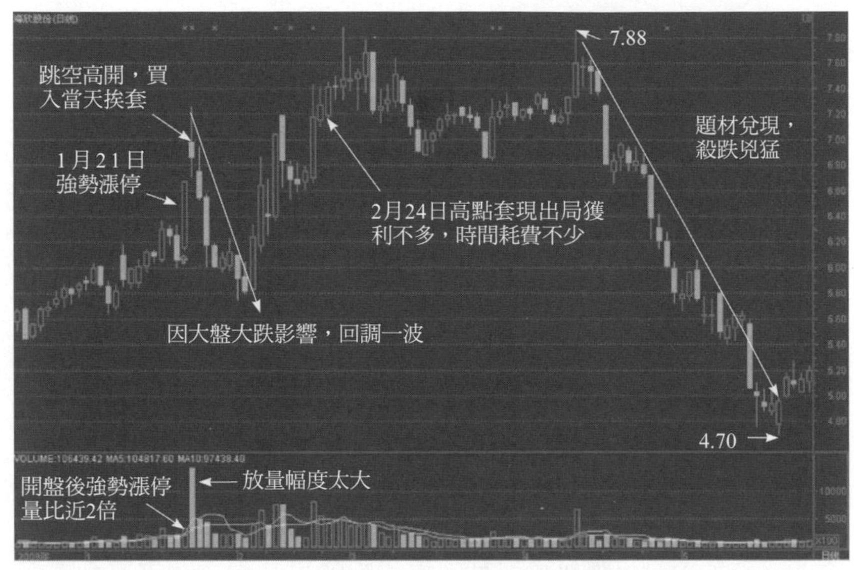

圖2—7—11

前，我與師父有過一次交流，他的意見是世博題材遠沒有奧運那麼強勢，主要是世博會時間開得太久，題材不是很明顯，炒起來會很混亂，由於資金不集中，所以行情強度很有限。當時我銘記在心，並且對預期打了個7折處理，也就是說，以前認為題材股至少會炒翻倍，這次我預期能炒個70%就不錯了。經過篩選，最後我的目光落在海欣股份上，同時備選股是強生控股，強生控股最後也賺了點小錢，不值一提，下面說投機海欣股份的經歷和教訓。

我提前選定了它，並且天天觀察，在1月21日開盤後出現強勢漲停，並且有幾支世博股聯動，都漲停，放量也正好在2倍左右，無論是漲停時間還是量比或者是其他指標都和以前差不多，於是我信心滿滿地做好準備。22日開盤立刻出擊，隨後下跌了一下，接著強勁拉升，我彷彿看到漲停的希望。但好景不長，很快便開始震盪回落，直到收盤出現跳空十字小陰線，量比非常大，我感到很不妙。接著過了個週末，週一開始大盤大跌一波，海欣股份沒能扛住，沒有出現獨立行情，而是跟著大盤殺跌，其他世博股也是一樣的走勢。我想起了師父的話，的確世博股並不強勢，但是帳面已經浮虧，要我割肉出局顯然也是不可能的，事到如今，只能等待，畢竟離世博會還有3個多月的時間，題材還沒那麼快兌現，翻盤的機會還是很大的。畢竟我買的那一天有大量的資金擁進，他們虧的錢比我多得多，要死也有他們墊底，當時我就橫了心，不看帳戶了，決定守到翻身賺錢再出。

一波回調之後便強勁反彈，很快資金就解套，但我不急著出，因為還沒漲到預期價位，這個時候我還是比較黑心的，而且是選擇了全倉出擊，這是吸收了前兩次輕倉出擊吃的虧，我要賺一把大的。春節前幾天又回調，節前收盤我帳面又浮虧，我感到挺不是滋味，這麼大的題材根本炒不起來，和以往連續進攻，漲勢如虹相比，這差得太遠了！於是春節期間我仔細思考一番，對原來的預期再打折處理，節後開盤強勁上衝，算是緩解了我的壓力。每年的元旦後第一天或者春節後第一天的熱點就是當年的題材，2010年春節後第一天世博股都很強勢。而2009年元旦後第一天與經濟刺激方案有關的題材股也都紛紛漲停；每年的元旦後第一天農業股都會有一番表現，這些都是規律。

海欣股份隨後依然沒有出現強勢拉升的行情，2月24日我忍無可忍，套現出局，對於世博股的炒作到此結束，我從那之後再也沒有買過世博股。

海欣股份的投機曲折使我增加了一條重要經驗——題材股並不能完全對抗大盤殺跌，走出獨立行情，所以還是需要順勢而為，大盤不好時需多加小心。

元旦前我還買了一支叫「新黃浦」的股票，賭元旦後第一天的題材行情，這是股指期貨概念，這次倒是賭對了，2009年12月30日開盤全倉買入，當天漲停，隔天又盤中漲停，收盤有9個點，節後第一天表現一般，套現出局，短短3個交易日20%的利潤，比後面的海欣股份驚心動魄強多了。但股指期貨概念我只參與這麼一次，後面中國中期爆炒的時候我沒有參與，因為等我看到它的時候已經拉得太高了，我得承認自己不夠敏銳。新黃浦在期指題材兌現之後跌得一塌糊塗，我看到有人買了它挨了大跌，然後慌張得到處問人家怎麼辦？這是缺乏題材股炒作經驗之過，題材兌現的時候暴跌是必然的結果，甚至題材兌現之前就開始暴跌，世博股就是這樣，因為大盤一輪大跌在世博之前，所以題材炒作提前結束，而不是像奧運股一樣一直炒到8月8日開幕式才結束。

其他的題材我或多或少都參與了。像2009年下半年的甲型流感題材（我參與海王生物、康恩貝、同仁堂），9月初的建國60周年閱兵題材（參與軍工股中兵光電，錯過熊貓煙花），2009年10月的迪士尼概念（參與界龍實業），2010年春天的區域振興概念（有人稱為炒中國地圖，我參與了西藏發展，長航鳳凰，錯過了海南股）。題材股我從未放棄過任何機會，特別是在大盤行情不好的時候尤其珍惜這些機會。

現在，總結一下炒題材股的一些要點：

（1）題材兌現之前無論如何必須出局，題材一旦兌現，結果只有一個，那就是暴跌！無論大盤漲還是跌，這是唯一的結果，也是必然的結果，出局之後切不可回頭。這是最重要的一點。

（2）切入點一般是第一個漲停後的第2天開盤，特別要注意的是漲停當天的放量必須是2倍或者3倍，放量太小太大都不宜出擊。漲停時間越早越好，最好開盤半小時之內便牢牢封住漲停，直到收盤，盤中不打開。

（3）思想上的準備是：敏銳，膽大，心黑。

（4）技術上的準備是：漲幅預計——大題材翻倍，小題材打5折。一些技術指標的背離形態應記住，還有其他的一些必要的技術分析手段也都要熟悉。

（5）不要強行對抗大盤，題材股爆炒的機會一般出現在大盤下跌浪後面的反彈浪中。牛市中的題材股表現並不算出色，原因是全面開花時各方資金不需要任何避風港，題材便失去炒作的價值。

（6）機會一旦認準，全力出擊。

第五節　相對價值

價值投資多年來一直是人們爭論的熱門話題，每個人似乎都能說出一整套的理念來，但是在實踐的過程中，真正獲得成功的卻寥寥無幾，究其原因，我想是對於價值的基礎認識錯位了。

這個世界上根本不存在絕對的價值，任何一件物品都不可能有絕對價值，哪怕是黃金，它也不具備這種條件。大家都知道在原始社會，人們會把得到的東西進行交換，用石頭打磨成的工具交換野雞什麼的，那個時候的黃金在河邊閃閃發光也沒有人會去注意到它，因為對比一隻野雞而言，黃金根本不具備任何價值，哪怕是一把石斧的價值都要比黃金高得多。但是隨著社會的發展，人們開始意識到這種貴金屬的價值，以它作為貨幣，實現最原始的交易模式，它被廣泛作為交易過程的中間載體，這個時候，黃金的價值才呈現出來。後來貨幣又進一步發展到白銀，青銅等等，到現在，連玉石，翡翠，或者白金之類的貴重物品也呈現出它應有的價值，但是這一切都是相對的，不是絕對價值。

看看中國幾千年的歷史演變中每個時期的社會所流行的事物，我們就可以發現，一切都是在輪替中進行著。黃金或者銅錢作為基本貨幣已經成為過去，現在變成紙幣在流通，甚至現在由於網路科技的興起，變成了數位在流通，實體經濟開始向虛擬經濟轉化，也許再過100年，紙幣也成為歷史，將被送進博物館展覽。20世紀70年代的半導體收音機曾經風靡一時，現在我們基本不待見它；80年代的自行車也炙手可熱，現在呢？它基本過時了！我們現在對房子、汽車十分追捧，我可以很負責任地告訴各位：再過20年，這兩樣東西同樣過時！

現在的年輕人結婚的條件很多不是談感情，而是談房子、汽車，或者銀行存款，這是很糟糕的一種價值錯位體系。一些人對人才的衡量經常不是以其自身的才華，而是以擁有多少金錢來作基準，這同樣是錯位的價值衡量體系。由於大多數人對於常識的認知出現錯位，所以在股市，這種現象也普遍存在。

人們在談論一支股票的價值的時候，喜歡以現行的數據進行分析，高明點的人會去對比一下歷史數據再進行分析，但是真正有前瞻力的，是利用預計出來的未來數據，和現在、歷史數據進行三位一體進行對比。許多接受過所謂的高等教育的人才動不動就大談模型，在我看來，這些人的確傻得可以，那些建立在錯位的價值基礎之上的模型能發揮什麼作用呢？到頭來娛樂別人，也娛樂自己，把所有人都繞進複雜的模型中去，就像織了一張大網，把所有人都困於其中，暈頭轉向，還沾沾自喜。

在我看來，衡量一種物品的價值並不是多複雜的事情，把歷史學好，再多花點時間去旅行，然後多點時間靜坐思考就足夠了。學好歷史，可以知道各個時期流行什麼，以歷史的眼光看待現在所流行的一切，再用歷史的眼光預計未來將要流行的事物，提前作好投資的準備，這是先決條件。我喜歡旅行，但不是純粹的享樂，而是通過旅行可以親近自然、親近生活，全方位去了解現在這個社會人們的生活狀況。而不是局限於辦公室那幾平方米的小格子，然後對著一台電腦在虛擬的世界裏衝浪。我承認那些網路資訊很重要，但是一旦你脫離了現實生活，你的一切不是自己親身經歷得來，而是別人告訴你的，那是很危險的，因為也許大多數人所告訴你的都不是真實的，而是經過處理後的認知，而多數人的認知是建立在錯誤的價值體系之上。所以，你的眼界成為管狀並且建立在這種平臺之上的時候，你所想到的投資理念是錯誤的，所作出的投資決定也一定是錯誤的。獨立的思考非常重要，有了以上兩點，你就可以不必參考別人的意見。我一向都不看別人的財經評論，偶爾看一下都要失望，因為我所看到的人所作的評論說起來頭頭是道，在我看來卻一無是處，其實這些人多數不是自己思考的結果，而是東抄一點西摘一些，然後一拼湊就成了自己的，甚至一段評論自相矛盾都不自知。那些職業評論家所作出來的文章如果有用的話，他們應該率先實踐並且獲得財富，而不是成為職業評論家，以此謀取財富。因為有了這點基本的認識，所以我一向都不看電視上的或者網路上的任何財經評論，除非巴菲特或者索羅斯的看法我會看一看，畢竟他們是世界有名的富翁了，至少他們已經證明了自己是正確的。

任何一種投資一旦成為大多數人所熟知的路徑，這種投資就失去價值，這是最基本的規律，大家一定要謹記於心，因為這是歷史的借鑒！就像現在的房子，大家都認為拿來投資是正確的，其實這絕對是錯誤的。在2003年房價開漲之前，社會上的人們並不懂得投資房子，但是短短兩三年間，隨著房價飛漲，全國各地瘋狂炒作，房子成了人們日常最熱門的話題，大家紛紛擁進，很多人也大炒特炒，小房子炒成大房子，興高采烈。如果在2003年買入，到2009年賣出，那的確是正確的投資，因為那時候的房子便宜，幾年間翻出很多倍來，但是那時候大多數人壓根不懂，等大家都懂的時候，房價已經非常高了。現在還有人在大談特談房子的投資價值，我是懶得去爭辯，這感覺就像你和一個小孩討論玩具的價值一樣，在他的眼裏，玩具是最有價值的，黃金算什麼？房子又算什麼？說到底還不如玩具和零食更有價值。

不同的人，不同的時期對某種物品都有不同的價值衡量，而這就是相對價值！相對價值的產生是取決於不同時期不同人的需求。我跟種菜的農民大談股票價值投資，他大概認為我是個神經病。在2005年股市探底之前，你跟周圍的人們談論股票投資，他們同樣認為你腦子進水了！但是在2007年你再談股票價值投資，並且說出一套看起來很專業的理論，他們會對你崇拜得五體投地，甚至送你一頂高帽子，上面寫上「股神」二字！

我曾經和一些業內人士討論價值投資的問題，遺憾的是能理解我這一套價值衡量體系的人很少。2007年第三季度，有色金屬股票紛紛上百，而市盈率卻只有二十幾倍，甚至有的才十幾倍，可以說是非常低的，還有地產股，也大致如此，那時候很多人跟我大談投資價值，但是那一陣我說「現在買股票不如找那些幾百倍甚至上千倍市盈的股票」。他們聽了以為我腦子出問題，其實我是懶得解釋太多。那些有色，地產股雖然低市盈，但只是一時的，低市盈的數字之下蘊涵了巨大的風險，就像平靜的冰塊下面是洶湧的急流，一旦出現破口，你掉下去會死得很慘！果不其然，2008年經濟危機一來，全變了天，跌得最慘的就數有色和地產股。當時買高市盈率的股票至少你對它有清楚的認識——這股票全是水分！因為有了正確的認識，所以你會知道風險存在，這時候再去參與投機，你必定會時刻想著開溜，而不是對風險茫然無視。市場中到了人人對風險麻木無視的時候，大勢就基本到頭了。反過來說，市場上人人自危的時候，機會同樣也會來臨。無論2005年還是2008年底，人們對股票都存在極大的恐懼，而2007年，市場上的人們只會看到利潤，不會看到風險。而現在2010年中，人們對股票又存在恐懼感，機會又一次悄然來臨。

當一支股票價格透支了該公司未來數年的業績的時候，你還大談價值投資，無疑是一件很荒唐的事情。而一支股票的價格跌破了市淨率，你卻還慌不擇路想出逃，這同樣是十分不理智的行為。假如我們要開車走遍中國邊境上萬公里的路程，我們目所能及的有時候可能就是幾百米，最多的時候也不超過10公里，但是我們卻可以走完全程，這是為何？原因很簡單，我們所看到的路是相對的，它在延伸，我們的眼光也跟著延伸，這種相對距離始終不變。我們在股市進行10年、20年的投資或者投機的時候，其實我們所能預計的也是很短的一個週期，超長期的預測沒有人能做到準確，但是有的人卻能憑藉短期的預測引領自己一步步走向成功。原因無他，就是相對價值理念的作用。要想做好投資，就不惜時常修正不同時期對股票的價值認識。就像開車不停地更新眼前的道路一樣，對一支股票、一個行業的價值認識不斷地更新，這樣你就具備一套相對價值的衡量基礎，只有建立在這個基礎上的價值投資才是正確的。這就是相對價值的重要性。希望你好好琢磨這個事，琢磨透了，對你一生都是受用無窮的！

✎本章結語：

本章的內容很多，其中最關鍵的一點就是你必須認清楚自己所處的位置（你正處於什麼樣性質的行情中），然後採取對應的策略。以上的經驗可以幫助你制定策略，而如何認清方位的問題在後面第三部中會有詳細的論述。兩者結合實際上就一句話：在正確的時候做正確的事。

第八章 滾雪球原理

股神巴菲特的滾雪球原理風靡世界，大家對他的成功推崇備至。滾雪球原理看似簡單，實際上涉及了許多計算的方式。很多散戶只知道個大概，卻不能真正去理解融會，所以我特地開了一個章目進行講解。

我生於南方，在來杭州之前並沒有見過雪，活了二十幾年都不知道滾雪球到底是怎麼回事。2008年春天那一場暴雪讓我真正玩了一下滾雪球這種遊戲。雪球很小的時候必須快速滾動，每一圈它的體積都在增大，但是開始很小，滾幾十圈都沒看出大多少，但是到了半個人高的時候，滾一圈十分困難，因為很重，體積也大，滾過的地方直接把雪沾在上面，直至見到草地。小雪球沒這麼厲害，本身不夠重，所以只是帶起薄薄的一層。當雪球超過一米直徑的時候，滾一圈的體積就增加了很多，厚厚的一層雪直接附在上面，開始一個人推就行了，到後面沒有幾個人根本推不動它。

這個原理套用到股票帳戶上是這樣的：假如本金10萬，那麼一年翻一倍就成了20萬。第二年在這個基礎上再翻一倍就成了40萬，然後是80萬，160萬……而80萬到160萬是一年增長80萬，是第一年的8倍；160萬翻一倍是320萬，是第一年的16倍。股票是按比例計算的，並且是連本帶利，後面基數很大的時候，翻一倍都很了不起，假如1個億翻1倍就是1億淨利潤，那是非常厲害的。股神巴菲特就是用這種原理把手上的資金慢慢滾大，直到成為世界首富。

2008年底我們一幫朋友小聚，大家都說自己在這輪熊市的虧損狀況，大部分人都在70%左右。其中有一哥兒們A君一臉不解地說：「哥兒們從5,500點時就開始迴避，大盤跌破3,000點的時候殺入，到1,700點的時候也虧掉60%去了，為什麼我避開2,500點之後再進場的結果和你們一個樣？」其他人聽了也感到有點不可思議，按理說他的確避開了一段大跌，沒理由再虧那麼多，甚至和我們在場大部分沒避開的人差不多。我想了想，用滾雪球的原理作出解釋。

雪球從小往大滾很好想，但是反過來層層剝離上面的雪一般人就不會去想。大盤從6,000點跌到3,000點是50%，從3,000點跌到1,500點也是50%，而6,000點跌到1,500點，是75%，原因就是起點的基數不一樣。假如A君3,000點進場的時候先把手上的資金減一半，然後再出擊，就算跌個60%，對他總倉位的損失實際只有30%，但是他沒有這麼做，而是以6,000點的基數放在3,000點的位置參與虧損，這樣跌60%就是真正的60%，而其他人在6,000點到3,000點這一段已經跌掉一半去了，後面這1,500點實際上基數已經小了很多，再跌50%實際上算下來只是當初6,000點水準時的25%而已，所以造成這種令人感到滑稽的結果。A君說：「早知道如此，我也不用忍那2,500點，站邊上還挺開心，最後的結果卻令人鬱悶，這一來一回，其實沒佔到便宜。」

2009年的牛市又好玩了，A君死撐不動，結果所有人中就他最先翻了身，大盤漲過3,000點的時候他早就解套賺錢，而其他人自然沒有這樣的成績，其實他的股票漲幅和大家的相差無幾，他又覺得：「原來避開2,500點還是有好處的，到底是有差別。」的確是有差別，雖然他也跌去60%，但是他跌到最後的基數比其他人大，100萬跌70%是剩30萬，跌60%就剩40萬，兩者相差10萬，可別小看這10萬，往上漲的時候，這10萬的作用可大了。

40萬漲到100萬的幅度是250%，30萬漲到100萬333%，兩者差了83%，3,000點進場比從6,000點一路跌到底的人翻身快原因就在於此，這83%的差額可不是那麼容易做到的。特別是一輪行情已經漲到頭的情況下，最後面這一段是高難度的。

有的人聰明，整輪熊市跌去70%，然後從銀行調資金進場抄底，把帳戶的虧損一次性填平，大盤根本不用漲到3,000點就已經賺錢了，原因很簡單，100萬跌70%是虧損70萬，帳戶填充70萬資金，又成100萬，漲100%就是200萬，2009年漲1倍的股票比比皆是，要想找一支漲不到100%的才叫難，這一下子還倒賺了30萬，這就是雪球基數的決定性作用。

通過以上的計算，大家應當可以清楚地看到很重要的一點，就是如何控倉位的問題。牛市全倉押股票能獲得收益最大化，雪球快速滾動，體積增加的速度飛快。而到熊市之後，如果還是全倉買股票的話，跌起來也是非常兇的，假如你嚴格控制倉位，始終將倉位壓到50%以下，甚至就以10%的資金進行投機，哪怕是虧80%，對總倉位而言問題也不大，當大盤穿越年線，牛市確認的時候，將剩下所有的備用金全部投入，那麼一定能在很短的時間內把所有虧損賺回來，並且獲利良多。牛市和熊市的確認是以年線為主，這點後面會講到。而控倉位無疑是很重要的一門課程，可惜它經常被大家所忽略。有的人認為小散戶資金少，根本沒有控倉位的必要，其實不管資金大小，都是按比例進行計算，如果你小資金都控制不好，給你大資金，你同樣也控制不好。所以，從現在開始，你要學會控制倉位，除非你所有的資金只能買1手股票。

身在市場中，可能很多時候頭腦會不太清醒，分不清狀況，不知道什麼時候是牛市，什麼時候屬於熊市，也不知道什麼時候該控制多少倉位。

在2007年的大牛市最後階段，我到深圳去和師父吃飯，他坐下就問：「看到樓下停著的馬7沒有？我剛換的，剛從股市提了錢。」那時候我問他：「100萬可以買很多股票呢，翻一倍的話就可以買2個馬7了。」他聽完笑了笑說：「萬一跌去一半呢？那不成半個了？我還提了500萬出來投資工廠呢，也準備再弄點出來投資商鋪什麼的，反正這都是利潤。」當時我有些不解，牛市轟轟烈烈的時候，以他的技術完全可以有所作為，這麼多的資金要是翻一倍出來……我想到這都流口水了！但是，2008年走完，2009年初我回想起來這個事情，對他無比佩服，的確有遠見！整輪熊市他說跌掉40%多，跑贏了大盤，但是也有很多輛馬7跌沒了，如果當初不提取部分資金，恐怕跌的還要多。投資工廠這500萬後來他又調回來買股票，享受了2009年的牛市，可想而知，這結局和我們是大不一樣的！這就是一個擁有近20年經驗的職業投資人的眼光和手段，這使我深刻地認識到，適當的時候將利潤提取出來放著是多麼重要！資金如果放在帳戶上，一般人根本控制不住自己的手，你很難做到那50%的資金死活不動，像2008年兩次降印花稅行情，所有人都是有多少資金都打出去，暴利面前，誰能忍得住？後面一挨套也必然會動用這部分資金來救倉，而救倉的結果是擴大虧損，繼續挨跌！所以最好的辦法就是把資金提取出帳戶，放到別的地方，然後等局勢有變時，真正大機會來臨時再次出擊，大勢沒有逆轉堅決不冒險。

有一句話說得好，只有花出去的錢才是屬於你的，那些你擁有的錢不是真正屬於你的。

✎本章結語：

領會滾雪球的原理，最後的目的只是為了兩個字——控倉！

第三部

技術面分析理論

Part 03

第一章 K線波浪理論

第一節 艾略特——波浪理論注解

波浪理論的創立和牛頓定律一樣充滿偶然的因素，牛頓從蘋果落地就能聯想到地球的重力問題。艾略特鬱悶地站在海邊散心卻能從海浪起伏間領悟出波浪理論。造物者的神奇就在於處處充滿著各種提示，而只有那些有心的人才能加以領會貫通。在股市裏拼殺的人，時刻都要做一個有心人，這點非常重要，你的悟性直接決定你是否能有所作為，你的心夠不夠細，直接決定你能否有所發現。

波浪理論最基本的原理就是上漲5浪和回調3浪，標準的形態如圖3—1—1所示，為了區分上漲和下跌浪，在標注時習慣以數位標注上漲浪，回調浪以大寫英文字母表示。很多時候波浪比較多，大波浪中夾小波浪，大趨勢裏夾小趨勢，為了進行區分，上漲段中的標注會加括弧來劃分小波浪，而回調段則用小寫英文字母夾於其中。

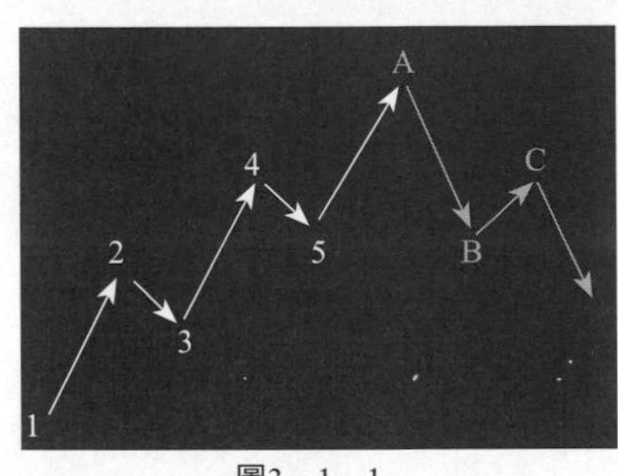

圖3—1—1

為便於大家理解，我對600693東百集團（圖3—1—2）的周K線進行標注，選的週期是2005年到2008年整輪牛市和熊市初級階段的行情。大波浪夾小波浪。實際上如果要繼續進行細分還是可以的，只是那樣大家就會看得頭暈，沒太大的意義。像第3浪還可以標出3(1)，3(2) 到3 (5)，但是意義不大。大家可以清楚地看到第4浪的回調時間和強度都勝於第2浪，而第3浪的上漲幅度也遠大於第1浪，而A浪分為3波小浪，C浪同樣也是完整的3小浪，其中Cc浪的殺跌強度最大，這一波就是大家所說的「殺人浪」。

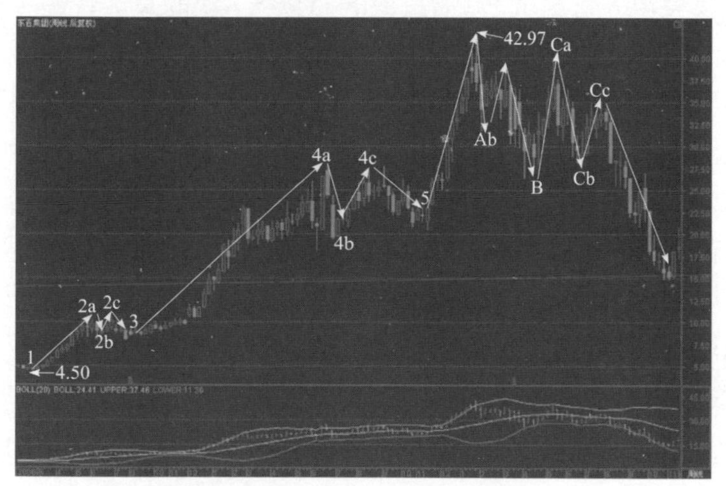

圖3—1—2

在實際的運用中，標準形態的上漲5浪和回調3浪出現並不多，但是從大趨勢上還是可以看得出來雛形。劃分波浪並不是為了讓你照搬波浪原理，而是要你明白身處何種波浪中。

上漲過程中，第1浪較長，隨後而來的回調浪較短，這是固定的組合。如果上漲浪小於下跌浪，那就不是上漲段，而是回調段，1浪就變成A浪。所以，運用過程中一定要注意這一點，無論是長度還是週期，上漲段第1浪必須比第2浪長，然後是第3浪，大多數時候第3浪和第1浪的長度是很接近的，而第4浪和第2浪同樣是很接近的，無論回調幅度還是回調時間都如此；第5浪變數比較大，有的時候是加長，明顯比第1浪和第3浪長，漲得更高、更久，而有的時候則成了補充浪，比前面2波上漲浪短，3波上漲浪等長的情況比較少見。有時候上漲行情很強，第5浪是加長浪，然後還出現補充浪，之後再展開回調ABC浪。

回調過程中，A浪的跌幅理論上和上漲第5浪差不多。在實踐中我發現，當第5浪為加長浪的時候，A浪的長度較短，強度較低，而第5浪如果是補充浪的時候，C浪的強度會很大，並且超過第5浪的漲幅，直接殺到第3浪中間去都時有發生。而B浪通常是以橫盤的方式進行，上漲的時候比較少，就算出現，幅度也很小，大概是A浪的三分之一左右，而C浪通常強度最大，殺得很多人叫苦連天，C浪的強度通常比A浪更大，殺跌時間和幅度都超過A浪，有人稱其為「殺人浪」，C浪也是比較容易避開的。一般來說出現B浪的時候大多數學過波浪理論的人應當能發覺不妙，及時撤退，如果沒學過當然麻煩就大了。

光用文字表述可能很多朋友弄不清，下面我用實戰案例進行講解（見圖3—1—3）。

2008年春天，復旦復華的題材炒作案例前面有過一次分析，現在進行的是波浪段劃分講解。從圖中大家可以看到，第1浪和第3浪的上漲幅度都是比較接近的，而第2浪和第4浪的回調幅度也很接近，都是在15天均線激發反彈，而第5浪是明顯的補充浪。補充浪之後是幅度很大的回調段A浪，幾乎殺到第3浪的起點去，強度非常大的，隨後的反彈B浪強度也很大，幾乎是A浪的一半；假設A浪跌幅小一些的話，B浪的反彈強度也會相應的減弱，

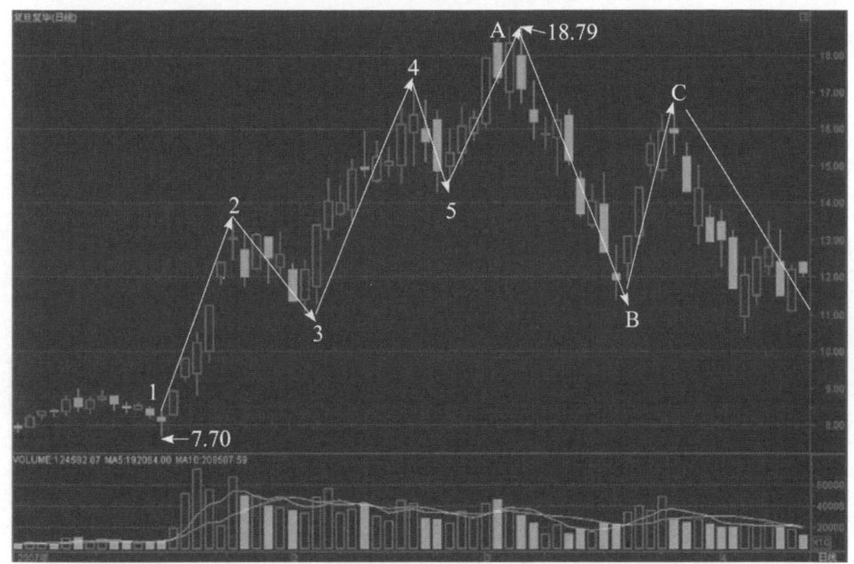

圖3—1—3

大約就到A浪三分之一的位置。這裏就不舉別的例子進行說明了，順帶說一下，大家注意就是。由於A浪強度很大，所以C浪的強度就變小，不再是加長浪，而是等長浪，強度與A浪相當，這又變成標準形態的回調3浪模式。

除了上漲5浪和回調3浪以外，還有碎波帶，很多股票會經歷長時間的小波浪震盪行情，基本上分不清什麼浪，所以我稱之為碎波帶。這是處於整理階段，有時候長達一年甚至兩年都是可能的，一般而言出現這樣的行情時，最好遠離它，沒必要在上面浪費時間。

做股票需要一種靈活的思維，當你分不清狀況的時候，犯不著死嗑，那沒意義，用不著以戰勝它為衡量自己技術的標準，要學會做滑頭，像挑柿子，捏軟的吃，專挑自己有把握的做就是了。很多人買了股票之後到處問別人什麼看法。每當我遇到這樣的人，我直截了當地拒絕給予任何評價，在我看來，這樣的人實在死腦筋，買股票又不是買白菜，如果你對它完全不了解就拿自己的財富去冒險，這是對財富的一種藐視；反過來財富也會對你藐視，背叛你是必然的結果。

下面我再標注另一種形態的波浪給大家看（圖3—1—4），比較有意思的一種。

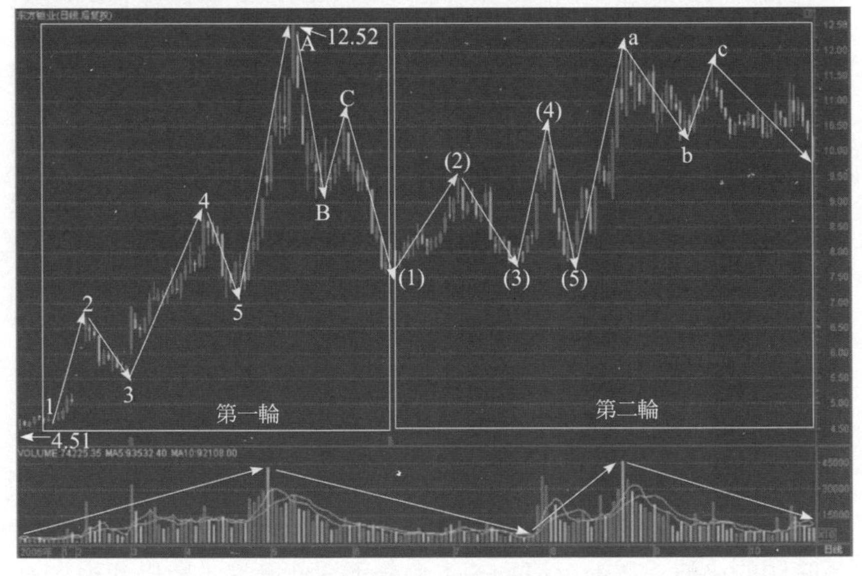

圖3—1—4

這是選自000962東方鉭業2005年1月到10月的行情K線圖（後復權），大家可以看到這是與上面復旦復華完全不同的波浪形態，首先講第一輪。

上漲分5浪，逐浪增強，第3浪明顯強於第1浪，而第5浪為加長浪，漲得非常凶；第2浪和第4浪的回調強度相當，回調是標準的3浪形態。A浪和C浪基本相當，B浪反彈強度一般，A浪跌幅只到第5浪的一半多點。第一輪是很標準的一種波浪形態。

第二輪和第一輪完全不同，第（1）浪和第（2）浪基本等長，第（3）浪和第（4）浪也基本等長，但是第（3）浪明顯強於第（1）浪，形成平臺小3底形態，而第（5）浪的強度比前面（1）和（3）浪強得多。後面的回調a、b、c浪幅度也比較標準，a浪跌幅不夠（5）浪的一半，c浪和a浪相當，b浪反彈強度很小。我當時在第二輪的第（3）浪起點介入，然後坐了一回過山車，沒多久跌回來，然後又享受上漲第（5）浪。這裏能形成第（5）加長浪很重要的一點是第（3）浪頂高於第（1）浪頂，雖然浪底同在一條線上，但是後浪頂高於前浪頂說明上漲動力明顯增強，如果兩個浪頂一樣高，那後面是不會出現第（5）加長浪的。我出的地方是第（5）浪頂，原因是第（1）和（3）浪頂連線延伸正好和第（5）浪頂形成交點，這裏會有很強的壓制力，形成拐點的機率極高。這是一個開放三角通道，浪底可以連成一條直線，浪頂同樣也可以。

值得注意的是，江恩在對波浪理論進行延伸分析的時候加了很重要的一條規律，就是在下跌過程中，前面3浪的底部處於一條直線上，頂部浪下移，第4次衝擊浪底連線時一定會破位下行，並且殺跌強度將達到50%甚至更多，反之也成立。文字的表述不好理解，我舉個例子，2008年1月21日我在「別境解盤」以及個人博客「別境山莊」中公開提示中國平安（圖3—1—5）將跌破100塊，並且至少跌到50塊去，結果它果然大跌特跌。

從圖中可以看出高點a，b，c逐點下壓，而1，2，3三個波浪底處於一條平行的線上，第4次衝擊底線時根本沒有任何抵擋的力量，快速破位下行，這是一個收縮的直角三角形通道。大家要

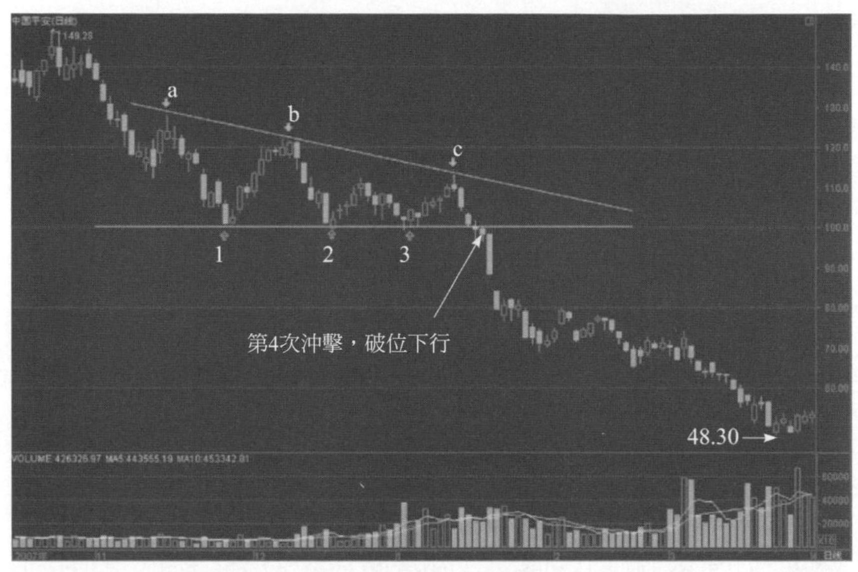

圖3—1—5

很細心地注意一點，就是第4次衝擊，不是第3也不是第5，就是第4，千萬記住這一條！

更有意思的是，2010年6月大盤指數也走出類似中國平安這一波的行情，並且於2010年6月29日破位下行，當天大跌4.27%（108點），同樣是第4次衝擊底線，一樣是收縮式直角三角通道。而這一次，我同樣是提前作出預測，並且帶領許多人提前幾天空倉避開這一跌，這是歷史的複製。

江恩總結出來的這個規律我在股票上漲中曾經有過一次成功的戰例，就是2009年4月底在海通證券上（圖3—1—6）準時切入，最終享受到突破上衝的那一段行情。我是在第3頂打回來接觸到底部趨勢線時介入的，然後一直等待它強行突破上行。但是衝擊頂部壓制線的時候正好是大盤一波回調，作為一線股，海通

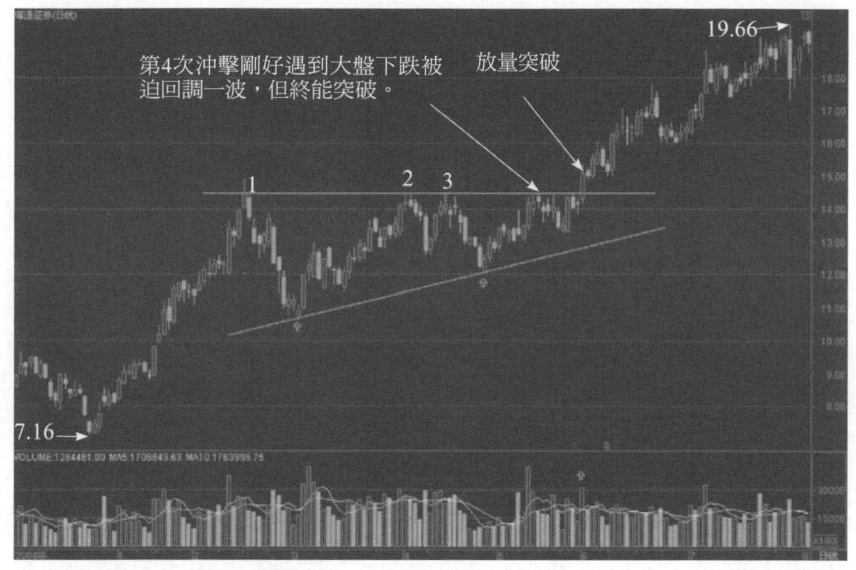

圖3—1—6

很難走出完全獨立的行情，所以也被迫回調一小波，但是隨後便快速突破，並且拉開一段不小的升浪，雖然過程不盡完美，但是基本是利用這條規律獲得了一次成功，值得複製。

總結一下：波浪理論實際上是為了告訴你無論上漲還是下跌，行情總是在交替進行，不會一直跌也不會一直漲，而是大大小小的波浪段構成一整段的行情，日K線的波浪段還可以細分成60分鐘K線或者30分鐘K線甚至是1分鐘K線，無論你分得多細，波浪始終存在。學會波浪理論的基本原理，其作用是讓你明白身處於何種波浪之中，然後採取何種操作策略。人在野外的時候最怕迷失方向，那通常是致命的；同樣的道理，我們在行情的演繹中如果迷失方向，一樣是致命的，而波浪理論的作用就是讓你不至於迷失方向，它就像導航燈一樣，指引著你前進的方向。

第二節　黃金分割比率（定量分析）

前面已講到定性分析和定量分析這兩個名詞，都是來自分析化學這一門課程中，我覺得這兩個名詞用在K線上挺形象的。首先要對即將到來的行情進行定性，到底是漲還是跌？是什麼波浪？定性的問題直接關係到操作結果，如果定性錯誤，虧損是毫無疑問的。至於虧多少，那是定量的問題。反之亦然，定性正確，採取買入的操作，然後到底什麼時候賣出，這就涉及定量分析，到底波浪段會漲多少？股市裏有一句話說：「會買的是徒弟，會賣的是師父」，道理正在於此。定性分析簡單，買入也容易，定量分析就難多了，把握賣點當然也很不容易。關於定量的問題，首先要引進一個名詞，叫黃金分割比率。黃金分割是比較通用的計算波浪段的方法，但是在實戰中，我發現還有另一種計算波浪段的方法，叫等差波浪，而黃金分割是屬於等比波浪，這是兩種不同的方法。

首先我講等比波浪計算。數學中有關於黃金分割的定義，這裏沒必要多說，對於波浪段的比率，最通用的是0.618，然後是0.382，0.191，1.382，1.618……還有一個很重要的非黃金分割比率數字0.5，這種比率經常會用到，特別是在回調段中。

我不想講太多概念問題，那樣大家不能理解反而產生排斥心理，所以我直接以實戰案例進行講解，大家看完之後能舉一反三的話就算學到了。

這是601991大唐發電在2007年中的一段行情截圖（圖3—1—7）。

大唐發電從平臺啟動的第1個小波浪我沒有做，平臺取點18.80元是估計的平均值，也可以說是成交密集區中線，

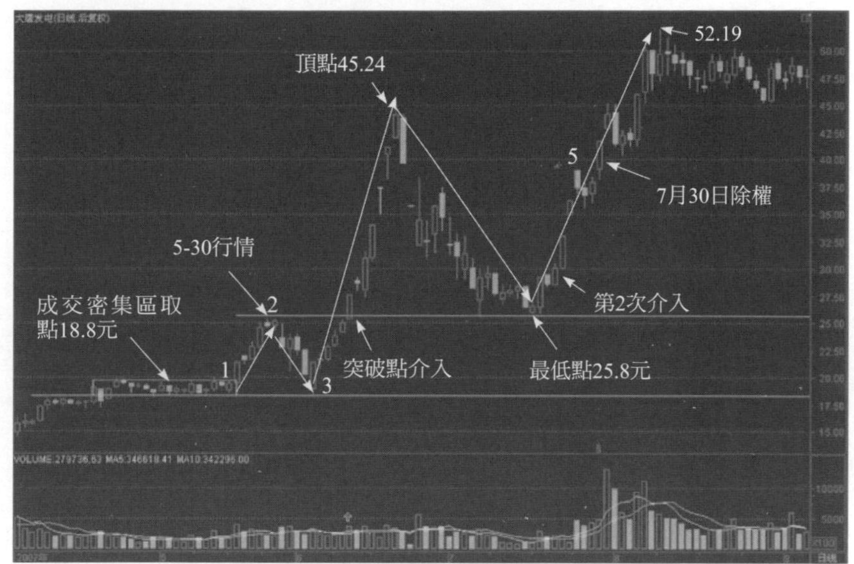

圖3—1—7

作為波浪理論中黃金分割比率組成的最基本的一個數字，第一波走完之後計算了下，黃金比率是0.382，理論高點是18.80×1.382=25.98元，實際頂點是25.39元，還是比較接近的。第2浪是全幅回調，這是比較特殊的一種，全調的原因是「5・30」行情影響，所以幅度難免較大。

圖中標注的第3浪是我主要操作的波浪段，切入點不是在低點，而是在突破25.40元的那一天開盤追擊進去，也就是第1浪頂畫平線接觸到第3浪K線的地方，時間是2007年6月12日早盤，這裏創了新高，技術面看來均線多頭發散，加上大盤正處於強勁反彈時機，KDJ已經完全走好，MTM指標正好黃金交叉，所以我果斷追擊，當天以漲停板封住收盤，技術面算是突破成功，後面就是計算波浪段高點的問題了，也就是什麼時候拋的問題。

參照第一波比率0.382，第二波理論上會翻倍，所以計算採用的比率是1.382，18.80×2.382=44.78元。為了保險起見，我又取了0.618的比率計算出一個阻力位為30.42元，當時在這個位置附近沒有拋主要是因為技術指標輔助判斷認為還有上衝的動力，決定冒險一搏，以44.78元為目標價位。

6月19日晚上決定20日拋出的原因有兩點，一是波浪段20日繼續強勁上漲的話會到達44.78元，這裏無論如何必須套利出局，不能再冒險。技術指標也開始出現頂部背離。二是因為當時我準確計算了大盤那一波的跳水點（詳見我在天涯股市論壇的帖子《大盤正形成斜面M型波浪》）。實際上我第二天拋於漲停板上，也就是波浪段最頂點出局。

第4浪是調整浪，計算幅度是按照上升段比率的一半，也就是0.618，計算結果是27.96元，實際發生的時候是25.80元，也就是說已經殺過頭了。一般來說有大行情而且這種高點急跌下來會築雙頭頂，至少是一個補充第5浪，強勢的話會出現第5加長浪，第5浪利潤是很豐厚的，所以我不願錯過。我切入時是5浪起步第3天，也就是7月20日。理論上第2頂（假設第5浪是補充浪）低於第1頂，所以我是在7月31日衝高時出掉的，前一天剛好是除權除息，除權過後的票我就不做了，因為技術面改變，不好把握。

回頭看來，復權後第5浪是創了新高，不算補充浪，但也不能完全定義為加長浪，第5浪的絕對長度和第3浪相差無幾，也就是說，這可以定義為等差波浪。大家從我的操作中可以看到，我的買點並不完美，第2次賣點也離高點有些距離，實際上我只是切取到第3浪和第5浪的大部分，要想從頭吃到尾難度是很高的。這道理就像吃魚，有的人喜歡從魚頭吃到魚尾，而我喜歡只吃魚的中段，因為頭和尾都不容易吃，弄不好就中招，而中間段相對比較容易。做股票只要達到目的就可以了，這不是搞藝術，不需要那麼完美，追求完美可能會付出重大代價。

大家感興趣的話可以去計算一下上一節中復旦復華的波浪段比率，上漲是0.618，回調是0.191，第1浪和第3浪是屬於等比波浪，兩者差額大約1元。回調段A浪是0.382，反彈B浪是0.5（即A浪的一半）。

在第一節中第一張圖畫出來的標準波浪形態屬於等差波浪，第1、3、5浪等長，第2、4浪也同樣等長，回調A浪和C浪等長，B浪與第2、4浪等長。而下面所舉的東方鉏業的例子就是屬於等比波浪，凡是逐浪加長的波浪都是屬於等比波浪，因為浪底抬高，取點基數增大，所以儘管是同樣的0.382的比率計算出來的波浪，長度也會有明顯的加長。

黃金比率在2007年那一輪牛市中運用起來比較準確，而現在感覺有些偏差。所以大家在使用過程中只要計算出大概的數字作為參考就可以，切不可在操作中追求完美，企圖吃盡波浪段的上漲幅度，最好留有餘地。像我在大唐發電上都是留有餘地的，會算出第一個節點和第2個節點，第1個節點突破沒懸念時等待第2節點再套現，絕不再貪心去計算第3個節點，這是事不過三的原則，貪心肯定要吃大虧的。

第三節　波浪理論延伸——加速—制動原理

波浪理論的原理主要是月球對海洋的引力作用使其產生潮汐，而在地球自轉和風力、引力共同作用下產生的波浪產生不規則運動，一波接一波地往沙灘上推進，同時又產生回抽的反作用力。當回抽距離拉長的時候，下一波湧上來的浪力量便小一些，如果回抽距離很短，下一波湧上來的浪便快速和回抽浪結合在一起，激起很高的浪花。因為回抽力量很大，而湧上來的那一波力量同樣會在交點達到頂峰，兩者產生劇烈碰撞。如果回抽浪拉得很長，在回抽過程中力量已經在摩擦中被消耗掉，再與湧上來的浪發生碰撞時產生的力量就很薄弱，甚至可以忽略，這就解釋了回調A浪之後為什麼沒有再產生大升浪的原理。而前面的5浪能逐漸推進就是因為每一次回抽距離都很短，這樣會產生很強的反作用力，激起更高的浪花。而回調A浪會對反彈B浪產生不了什麼反推力，甚至直接反制湧進的波浪，退潮的時候回浪會比前進浪更長一些。

我喜歡在海邊釣魚，在等待的過程中也曾仔細觀察過浪花的各種形態和週期，發現艾略特的總結還是蠻有道理的。如果要充分理解波浪理論，除了進行理論學習之外，有空的話我認為還是應該坐在海邊仔細觀察一番，可能會有更真切的體會。

波浪理論的基本論述可以等同於漲潮和退潮。海洋的潮汐週期很長，而波浪理論就是那麼8波。如果將這過程不斷地重複，週期無限拉長，實際上就等於潮水進退的週期。江恩對波浪理論也進行過一系列的論證，並且由此引申出許多知識點，甚至引申出自然界各種力量的組合和季節變換，彙聚成一套「輪中輪」理論，看起來就像中國國學中的《周易》，以我目前的智慧實在無法對江恩「輪中輪」的理論進行實戰運用，所以我不能對其作出任何評價，事實上我還沒有看到有任何一個活著的人對其進行運用。好比《周易》裏那些八卦理論，我不可能用幾片龜殼占卜來算定每日的漲跌，那實在不可靠，跟丟硬幣差不多。

江恩總結出來的一條規律，我在實踐中證實還是有一定作用的，就是一個星期之中如果週一到週三行情偏弱，則週四轉強；反過來也成立：如果一星期前三天都快速上漲，那麼週四發生暴跌的機率也很高。根據這個規律，我進行長時間的跟蹤總結，發現A股是在週三發生大漲大跌的機率較高，這點可能與美國會有些差別。統計表明，一個星期中前兩天如果連續下跌，則週三很容易發生強反彈，然後週四、週五繼續跌。反過來是一星期中前兩天連續上漲，則週三發生大跌的機率也較高，然後週四、週五反彈。這是以正V字和倒V字為主的行情，在波浪段的演繹過程中，經常不是那麼明顯，主升浪中特別要注意每個週三，有很多次大跌都是發生在這一天。而在熊市的主跌浪中，週三發生強勁反彈的機率也較高。在實戰運用中大家可以靈活處理，這純粹是一種機率遊戲。

開過車的人應該知道，假如是自動擋，汽車在停止狀態下啟動，要從0加速到100碼，如果一腳油門直接踩到底的話需要的時間反而會更長，因為汽車自動換擋需要一個過程。這個過程中如果你不稍微鬆開一下油門它就很難快速跳擋。假如你換一種方式，第一腳踩下去使汽車加速，然後鬆一下，接著再用力踩第二下，車就進入第二輪加速，必要時再來一下，這種加速時間反而更短一些，當然，操作就相對複雜一些。假如技術足夠好，同樣級別的汽車手動擋汽車的加速會比自動擋更快一些，原因是電腦識別擋位的速度並不比人腦快。加速過程如此，剎車過程也是同理，在高速行駛的過程中進行緊急制動，一腳將剎車踩死並不是好辦法，正確的做法應該是點剎，就是踩一下，然後放鬆，再踩一下，再放鬆，然後再踩到位直到停車，必要時可以增加幾個週期。將開車的加速過程套用到上漲波浪中也是可以的。

開車的這種加速和制動原理光用文字表述不夠形象，所以我

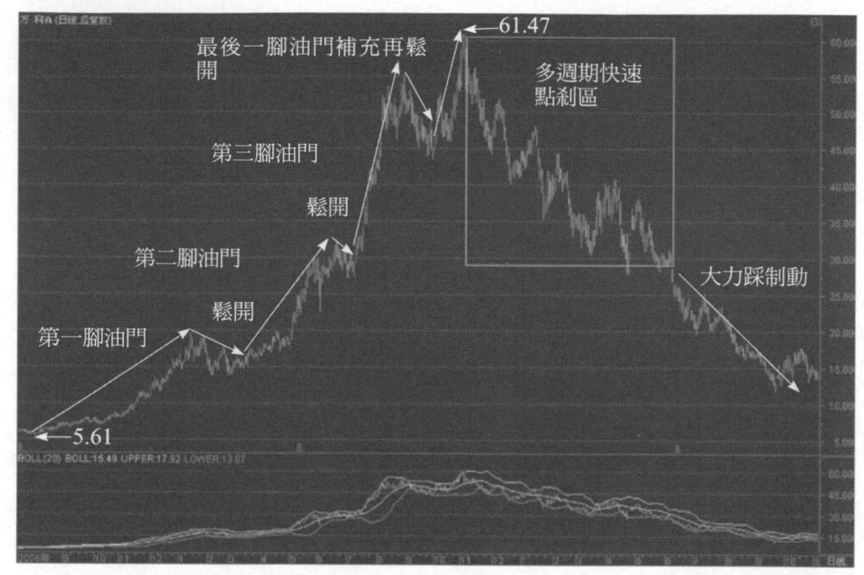

圖3—1—8

做了張圖，選萬科A2006年到2008年日K線圖進行標注，大家可以一目了然（圖3—1—8）。

如果按照艾略特波浪理論進行劃分的話，就可以很輕鬆地標注出上漲5浪加一個補充浪。然後回調就很難劃分了，那根本不是簡單的ABC浪。如果用我的加速—制動原理進行劃分就輕鬆得多，而且更容易理解。在過去一個週期的牛市—熊市中，很多股票都走出類似萬科A這樣的行情，很難用波浪理論進行標注。如果真的要標注，可能一張圖會滿滿的全是數字，看的人頭暈，標的人也不見得就不暈。

大家要注意的一點是在一個波浪段的演繹過程中，通常加速—制動原理是可以運用的，比如唐鋼2007年底到2008年初那一段上漲波浪，它可以這樣標注（見圖3—1—9）：

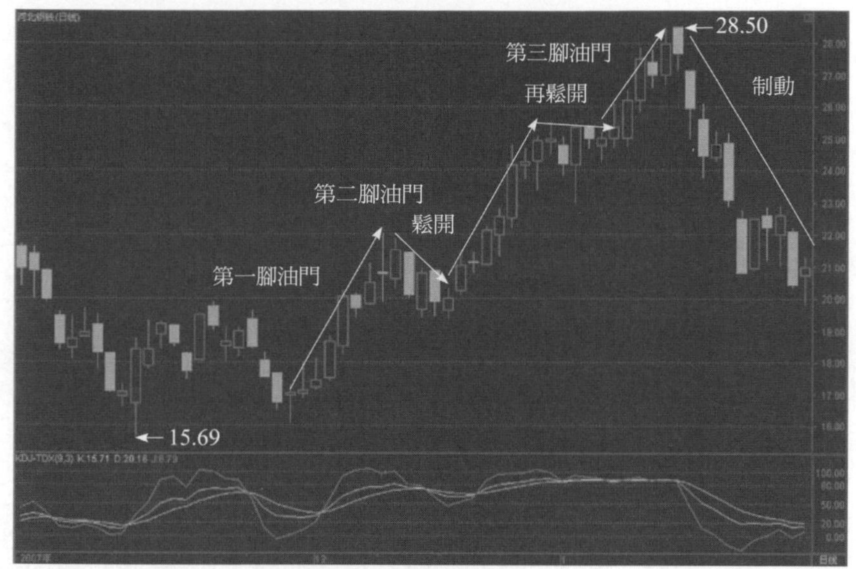

圖3—1—9

圖中可以清楚看到整個加速過程，如果按照波浪理論可以劃分為上漲5浪，但是這只是小小的一段上漲浪，如果將它放進2005年到2008年這個長週期的K線裏面，那就很難這樣劃分了。可能這裏要標注成一連串的數字，這是整個牛市最後的一個補充浪，形成大雙頂，然後就進入熊市週期。它既可以標成第7補充浪，標成7（1）～7（5）的形式；也可以標成反彈B浪，然後再標成B1～B5的形式，這樣就非常麻煩。

在實際運用中我們根本沒有這樣標注的必要，直接切出這一個波浪段進行簡單標注就可以了，第一腳油門衝上去之後在鬆開的過程可以做一次換手，然後低位買回來等待第二腳油門再次上衝……直到浪頂。在制動出現的時候出局。當時我就是等待制動進行時迅速平倉。鬆開油門和制動最大的區別是：制動過程是快速下跌，出現連續的大陰線，而上漲過程鬆開油門是震盪狀態，一根陰線過後是一根陽線反彈。其實第三腳油門加速上衝的過程中，任何時候出現大陰線都應當謹慎，並視為見頂信號之一，隨時作平倉處理。這裏是不能等待反彈的，任何時候出局都是正確的選擇，並且越快越好。

如果說波浪理論已經上升為戰略層面，那麼加速一制動原理可以成為一種戰術層面，我想它的實用性還是比較強的。要判斷是否出現加速段有一個原則，就是第一腳油門必須衝破前面波浪頂的一倍或者至少多出三分之一，大家看圖3—1—9，唐鋼第一腳油門從28元衝到36元，前面波浪頂是32元，差價正好是一倍。這是一個做交換手（關於「交換手」，見本書第四部分第二章的解釋）的好時機，回抽的底點一般就是前面浪頂連線延伸，這是最標準的走法，而且是我在實踐中多次運用過，屢試不爽。儘管有時候沒有賣在這個波浪的最頂上，但是買回來的時機是很好把握的。這裏通過換手可以將成本壓低很多，由於成本壓低，人的心態自然不一樣，有利潤在握就不那麼緊張，在回調的時候就敢主動出擊買回來。大家看再前面大唐發電的那張圖（圖3—1—7），第4浪回抽的底點也正是第1浪頂點（連線延伸的交點），前一浪的浪頂對後一浪的浪底有很強的支撐作用，這是一條很普遍的規律，這種現象經常會出現，所以對於波浪的連線延伸就變得很重要，這些內容在後面會詳細講解，這裏就不多說了。

✎本章結語：

學習波浪理論的目的是為了讓你心中有關於週期輪替的概念，沒有只漲不跌的行情，反之亦然。當你身處於某段波浪之中，理論基礎可以幫助你跳出來站在較高的地方看清周圍的一切，不至於在波浪起伏中迷失方向。

第二章
均線理論

第一節　基本均線理論

到目前為止，我並沒有從任何一本書上看到關於均線理論的系統論述，也沒有人教過我關於均線的研判規則，所以，這一章的內容完全是我幾年來的總結。我畢竟是個實戰派，要我做理論研究肯定不如學院派那麼到位，但是我的優勢是我與諸位站在同一戰線上，我更容易將我所領悟到的一切介紹給大家，我盡量在講述中梳理成系統，便於大家理解。

均線遍布於K線左右，作為一種很重要的輔助研判工具，就像電路圖一樣，不懂的人對此毫無頭緒，但是對於內行人而言，它們的重要性無與倫比。

均線的形成有兩個決定因素，一個是成交量，另一個是成交價格，它直接反映了一支股票在相應的一段時期內的交易狀況。比如5天均線所代表的就是5天的一個週期中的交易狀況。這是一個平均數，依此類推，直到年線甚至10年線，小週期也可以到5分鐘均線，道理都一樣，無須多說。K線有時候可以做假，但是均線永遠是真實的。比如K線的形態可以從開盤和收盤的成交單製造出來，莊家很容易做到這一點，但是要使均線出現上行或者下行的形態就必須有真實的成交量，它根本不會取決於某個成交單，而是所有成交單的一個平均值，除非莊家能完全控制一支股票的漲跌。

首先講一下大勢形態劃分，一個是多頭發散，另一個是空頭發散。見圖3—2—1。

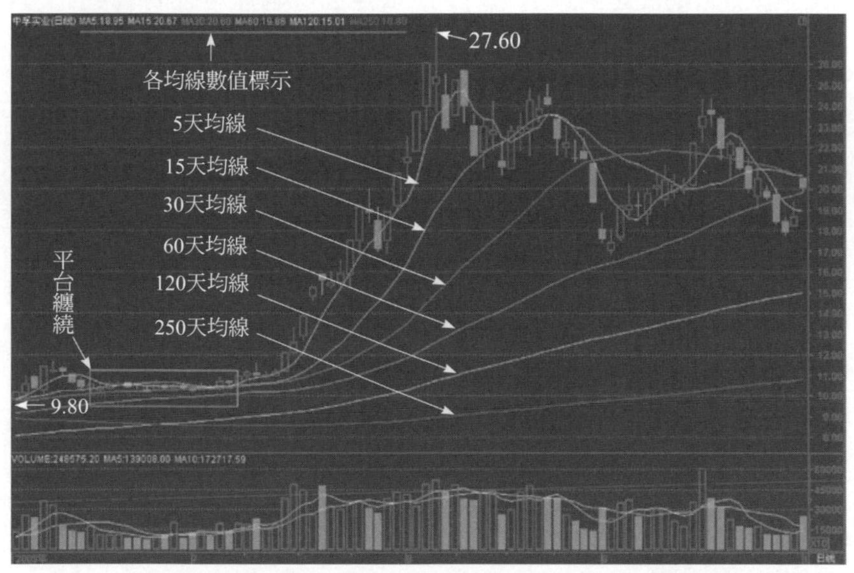

圖3—2—1

圖3—2—1截取的是600595中孚實業2009年6月到9月的行情日K線，這是一個均線完全多頭排列的圖。前面的一些圖中也出現過這些均線，我個人習慣用這一套均線體系，本節之前或者後面所發的圖中均線都與本圖一致，按照上面所標示。其中250天均線大家習慣稱為年線，而120天均線為半年線。我不喜歡用10天均線，也不用21天均線，主要是這兩種均線的節點不明顯。均線的運用以個人對股票的操作週期為主，比如喜歡進行超短線交易的人最主要是參考5天均線和15天均線；喜歡偏長週期的短線

（3個月以下10個交易日以上）則以15天均線和30天均線配套使用；而更長週期的中線則以30天均線和60天均線為主；長線投資以半年線及年線為主要參考指標。

圖3—2—1是一種均線多頭發散狀態，均線由上到下的排列順序按照週期從短到長對應排列，K線上行過程短週期K線依次緊貼著，5天均線比其他週期波動更明顯，週期越長波動越遲緩，因為在很長一段週期的交易平均數必定是變化比較細微的。

年線托著K線為牛市，反壓K線為熊市，這是最基本的大勢研判規則。

在多頭發散上行的行情中，K線跌破5天均線為超短線調整，回調時間一般較短，而且幅度偏小。如果直接跌破15天均線，則回調時間會加長到半個月；15天均線的失守則看30天均線的支撐力，一旦跌破則意味著次級調整；破60天均線為中級調整，破120天均線為小熊市狀態。

一般來說，在主升浪中，回調週期是以5天均線為主，所以2007年的牛市主升浪中時不時出現單日暴跌，隨後幾天便反彈上去，這是一種超短線波動。出現這樣的行情主要是因為K線上行太快，偏離均線，由此積累了大量浮盈籌碼（簡稱浮籌），這些籌碼出現在集中套現操作的時候，就容易出現單日暴跌，這個過程也稱為洗籌。

很多散戶喜歡超短線操作，跌的時候慌張，漲的時候更慌張，很多人遇到大跌都能坐得住，雖然會很鬱悶，但是籌碼依然牢牢緊握在手裏，但是遇到上漲就不行了，漲個三五天就按捺不住要套現出局，害怕跌回來坐過山車。這是一種很普遍的現象，由於這種現象的普遍性，也使得牛市中出現單日暴跌的次數要比熊市中出現單日暴漲的次數多一些。我觀察過每一個單日暴跌，都是到下午的時候放量跌得兇，上午充其量就是熱身。仔細想來，應該是上午是機構套現打壓，而中午一休息大家緩過神來了，覺得不對勁，下午散戶集體採取拋出的操作，造成大幅度放量，而且跌速加快，特別是尾盤半小時經常出現加速下跌，把股票紛紛砸在跌停板上。這是一種恐慌情緒的作用，大家都怕手上的利潤跌沒了，於是趕緊出。而浮虧的散戶大多數是死撐著不動，這是一種很有趣的市場心理現象。但是回頭看來，大多數人的操作是錯誤的，那些在暴跌中選擇套現的散戶，最終大多數人是換另一支股票高位接回來，或者還是原來的股票接回，價位比拋出去的還高。機構是高拋低吸的一個操作週期，散戶就成了低拋高吸的過程，這一操作反而把成本給做高了，原因是很多散戶反應遲鈍，根本不懂得上午收盤前拋出，然後下午收盤前低位直接買回來，當天完成換手，而是想等一個更低的價位接回。而單日暴跌通常第2天稍微下探一下就出現強勁反彈，大多數人的手並沒那麼快，低位敢主動接回來的人相對較少。很多人是等股價彈上來的時候感到懊惱，後悔不已，不追怕它直接上去，追又很不甘心。手稍微快點的人還好，認栽了買回，手慢的人等上一天兩天，買回的位置更高，最後變成花錢買罪受。也有的人為了使自己心理舒服點，放棄原來的股票，換另一支買，實際上還是高位接回，只不過換了一支新的股票沒發覺而已。很多人就是在追逐中不知不覺做了低拋高吸的事情，還沾沾自喜。如果買賣的時機直接以大盤當時對應的點位來衡量，（買一支股票時對應大盤多少點？賣的時候又是多少點？換一支股票買回又是多少點？）那麼一切就很客觀了，不過很多人並不這麼做，所以即使做了件蠢事也無從察覺。

我們主要的盈利週期是大牛市，所以年線的位置非常重要，年線之上，堅定不移地採取牛市化的思維和操作策略，以做多為主。也就是說，每一次下跌都是絕佳買點。牛市中經常出現一個長時間橫盤的平臺，這時候所有短週期的均線都纏繞在一起，並且每天的成交量也很有限，這通常發生在一波大漲過後。長達數月的橫盤主要是前面控盤主力浮籌套現，而新的控盤主力在進行吸籌，這時舊主力出新主力入，簡而言之就是換莊家。由於年線支撐著平臺，所以出現長時間橫盤之後多半又是一波很大的升浪，一旦K線上衝，並且成交量同步放大，使均線出現發散形態，則行情啟動，這時候應當果斷跟進。一般來說，橫盤階段沒必要跟著耗時間，我們不是莊家，誰也不知道它什麼時候拉起來，所以最好的辦法，就是等它拉起的時候立刻衝進去，不用害怕追高，因為還有更高，波浪段還沒完全拉開之前不必擔心會套牢。通常第一腳油門之後會緩一下，這時候就是切入點，一定要果斷出擊。

有一句老話說「橫有多長，豎有多高」，這是很有道理的，橫盤時間越長，蓄備的能量越大，漲起來的時候暴發力自然更強，這是前人的總結，是可以加以運用的。千萬不要在一支股票橫盤的時候切入，均線纏繞狀態誰也分不清方向，可能是新老莊家的切換平臺，也有可能就是牛市大頂。所以最好等K線上衝或者下行，將均線拉開，看清楚是多頭排列還是空頭排列時再採取措施，這樣比較保險一點，也不會浪費大量的時間在等待。要知道，時間也是有成本的，牛市就那麼長，你等待的時間越多，失去的機會就越多，最後的成績自然就越差。

在選股的時候有一點基本原則，就是均線完全多頭排列為最佳，只要不出現很長的升浪都可以買。平臺震盪時以長週期均線上托K線形態為主，托著K線的均線數量越多越好。

下面講空頭排列的形態。

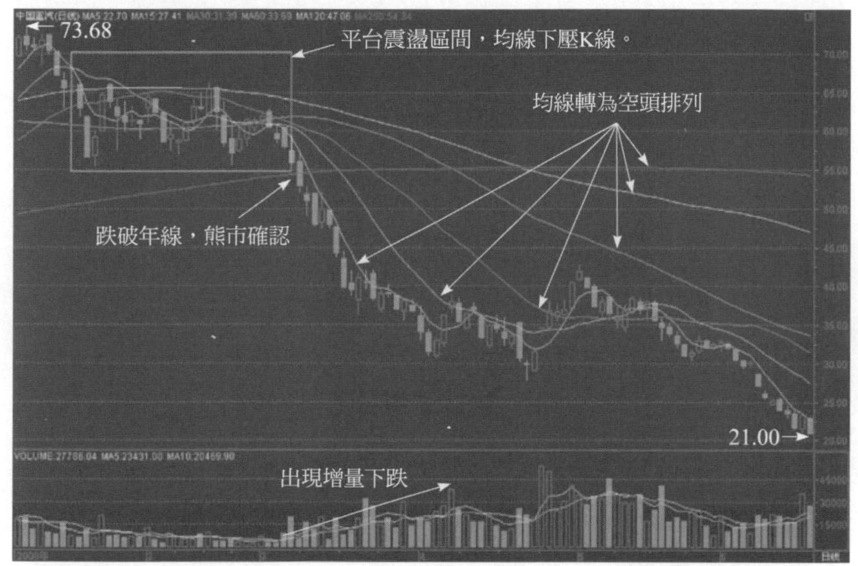

圖3—2—2

根據000951中國重汽（圖3—2—2）2008年春天的行情日K線截圖分析，大家可以看到頂上出現一個均線和K線纏繞不清的平臺區間，總的來說大部分均線是下壓著K線的，這是一種下跌前的準備，這時候是絕對不應該持股的，如果手上有持股也應當果斷拋出去。很快出現增量下跌，將均線序列拉開，變成一種完全空頭的排列，並且快速跌破年線。這是一條牛熊分界線，破年線這一天應當採取果斷斬倉的操作，不要企圖等待反彈，更不要為已經虧損的帳戶傷心，而是應當果斷採取止損策略，無論虧多少都認了，不要猶豫！

遺憾的是，市場中的散戶都習慣於等待反彈才出局，而等反彈出現的時間已經跌去很多了，再怎麼彈也彈不到最初的點上，如果能彈回來那就不叫熊市了。當均線完全空頭發散排列的時候，最正確的做法就是空倉持幣觀望，如果你想搶反彈，那就得好好學習許多技術分析，而均線理論只是其中一方面而已。

在空頭排列的行情中，每一次反彈接觸15天均線都是賣點，而買點非常難把握，就像在牛市裏賣股票一樣，你想直接賣在波浪頂是高難度的，而買進點的把握就容易得多。熊市反過來，賣出點還是比較好把握的。中級反彈的界定就是突破30天均線，進入30天到60天均線的區間，高點常受制於60天均線，基本上能反彈到60天均線的情況比較少，短暫突破就更少了，除非是題材股的爆炒才有這種潛力，大多數股票是不具備這種能量的。

在實踐中，均線並不能同時具備買點和賣點的指示作用，牛市中只能指示買點，熊市中只能指示賣點，反過來不可行。所以均線理論也有它的局限性。基本上沒有一種方法是萬能的，這是最基本的認識。均線理論能實現一半的指示作用已經相當不錯了，特別是對於大勢的研判作用，大勢才是決定成敗的關鍵。只要大趨勢做對了，小趨勢正確與否關係不是很大，你總不至於在正確的大趨勢中從頭到尾都犯錯，這也是高難度的，絕頂高手故意這樣做都十分困難，何況是普通人？

熊市裏也常出現一些強勁的中級反彈行情。如果要把握這些行情，均線唯一的指示作用就是K線突破15天均線（前面提到了有相應的消息面支撐）時出擊，拿到60天均線附近套現出局。謹慎點也可以在30天均線附近套現出局。這是比較可為之機，如果想直接搶到最低點，我用我的實踐經驗告訴你——辦不到！10次貿然出擊至少有9次是抄在腰上，而不是底，想抄底是難度很高的，需要各種指標同時指向正確，特別是技術指標出現明顯的底部背離（這個後面會講到），要想抄底是不能靠均線指示的。說到底，熊市唯一的機會就是股票跌到有價值的時候，長線資金進場加上一些政策面的支撐，那就是很好的機會。如果反彈攻克60天均線（此級別以下週期均線多頭排列），則至少有60%的機率可以確認熊市見大底，攻克120天均線（此級別以下週期均線多頭排列）則反轉機率80%以上，而真正結束熊市進入牛市的標誌就是K線攻克年線，形成年線上托K線的形態，到這裏無論如何必須買入，並且開始切換思維習慣，改用牛市思維，以持股做多為主。

我曾經想過對抗大勢，在熊市裏奮力衝擊，最後是付出巨大的代價慘澹收場。在均線空頭排列的時候，出擊結果失敗的機率實在太高了。除了題材股戰勝的機率比較大一些，那些藍籌股簡直可以殺得你連媽都不認得！所以，熊市裏用均線理論來出擊股票的話唯一的機會就是題材股，這個在第二部分已經詳細講述過了。因為這些股票能在很短的時間裏快速扭轉，空頭排列變成多頭排列。大盤指數均線空頭排列意味著大部分股票也是一致的，特別是藍籌股基本沒有什麼例外，而題材股容易走出特殊行情，出現牛市的多頭排列形態，做這些股票就需要將思維迅速切換到牛市狀態，簡言之：就看你夠不夠靈敏了！

第二節　15天與30天均線節點運用

由於我是以波浪段為操作週期，太短週期的超短線我較少參與；而中線週期我也沒那個耐心，我的側重點就是波段，也就是介於超短線和中線之間，持股時間在半個月到3個月之間為主。而我選定的重倉股通常是以中線週期為理念，只要中期趨勢不變，或者沒有更好的選擇，我都會在一支股票上面反覆地進行波段操作，也許我會在一支股票上反覆做上半年，但是分好多個操作週期，這決定了我用15天和30天兩種均線的時候比較多，特別是15天均線與K線形成的節點更是頻繁使用。

上一節說過，在均線多頭排列的上漲行情中，每一次回調都是買點，但是具體到哪一天哪個點位買，上一節沒有說明，現在就講述在實戰過程中如何進行準確把握。

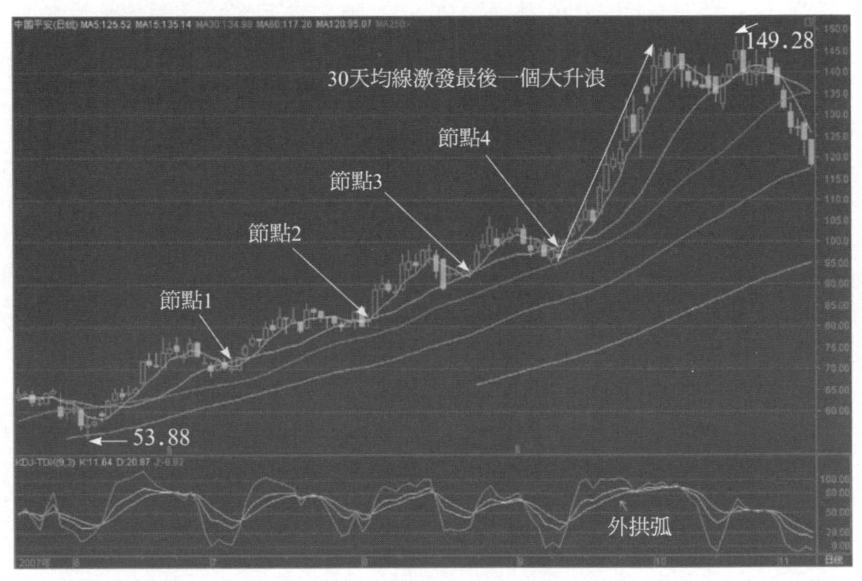

圖3—2—3

圖3—2—3為601318中國平安2007年下半年主升浪行情日K線圖，上面我標出4個節點，大家可以看出其中3個節點的共同點，就是每個節點是由5天均線回頭交叉15天均線，然後K線也彙集在一起，三者形成一個節點。這些節點都是買點，隨後便出現一波上漲浪。第4個節點調整時間比前面3個長，而且幅度較大，幾乎把前面一波小升浪跌完了，然後接觸了30天均線，形成一個

節點，理論上這種節點一旦激發反彈的級別將會比較大。原因是能量積累夠多，並且浮籌消化掉大部分，這樣一來多頭動力就很充足。均線激發升浪的規則就是週期越長的均線與K線交匯形成節點，則激發的升浪強度越大。

最後一波大浪之後為什麼形成節點沒有激發真正的升浪，而是上漲3天之後便結束行情，形成大頂？前一章講波浪理論中說到加長浪後的補充浪，理論上出現這樣的行情將意味著上漲升浪走到頭，最後一波的上漲強度很大，差價有45元左右，前面那些小波浪相形見絀。任何股票在上漲過程中一旦出現這樣明顯的加長浪都要注意行情可能將發生逆轉，特別是後面出現補衝浪形成雙頂，更加確定行情扭轉的機率高達90%。在衝到近150元之後，中國平安就沒有上衝動力了，而是橫盤幾天。這時候15天線輕易便形成反壓的態勢，而30天均線也沒有什麼支撐力，輕易跌破。根據研判規則，跌破30天均線為次級調整週期，隨後60天均線短暫擊破，這表明可能出現中級調整，由於跌速較快，迅速形成30天週期以下均線空頭排列，並且明顯見K線雙頂形態，這時候一定要有所警覺，可能出現熊市的徵兆。

在大勢向上的時候，每一個15天均線節點都是買入點，這是一條規律。

上漲過程的節點類似的參考行情還有000829天音控股（圖3—2—4），我用↑箭頭加以標注。

由於最後面出現一段補充浪，所以上漲行情便告一段落，後面雖然還衝了一小波創新高，但是始終沒有形成大的升浪，也築出一個平臺頂部形態，形成均線下壓K線的局面。這樣看來，這支股票雖然在2010年4月到目前（6月5日）沒有大跌，強於很多股票，但是可以預計在接下來的時間裏它將不可避免地產生補跌。上一節講到均線下壓K線形成平臺後面必定是一波大跌浪。

前一節講到在熊市中每一個反彈都是賣出時機，而賣出的節點同樣是15天均線為主，出現反彈行情的時候，5天均線調頭向上，與15天均線交匯，然後與K線形成節點，這個時候就是最佳賣點，果斷賣出多半不會錯。有時候大盤反彈強一些也會使個股反彈到30天均線形成節點，但是這樣一來後面的一波下跌浪也會加大，和上漲的原理一樣。

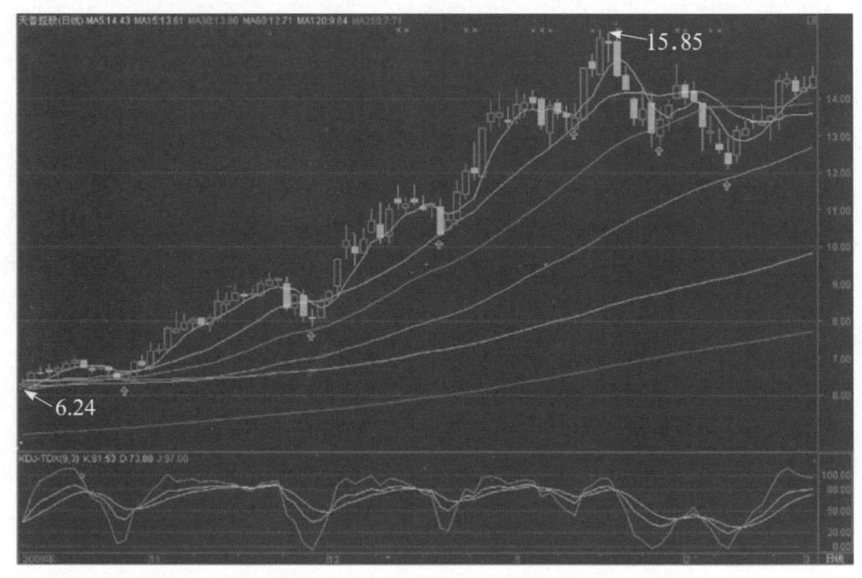

圖3—2—4

圖3—2—5為600015華夏銀行2008年熊市中的下跌行情日K線，所有的節點我以↓箭頭進行標注，大家可以清楚地看到這些節點過後都是一波下跌浪，如果你不賣出，結果就是一波又一波大跌，每一波都在創新低。均線空頭排列，下跌動力充足。有一波因為國家降印花稅形成中級反彈，進攻到60天均線附近，但是

後面的下跌也十分可觀。但由於攻克30天均線，所以築成一個平臺，和牛市一樣，30天均線是形成次級平臺的條件。牛市中跌破30天均線則次級調整隨即展開，之後會築出平臺，梳理一番之後再進行新一輪的上漲。熊市反過來走，梳理之後是新一輪下跌。牛市與熊市平臺的最大區別就是30天週期以上的均線位置，牛市為均線上托平臺，熊市為均線下壓平臺，圖形中看起來非常明顯。

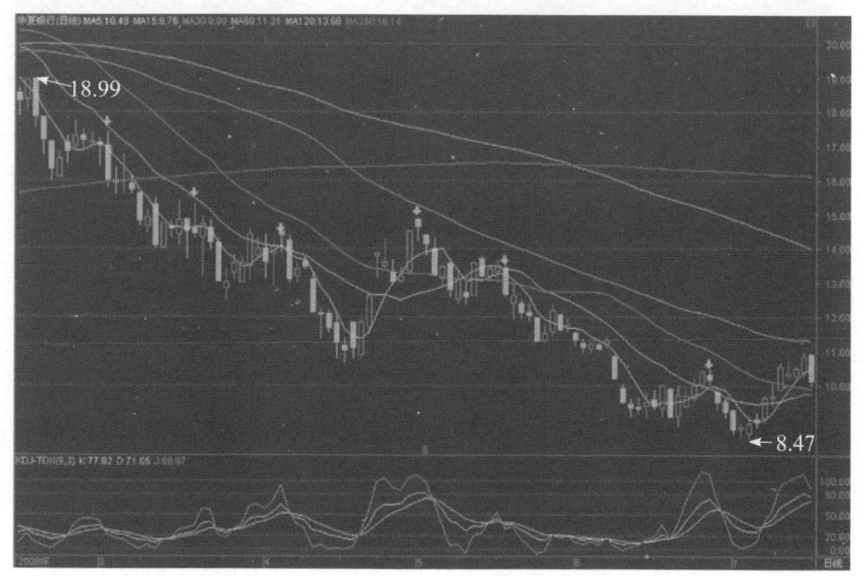

圖3—2—5

以上3個圖是取自本人對他人指點時的預計及操作建議，下面這個是我的實戰案例。見圖3—2—6。

這是600150中國船舶自2007年1月至12月的整輪牛市行情日K線圖，我用↑箭頭標出各節點，這是很標準的一種階梯式升浪，很像樓梯形狀。我操作它純粹是覺得好玩。當時它是中國股

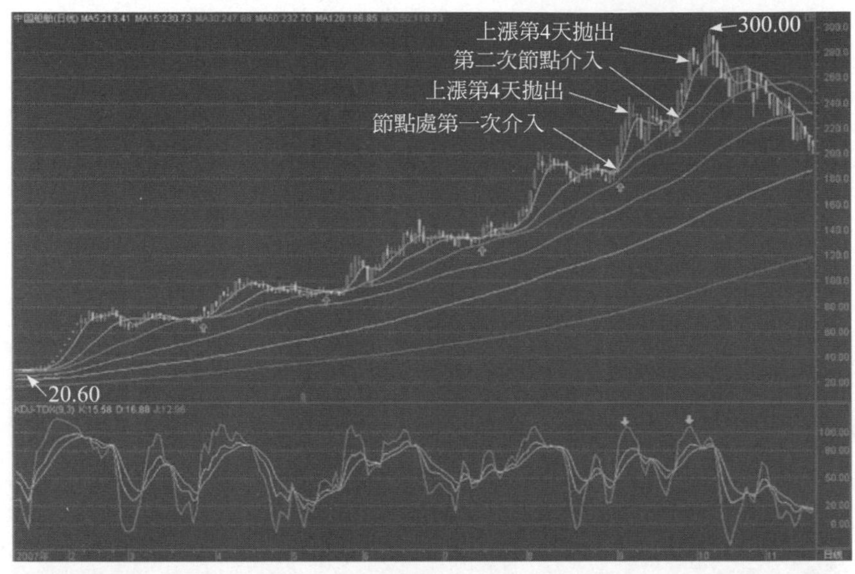

圖3—2—6

市第一高價股，我發現它的時候已經180元/股，相當高的，我在節點買入，拿了4天就賣出去，原因是KDJ的J值實在很高，第一次是104，我看4天下來賺不少，於是賣了。然後就去做別的票，因為參照前面的每一個階梯平臺的時間，而且形態上每次都是一個小W底，與均線形成節點才激發上漲波浪，所以我等到看出一個小W底時，在15天均線節點處再次買入，第一次只拿4天，所以我第2次還是拿4天，KDJ的J值到了106，更高了，我果斷賣出。當時我的同事對我很是仰慕，因為我在180多塊的時候推薦過，至少推薦給10個人，其中有我的朋友或者同事，結果只有一個人跟著我買了，其他9個人都是觀望。當時記得有人問我能漲到多少？我信口說300塊吧，我想百元大關多少有些壓制力的，沒想到300塊不多不少就真的成了大頂，創紀錄的最高價。我賣出是280.1元，這是盤中漲停的價格，往後的20塊我沒有賺到，但是在上面我也沒虧過錢，總共做2筆，每筆4天，算下來竟然還賺了不少錢，每筆都超過20%的利潤，加起來大約50%，還號稱參與中國第一高價股的炒作，這是挺有意思的經歷。現在想來，當時的確有些瘋狂。

15天和30天均線節點的運用主要是告訴你什麼時候可以出手追高。有的人追漲的時候很盲目，一個波浪段拉開了在猛漲的時候才想到要衝進去，這不但風險很大，而且利潤可以越往上越小，K線偏離15天均線太遠必定會回調一波，弄不好你就直接買在波浪段最頂上，然後忍受一波回調的折磨。現在我用這一節的知識來告訴你，買入點最好是15天均線和K線交叉的點上，這地方買進去能迅速迎來上升波浪行情，不必等待，而且利潤可以最大化。當然，這種前提是大趨勢向上，如果趨勢不對，在這節點上買進去也會被套牢。這節的知識局限性就在於此，它只能指引你在上升或者下行波浪中什麼時候該買，什麼時候該賣，而用於波浪的大頂和大底是不適用的（關於大拐點的判斷在其他章節中會有所講述），這一點要充分認識。

第三節　跳躍均線規則

這一節一共有四個內容，分別是：（1）牛—熊切換跳躍年線過程；（2）熊—牛切換跳躍年線過程；（3）築頂均線跳躍過程；（4）築底均線跳躍過程。

首先講第一點，牛—熊切換跳躍年線的過程（見圖3—2—7）。

從圖中大家可以看到，年線將整幅圖切成上下兩部分，這是

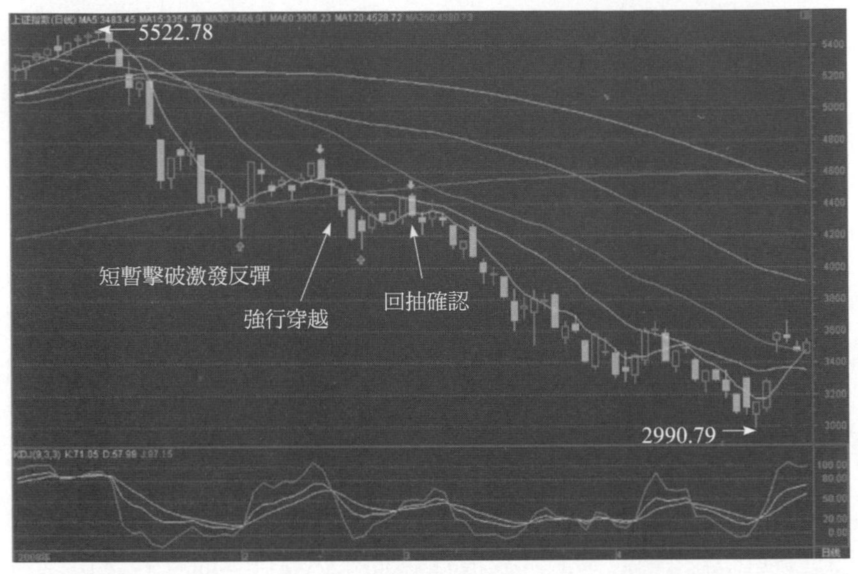

圖3—2—7

牛—熊分界線。前面說過，跌破年線為熊市，年線上托為牛市。半年線週期以下均線空頭排列，下壓K線。大盤一波下跌浪直接跌破年線，但這是短暫的，3天內必定激發反彈，短暫擊破意味著後面將會強行擊破，這是一個重要信號。擊破年線必定要引發強勁的反彈行情，但15天均線會發揮很大的壓制作用，反彈的高度很有限。一波反彈之後緊接而來的是一波強行穿越的波浪，這一波下跌會持續數日，並且沒有任何懸念地下跌，幅度較大，也不作任何停留，然後在前底附近得到支撐，展開一小波回抽確認的反彈行情，回抽高點將會受制於年線。到此，整個跳躍過程結束，隨後展開主跌浪，長時間持續下跌的行情便告啟動。

簡單梳理這個過程：下跌擊破——引發反彈——受其他短週期均線壓制——強行穿越——受前底支撐引發反彈——回抽確

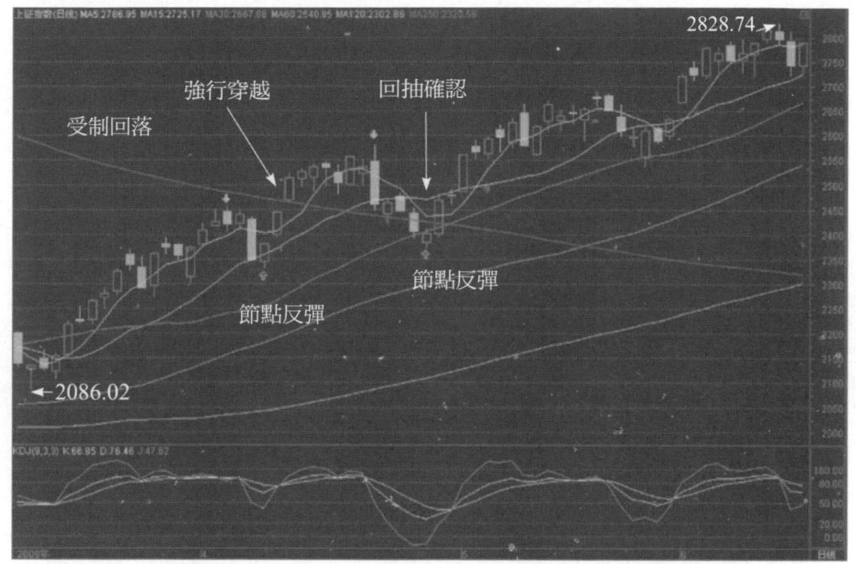

圖3—2—8

認——主跌浪展開。

現在講第二部分，熊—牛切換跳躍年線過程（見圖3—2—8）。

圖中所示為2009年熊市轉牛市時大盤穿越年線的日K線行情。和上一個相反，這是所有自半年線週期以下均線多頭排列，上托K線向上進攻年線的過程。

前面是一波升浪，然後在年線附近遇到阻擋回落，15天均線支撐反彈，隨後展開一波強行穿越年線的行情，持續數天，快速上漲（前面跌破年線是快速下跌），突破前面高點後上行遇到阻力，橫盤後展開一波回抽確認行情，隨後主升浪拉開。

這個過程梳理一下為：上行波浪——遇年線受制回落——15天均線激發反彈——強行穿越年線——創新高後遇阻——回抽確

認——主升浪展開

以上兩個過程完全相反。這是非常標準的跳躍均線過程，不但年線上適用，在短週期的均線上也同樣適用。當然，不是每一次都這麼標準，有時候中間會省略一兩個步驟，主要是回抽確認這一步有時候會有，有時候沒有。第一波「受阻回落」或者「擊破反彈」是不會節省掉的，這裏通常有機可乘，而且勝算機率較大。

我所選的行情段是2008年、2009年，主要是因為現在市場已經趨向成熟，2006年以前的行情是不成熟的，前面的十幾年實際是一個探索階段，20世紀90年代初期的時常連漲跌幅都沒有限制，甚至有一段時間是T+0交易模式，不成熟市場所形成的行情不能作為技術分析的依據，所以我主要是取2006年至今的行情段進行分析。

現在講第三部分，築頂階段跳躍均線過程。

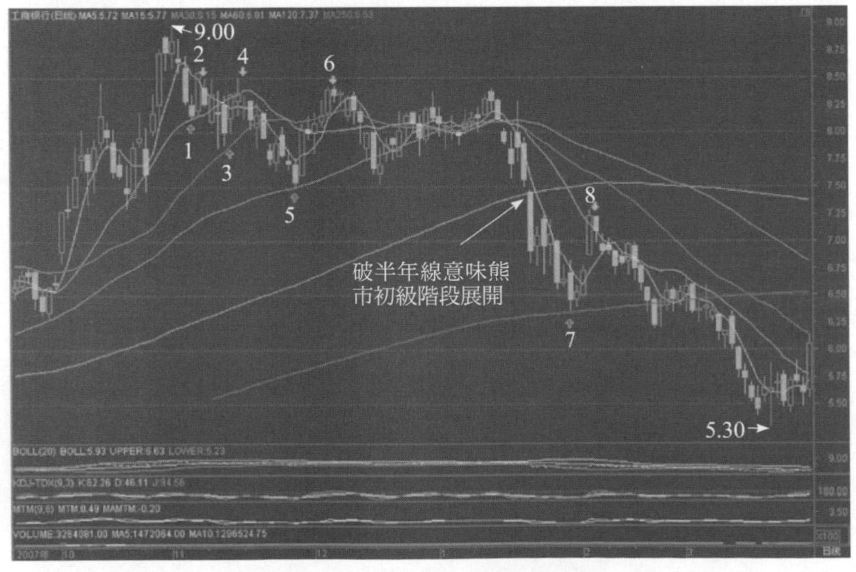

圖3—2—9

圖3—2—9為601398工商銀行2007年牛市大頂的形態。我在上面用↑和↓箭頭進行標注，並且對這些點進行編號。前面一些章節中講到大藍籌補漲將意味著大行情的終結，工商銀行無疑就是屬於這一類股票。前面出現一波強勁的上漲行情，然後便進入平臺築頂階段。

從9元下跌到15天均線受到支撐，激發反彈，形成節點1；彈回5天均線受阻回落，形成節點2；接著破15天均線，一直跌到30天均線，形成節點3；30天均線激發反彈，回抽15天均線，形成節點4；然後是一波強勁下跌，破30天均線，遇到60天均線有效支撐，展開反彈，形成節點5；反彈高度一直到30天均線，甚至短暫突破，形成節點6；但隨後再一次下跌，短暫破60天均線，再次反彈之後進行橫盤震盪，梳理均線。隨著K線下跌將均線拉開，變成空頭排列，趨勢逆轉已經形成，隨後強勁下跌，破120天均線（半年線），大牛市自2005年開始到2008年初這一段時間裏無論多大級別的回調動作都沒有接觸半年線，而這裏卻強行破位下行，說明牛市趨勢逆轉，進入牛—熊過渡階段，這時候不能確認為熊市，但是牛市結束可以確認，必須做好迎接熊市的準備。這波下跌到年線有效支撐形成反彈，見節點7；然後是15天均線壓制，形成節點8；然後進入跳躍年線過程，上面講過，不再重複。

大家可以清楚地看到，整個跳躍均線過程是由短週期向長週期過渡，下一個級別激發反彈，回到上一個級別壓制，然後再下一個臺階，又是一次循環，一級一級地往下跳。這是非常標準的一個過程。

最後講第四部分，築底階段跳躍均線過程（見圖3—2—10）。

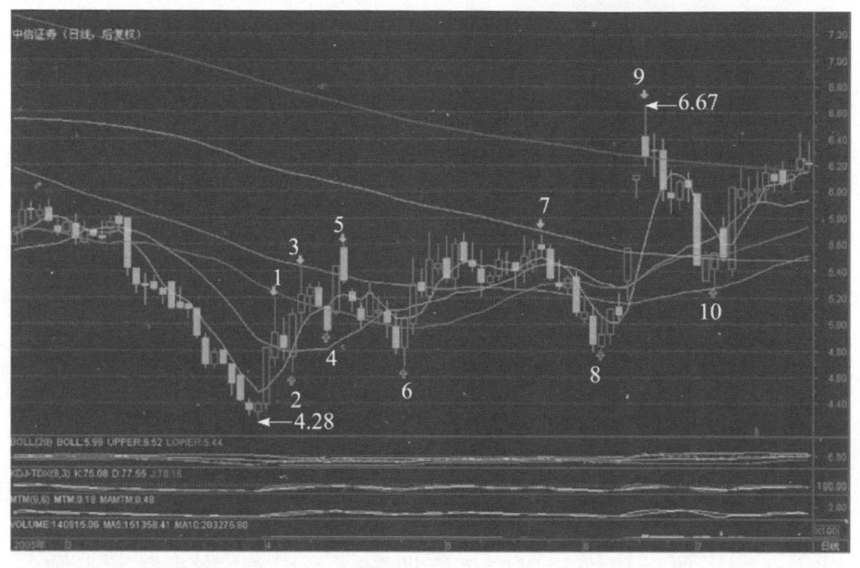

圖3—2—10

圖中所示為600030中信證券2005年築底行情日K線，上面同樣標注了許多節點。

前面一波加速下跌之後，大盤殺到1162點激發反彈，由於是全面的強勁反彈行情，所以15天均線和5天均線之間的跳躍動作一步到位，然後在30天均線遇阻回落，形成節點1，回抽到15天均線遇到支撐激發反彈行情，形成節點2，反彈直接進攻60天均線，受壓制回落形成節點3，由於大盤下跌的影響，收盤跌破30天均線，但第2天反彈便展開，進攻60天均線，這裏剛好遇到大盤的末段殺跌浪，所以沒能一舉攻克60天均線，而是受大盤拖累下跌，形成節點5，但是30天均線最後還是發揮了作用，第2次支撐了反彈行情，形成節點6，這一波直接進攻120天均線，形成節點7，受壓制回落一直跌破60天均線，很快形成一波強勁反彈，形成節點8，這一波反彈橫切所有均線，進攻年線，形成節點9，然後是回抽120天均線形成節點10，然後是進入跳躍年線的階段，主升浪展開。

這個過程相對來說不那麼標準，主要是大盤的波動產生一些影響，但是總體而言還是可以清楚地看到整個跳躍過程是由短週期一級一級地向長週期跳躍，和築頂時的逐級向下跳躍完全相反。

從築頂和築底跳躍過程來看，但跳完60天均線然後向半年線過渡的時候，如果築頂則有衝破所有均線的動作，這是一個假動作，屬於誘多行情，有很強的欺騙性，很多人會誤以為調整結束，又一波主升浪拉開。而築底過程同樣如此，跳完60天均線之後有一波大跌浪，跌破所有的均線，看起來似乎要結束反彈行情，進入新的一輪下跌週期，實際上這是一個誘空動作，欺騙大多數人，使大家在低為丟掉籌碼，等待下跌，但很快便掉頭向上進攻年線，留下一個空頭陷阱。這個過程很容易形成大雙頂或者大雙底的技術形態。

要區分大頂大底和中間平臺，最重要的是60天均線和120天均線有沒有實現跳躍或者接觸，很多平臺只接觸了60天均線便進入新一輪的上漲或者下跌，而半年線還離得很遠，也就是說，60天週期以下的均線都實現了跳躍動作，但是啟動太早了，這時候半年線離平臺偏離太遠，均線跳完了它還離很長一段距離，這時候就可以判斷為中間平臺，而不是大頂或者大底。而有的中間平臺根本沒有進行均線有順序地跳躍，而是大起大落，把均線全部震亂，大體上可以看出均線總體下壓或者總體上托的態勢，這更不可能是大頂或者大底。

大家都知道年線為牛一熊分界線，這裏可以將半年線定義為過渡分界線，任何時候K線接觸半年線都要預作準備，這是一個思維切換的過渡區。大牛市轟轟烈烈衝得大家頭昏腦漲，所有人的思維都是完全多頭狀態，而熊市卻殺得大家暈頭轉向，找不著北，大多數人每天驚慌失措。在實踐中我發現到了年線分界的時候大多數人的思維依然轉變不過來，這是一個很普遍的現象。我在經營「別境解盤」期間，大盤在2008年春天破年線時我說熊市確認了，結果挨了不少人的罵，而2009年春天大盤攻克年線時我說牛市確認了，同樣也挨不少人的罵，很多人說我在誤導大家去冒險。以年線進行牛—熊大勢確認是一個很機械的處理方式，但是卻非常有效。現在我總結出來的經驗，將半年線作為預線，我想這更有意義。畢竟到了跳躍年線的時候，大漲行情已經進行了好幾個月，或者下跌已經進行了相當一段時間，這已經有些滯後，至少喪失掉1/3的時間機會。而半年線則不同，由於比較靠近K線，用它來作預備線至少可以提前1到2個月對行情作預判，而且通常來說這根線的作用是可以等同年線的，K線無論上漲還是下跌，一旦到了半年線，大勢思維就應該作相應的調整。

從大頂和大底跳躍年線之後的第一次反抽規律大家可以看到，15天均線發揮了很重要的作用。所有均線跳完之後，整個均線已經實現完全的多頭/空頭排列，這時候大勢已經形成，也就是說進入主升/主跌浪階段，這時候15天均線會多次與K線形成節點，而跳躍完所有均線後第一波反抽可以進一步印證大勢形態，這時候整個思維應當切換到上面第二節「15天與30天均線節點運用」的內容。至此，均線理論的大致內容就告一段落了。既有中間段的可操作研判，也有大頂和大底的跳躍規則，大勢的判斷也全部呈現在大家面前。很多人在這之前可能會覺得密密麻麻的均線看得頭暈，通過以上的講解，我相信只要細心領會，再多的均線呈現在面前也不至於頭暈。像我們外行人看著電路板上的電路一樣，誰都頭暈，而內行的技師就可以清楚地進行分辨、修理，這就是差別。

千萬不要以為均線理論是萬能的，掌握了它就等於掌握一切。任何一套分析理論都有其不可企及的角落，均線理論同樣也有一些難以彌補的缺陷。比如在寬幅震盪行情中就很難運用均線理論來把握買點和賣點，只有在大頂，大底和中間的主升/主跌浪中可以加以運用。如果均線理論可以萬能，那我後面的內容就可以腰斬了，大家都省事。事實上那是不可能的。

第四節　均線麻花結

這一節屬於均線理論的補充內容，前面的內容主要是側重於大勢研判和節點運用，並沒有涉及選股方面的內容，而這一節將

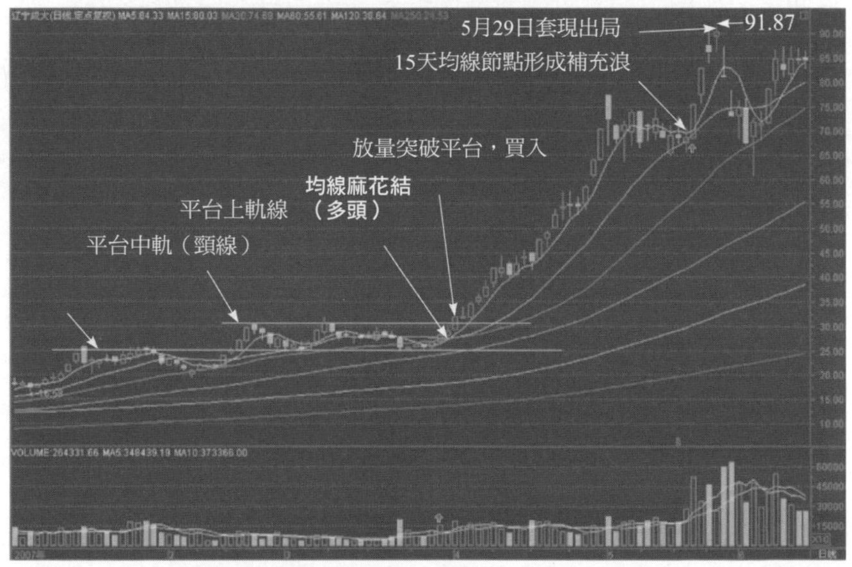

圖3—2—11

通過我曾經操作過的案例來講述一種很有意思的均線形態——麻花結。

在我的小說《搏浪者》中曾寫到2007年「5・30」前那一段的一支叫「遼寧成大」的股票（見圖3—2—11）我在這支股票上算是獲得巨大的成功，同時也得到一條很重要的經驗。

均線麻花結有兩種，一種是多頭的麻花結，另一種是空頭的麻花結，兩種所預示的行情是截然不同的。多頭麻花結為均線由空頭排列狀態通過節點交叉後變成多頭排列狀態，上托K線展開上升波浪；空頭麻花結相反，由原來的多頭排列通過節點交叉後變成空頭排列狀態，下壓K線形成一波下跌浪。

麻花結一旦形成，通常後面會有大行情展開。原因是形成麻花結必須要有一段寬幅震盪的平臺行情，通過震盪將均線梳理好，而平臺之後行情一旦發動，必定是大波浪，無論漲還是跌，通常都很強勁，這也是均線麻花結的微妙之處。並不是一個麻花結起重大作用，而是平臺震盪中能量儲備起到決定性作用。

圖3—2—11所示為600739遼寧成大2007年上半年的行情，我在上面畫出平臺的上軌線和中軌線，下軌線為20元的地方，沒必要畫出來。這是一個兩級平臺，為了讓大家注意，我用粗黑字標出麻花結，大家可以看到5天、15天和30天三根均線經過前面平臺震盪之後，在節點之前由空頭排列轉化為節點後面的多頭排列，這個節點就叫麻花結。麻花結的產生是行情啟動的象徵，而這前後幾天都是大漲行情，其中有一天強勢漲停，突破平臺上軌線，這時候我迅速出擊，追漲。很多人害怕追漲，但是這裏必須追漲，如果提前進去，最大的風險就是沒能突破平臺，被打一波跌回去，那又要忍受一個週期的折磨。均線麻花結不是萬能的，有時候因為大盤的影響會使它暫時失效，所以最好的辦法就是等

待突破平臺上軌線確認行情時追漲，雖然少賺一點，但是後面長長的一段行情利潤無比豐厚，其實真的不差前面這一小段。

這種行情通常會翻倍，所以計算高點就很重要。用前面講過的黃金分割進行波浪高段計算，取點自然是中軌線，25元，按照1倍，2倍和3倍加上0.618計算出幾個重要的點位：

25×1.618=40.45

25×2.618=65.45

25×3.618=90.45

由於波浪段一直上衝，前面兩個價位並沒有明顯的阻力，K線依託5天均線上行，而大盤也出現很強勁的主升浪，5月底回抽15天均線形成一個節點，然後展開一波補充浪行情。這裏剛好是除權派送，所以我作了復權處理。由於我提前用缺口公式算到大盤的跳水點，而它進攻到5月29日正好是3.618比率的價位，紀錄價為91.87元，離90.45元非常接近，所以這是平倉點，大盤指數（跳水點4,371.13點，5月29日突破4,300點警戒線）和遼寧成大自身波浪段比率（3.618）及波浪形態（出現補充浪）都同時指向一個操作選擇，那就是平倉。

大家現在可以看到，一次完美的操作是需要幾種理論同時運用才能實現，如果單一採用黃金分割比率，可能在40塊出頭的時候就已經平倉出局，錯過後面一大段行情；再能撐也就到65元，很難支撐到後面的高點去。這時候波浪形態就起到很大的作用，大行情通常會出現補充浪才見頂，而補充浪的起點必定是15天均線的節點，在下跌中也同樣適用。補充浪最明顯的信號就是加速上衝，出現連續漲停板。如果錯過了中間一段，最後還是可以搶一把的，畢竟短時間內是可以大賺一筆，15天均線節點的運用前面已經講述過，無須複言。

任何一支股票再強勢都必須考慮大盤的因素（ST股除外），一旦大盤指數出現明顯的拐點，或者預計到它將出現拐點，最好的辦法是迴避，而不是貿然對抗大勢。有時候個股很強勢可以走出一兩天獨立行情，但是過後免不了要補跌，而大多數時候根本沒有獨立行情出現，而是跟隨大盤波動。我曾經作過很多次嘗試，偶爾能成功，但大多數時候失敗，我用失敗的教訓告訴大家這一點教訓——不要試圖對抗大勢！

為了加深大家的印象，我再選一支股票（圖3—2—12）作案例進行講解（我沒有操作過）。

如圖所示為600749西藏旅遊2007年6月到9月的行情，方框內為「5．30」行情形成的W形平臺，圖中可以看出W底是很標準的，右底略高於左底，並且在W最後一筆出現均線麻花結（多頭），麻花結之前一天KDJ指標已經黃金交叉，這是一個絕佳的

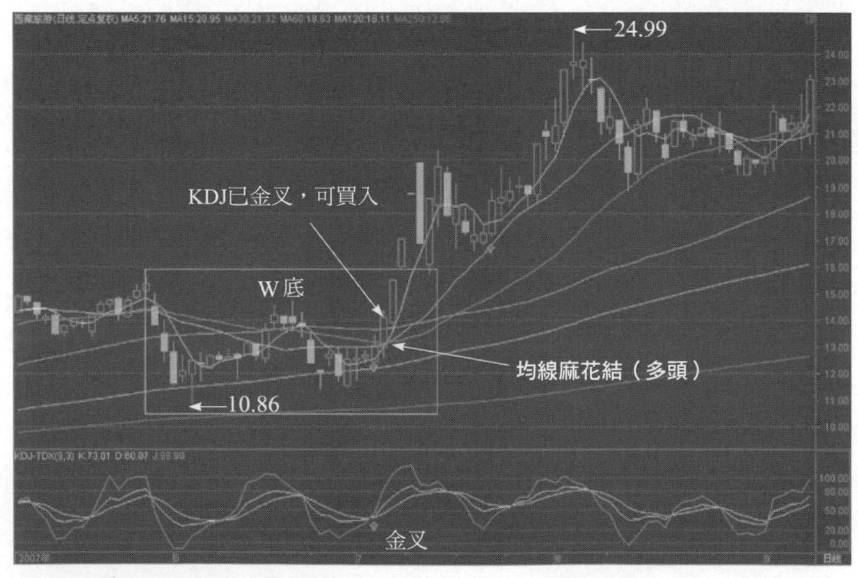

圖3—2—12

買點，一旦發現這樣的圖形可只管奮力出擊，不必猶豫。中間K線與15天均線形成一個節點，這是一個中間值，前一波大約漲8塊錢（基準點取前面5個交易日中間值，約12.7元），後一波至少是等差波浪，在17塊的基礎上加8元等於25元，結果第2波高點紀錄價24.99元。其實計算過程是一個估計的大概數字而已，操作的時候不要苛求完美，到24塊完全可以選擇套現出局。這個沒有遼寧成大漲幅那麼大，原因是橫得不夠長，沒有足夠時間來形成一個平臺蓄備能量，「橫有多長，豎有多高」，這一原則還是很適用的，所以這支股票的麻花結是只是催生一波翻倍行情。

這個麻花結比遼寧成大那個要標準一些，15天均線始終在中間，5天均線穿越30天均線，三者形成一個共同的交叉點，麻花結一定要形成一個點才算，很多時候3根線也發生交叉，但是很鬆散，沒有聚集成一個點，那不能算，這點大家要細心分辨。

我想空頭麻花結沒必要多講，因為不具備可操作性，如果不知道空頭麻花結是什麼樣子，把上面兩張圖倒過來看就明白了，反正就是5天均線由上而下穿越15天和30天兩根均線，形成下壓K線的形態。這種圖形一出現，後面就是一波很強勁的下跌浪。如果手上有股票，立刻出掉就是。這是最好的選擇，不要作任何冒險，也不要等待反彈。（如果想不出來什麼樣，上面一節中的工商銀行那張圖裏就有，平臺往下跌的時候就是一個大大的麻花結。）

我再一次強調，在運用均線麻花結形態的時候一定要謹記，不要對抗大勢，一定要有大盤指數的意識，時刻關注它，然後再操作好個股。在預測手中股票會漲多高的時候要膽子大點，心黑點，就是胡適先生當年說的「大膽假設，小心求證」。一旦發現大盤不妙，無論個股有沒有漲到位，都必須遵守大勢為主的規則，不要貿然對抗大勢，免得吃大虧！如果大勢無礙，至少要等兩個波浪段再出局，要麼是等差波浪，要麼是上漲5浪，要麼是像遼寧成大那樣，前面一個大升浪加後面一個補充浪，一旦錯過第一波行情，可以在15天均線節點處搶入，做第二波，勝算還是很大的。

✎本章結語：

均線理論的運用有兩大方面，一是大勢的判斷，藉助它來對K線的大勢上下進行方向性預計；二是實戰操盤，可以根據短週期均線的節點確定買賣的時機。兩者必須互相結合才能發揮作用，學習的時候要細心，注意其中的一些前提條件，如果你忽略了一些前提條件，可能結果是致命的！

第三章 K線形態理論

第一節　「K線弧度理論」戰略篇

「K線弧度理論」和前一章的「均線理論」一樣，都是屬於本人的經驗總結，到目前為止，我還沒有在任何股票或者期貨技術分析書上看到關於這種論述，也就是說，我是個開創者。

在實踐中我發現K線和KDJ指標經常會有不同的弧度（見圖3—3—1），而這些弧度通常能帶來一些重大機會，每一種弧度代表正在發生的行情對後面的波浪段有著很決定性的作用，而這個不是「波浪理論」所能涉及的知識。這一節我主要講K線的弧度，而KDJ弧度部分留到後面第六章第三節　再詳細講述。

首先我對K線的不同弧度進行劃分命名，名字很簡單，就是外拱弧和內拱弧。文字的表述無法使大家理解，這時候，圖形的作用就顯現出來了。

為便於系統論述，現在再講拱弧分成上漲和下跌兩大塊，首先講上漲過程的外拱弧和內拱弧形態。

圖3—3—1所示為600060海信電器2009年行情的周K線圖，我將其劃分為兩段，每個方框代表一段行情。

下面方框中是一段外拱弧，上漲過程很漫長，漲速比較慢，從6塊漲到12塊（高點14塊）用了40周的時間。後面方框中為內

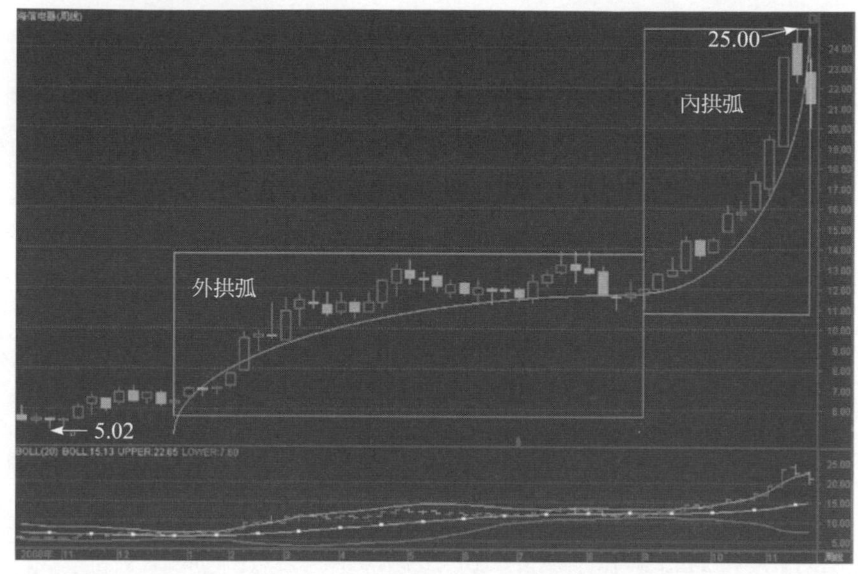

圖3—3—1

拱弧，從最低點差不多11塊漲到25塊只用了短短的12周的時間，很明顯，後面這一段的漲速要比前面快得多。

外拱弧的形成就是因為漲速慢，用時長，所以K線重複疊加在一起，有時候數周都不漲，而是橫盤。而內拱弧則不同，幾乎每週都在往上衝，並且越往後速度越快，K線明顯拉長。

這兩種不同的弧度間的區分意義就在於我們要以較短的時間獲取較大的利潤，就必須尋找內拱弧，而內拱弧的出現通常是建立在外拱弧的基礎之上，也就是說，我們要尋找已經走出外拱弧形態的股票（見圖3—3—2）。大家可以看到在兩種不同拱弧的過渡階段出現了一個W形波浪，這裏就是切入點。實際上，內拱弧就是加速段，能搶到加速段意味著短時間內獲得豐厚的利潤，不必經受漫長的等待。

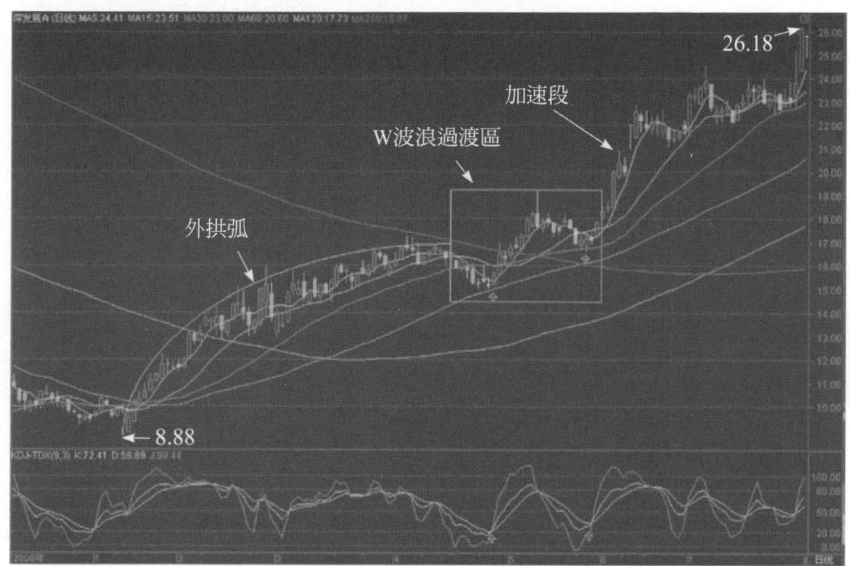

圖3—3—2

對於中線選股，周K線有很大的作用，畢竟它能預示的週期比較長，不像日線那麼靈敏，有時候靈敏是好事，有時候卻不是，該遲鈍的時候就應該遲鈍些。下面講一個日K線的實戰案例。

圖3—3—2為000001深發展2009年上半年的行情日K線圖，左邊是長長的一段外拱弧，中間是W波浪過渡區，然後最右邊是加速段，我用↑箭頭標出W形平臺的兩個波浪底。在2009年5月份我參加天涯股市論壇斑竹PK賽，10個人每人推薦1支股票參賽，當時我就以深發展作為參賽股。當時說好的規則是只允許中間一次換手，時間是一個月。最後在10支參賽股中深發展獲得第2名。

同時，我自己也在帳戶上買入深發展，獲得豐厚的利潤。兩個↑箭頭所標注的地方，左邊是60天均線節點，右邊是30天均線節點，要把握住買點並不難。比賽時間只有一個月，加速段6月開始才出現，如果當時把比賽時間延長為兩個月，我想奪得第一名是很有機會的。因為其他股票後面沒漲那麼多。深發展兩個月幾乎漲了50%，而前面漲50%的外拱弧幾乎用了5個月的時間，兩者之間漲速對比差距十分明顯。當時我選定深發展的原因就是看到前面長長的一段外拱弧，我意識到它可能會出現加速段（內拱弧），所以在回調到60天均線的時候我迅速出擊，中間利用W波浪做了一次換手，30天均線節點處再次出擊，然後等待加速段的到來。

W波浪第一底之後出現一個不太標準的均線麻花結，雖然不盡完美，但也勉強能發揮一些作用，只是後面漲幅小一些罷了。這是一支一線股，所以不能按照中小盤股的麻花結引發強勁上漲行情來衡量。一線股必須跟大盤同步，漲幅能多一倍就十分了不起了。大盤在對應的地方出現兩個30天均線節點，所以操作個股的時候也可以作為參考依據之一。

下面的案例（圖3—3—3）我沒有操作，但是我發現它的時候它剛好進入過渡區，我沒操作的原因是當時正好參與海王生物的題材爆炒行情，因為有更好的選擇，所以我放棄了這個，但是它可以作為一次重要案例。

圖3—3—3所示為002159三特索道2009年行情日K線，從2008年11月開始展開上行波浪，直到2009年8月形成完整的一個外拱弧波浪，然後是進入過渡區，這個過渡區不是前面兩個案例那樣的W波浪，而是平臺三底形態，出現第3底的時間是2009年9月30日。這時候我發現它是因為國慶日到了，我要出去旅遊，於是我想起旅遊股。想到現在全國各地的旅遊景點都安裝了索道，

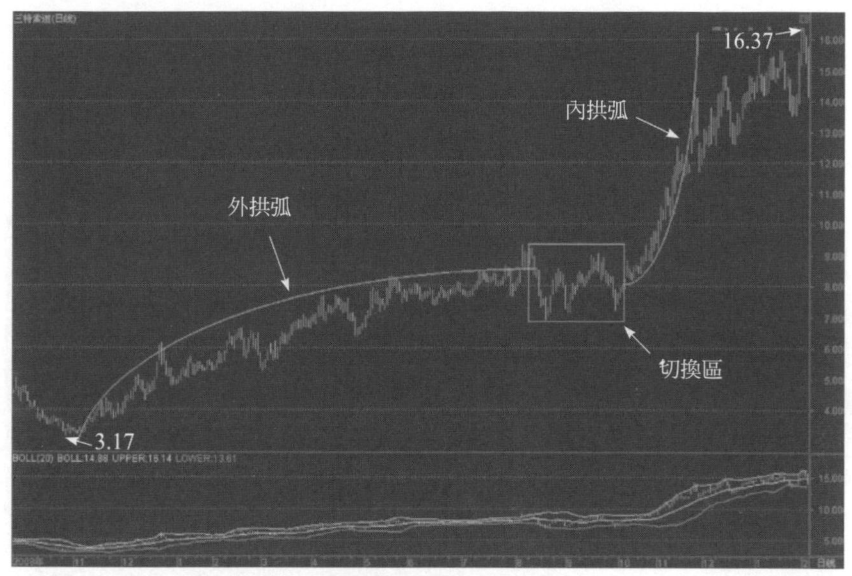

圖3—3—3

我想這是一個挺有潛力的行情，隨著旅遊景點的不斷開發，它還會有很好的發展潛力，從基本面考慮，這股票是有長期投資價值的。我看到它的時候從技術面看到那麼長的一段外拱弧，而且已經展開過渡區形態，我知道進去的話勝算會很大。但是我卻抽不出資金來參與，因為9月份開始海王生物爆炒十分瘋狂，原因是甲型流感爆發，動不動就拉出漲停板，三特索道的內拱弧對我而言吸引力還不夠，所以我把它推薦給我的朋友，遺憾的是他也沒買。這是一段翻倍的行情，實際上我後來在海王生物上來回折騰還不如直接全倉買入三特索道，這是一次很重要的教訓。題材股雖然轟轟烈烈，卻不一定比內拱弧來得保險，而且加速段一出現利潤也是十分豐厚的。它和深發展最大的區別是盤子小得多，可以走出相對獨立的行情，它漲到2010年4月23日最高點將近20

元，2009年國慶時才不到8元，超過150%的利潤，而同期大盤是漲230點，合8%多一點而已，這差距太大了！

下面一個案例（見圖3—3—4）是結合了甲型流感題材，很有意思。

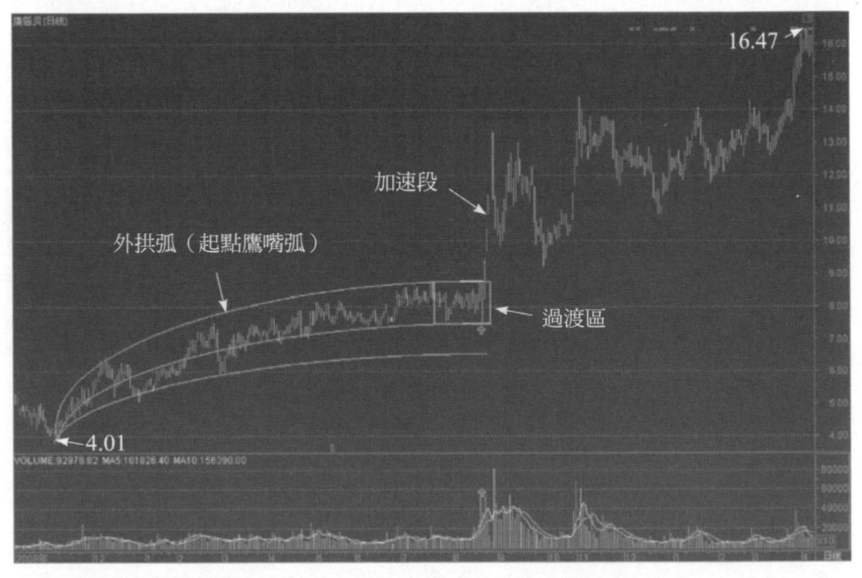

圖3—3—4

這是600572康恩貝2009年的行情日K線圖，從2008年底開始到2009年8月形成一個外拱弧波浪，漲速很緩慢。由於甲流板塊的設立，我注意到它，挑選股票的時候我自然不會不注意到有外拱弧的康恩貝，所以我將它列為首選，同時也把它推薦給我的幾位朋友，其中只有一個人提前買進去享受到連續漲停板，而我和其他幾個人因為等待，最後錯過了時機。它爆發行情的時候是開盤沒幾分鐘迅速封上漲停板，根本來不及作任何反應，連續幾天都是這麼玩，所以第一波我錯過了。直到10月底第2波上漲行情我才把握住，並且賺了點錢，這次選股是成功的，但是操作是很失敗的，為了貪圖蠅頭小利而錯失良機。在過渡區也出現近似W形的小波浪，但是最終卻沒把握住機會，算是一次教訓。本來我已經看出來進入過渡區，應該盡早買進去才是，反正後面是一段暴利，實在沒必要計較買高幾分或者買低幾分。從探底反彈到高點，如果把握好的話幾天就50%的利潤，沒有什麼比這個更好的事了。

這支股票直到現在（2010年6月8日）依然遠遠跑贏大盤，收盤16.34元，而從2009年8月20日低點和大盤今日收盤同期對比漲幅是：康恩貝近117%，大盤-10.18%，大盤是負的，同期下跌285點，這差距更加明顯了。

再講一個案例加深大家的印象（見圖3—3—5）。

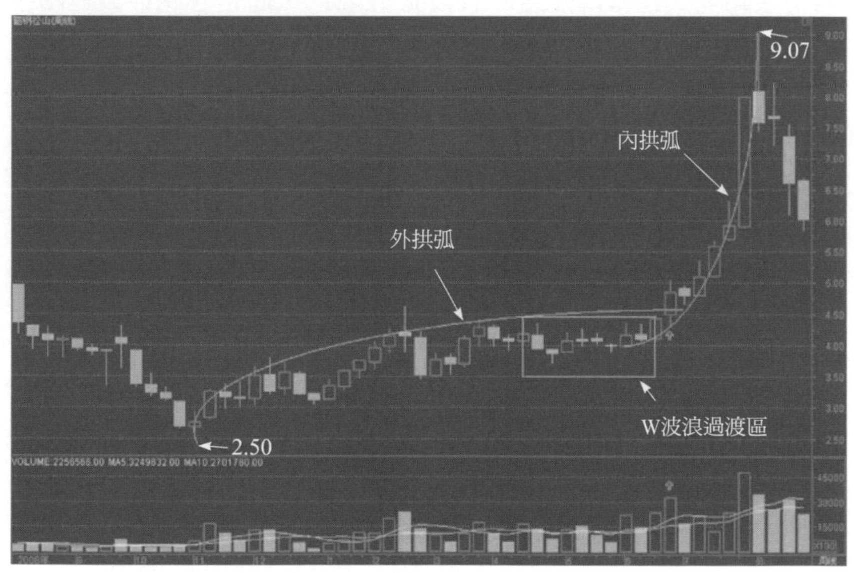

圖3—3—5

這是000717韶鋼松山2009年上半年的行情周K線，有點類似海信電器同期的走勢。

這個外拱弧走得不是很明顯，主要是中間的振幅大了點，但是基本可以看出前面長長的一段波浪漲幅很小，從最底點2.5元漲到內拱弧展開之前4元才60%，用了29周的時間，後面從4元開始拉到9元只用10周的時間，漲幅超過120%，兩者之間的差距是很明顯的。這裏從周線上勉強能看出一個W波浪過渡區，日線看起來是平臺三底形態，依託均線上行，整個均線呈現多頭排列的標準狀態。（我在下面的布林通道指標上標注出一個收口狀態，這個在這裏先簡單說說，詳細的留到後面第六章第一節，布林通道收口到極限狀態意味著後面將出現爆炸性行情，要麼暴漲，要麼暴跌，而外拱弧轉內拱弧只有暴漲一條路，所以這是一個很好的切入點。）遺憾的是當時我沒有發現它，而是等它最後連續拉出漲停板時才注意到，已經遲了，雖然我沒參與，但是這段行情我卻一直記著，時刻想著複製。

前面所講解到的大唐發電戰例（見圖3—3—6）實際上也涉及外拱弧通過W波浪切換成內拱弧的過程。

我只做個圖給大家看看，就不多作講解了。

上漲的弧度部分就講這麼多，下面講下跌過程的外拱弧和內拱弧形態。

首先我要講的是大盤指數在2008年見底之前我的一個重要的判斷依據，那就是弧度發生改變。大盤在2006年開始主升浪行情的時候，2007年「5・30」行情之前的3個主升浪都是內拱弧，而「5・30」後最後的一個主升浪是外拱弧，然後6,124點之前出現加速段，改變了弧度，結果大頂很快就呈現出來。而在2008年開始之後，每一個下跌浪基本都是外拱弧，一個外拱弧夾一個平

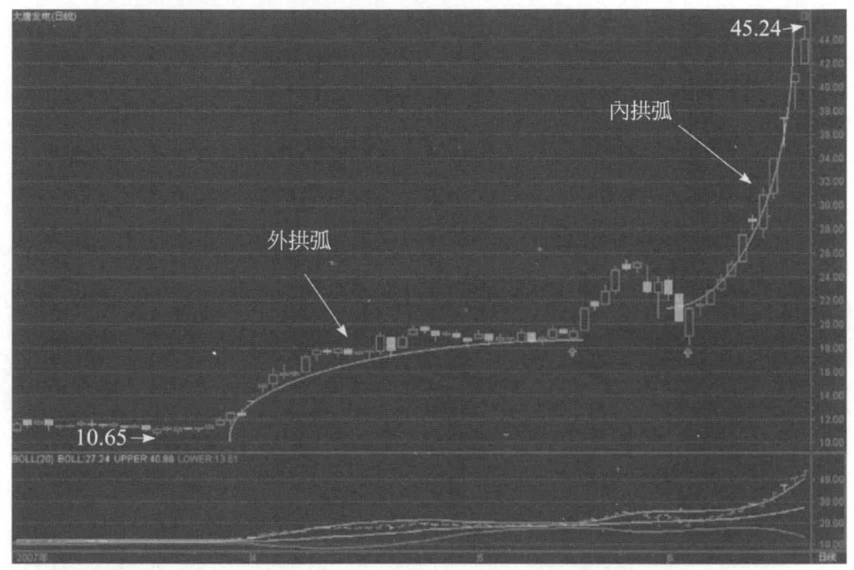

圖3—3—6

臺，然後又是一段外拱弧。

在上漲過程中，外拱弧的時間會很長，而下跌也一樣，外拱弧出現意味著下跌浪的時間會被拉長，開始幾天跌速很快，然後漸漸變緩，到波浪底部速度已經非常緩慢了。這是鈍刀子割肉的狀態，殺得大家連脾氣都沒有，可見下跌過程如果遇到外拱弧是一件很頭疼的事情（見圖3—3—7）。

大盤在殺到2008年底出現內拱弧加速下跌行情的時候，我在「別境解盤」中講到大盤指數的弧度發生改變，可能是見底信號。但是所有人都不知道我所說的是什麼意思，直到現在我才正式將這部分內容講出來。當時我參照了大盤在大牛市中的弧度轉換過程，將這個過程顛倒過來，在見大頂之前主升浪弧度發生改變，然後出現加速段見大頂。下跌過程中前面一直是外拱弧形

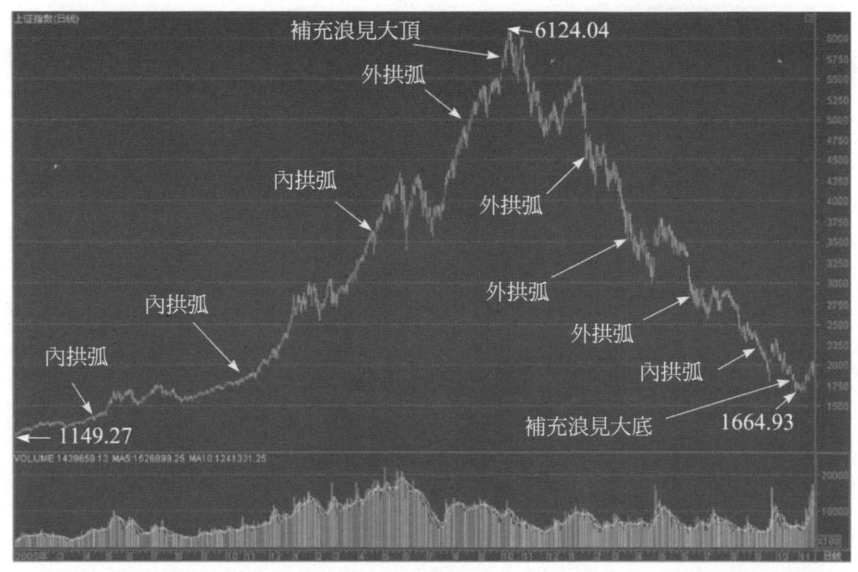

圖3—3—7

態，直到最後在大藍籌股（如工商銀行）跌停的作用下出現內拱弧，第二部分中講到熊市最末段以大藍籌股的補跌為見底信號（牛市以大藍籌補漲為見頂信號），於是這一段很重要的弧度改變行情我用來作為底部信號的研判，後面的補充浪殺得凶，但是在1,700點以下的區域我沒有拋出一股，而是滿倉死撐著，因為我知道大勢必定見底了。

大家從圖3—3—7中可以看到一個很奇妙的現象，從牛市確認起，走出3段內拱弧，1段外拱弧加1段補充浪，而從熊市確認起，走出3段外拱弧，1段內拱弧加1段補充浪，整輪牛—熊市的波浪完全對稱。到目前為止，對於整輪牛—熊市的行情技術分析，只有「K線弧度理論」能作出準確到位的解釋，無論是「均線理論」還是「波浪理論」都不能做到這一點，它們只能解釋一部分的內容，而不是全部。

下面講個股上的案例。

這是002264新華都2008年底到2009年初的行情日K線（見圖3—3—8），我在中間用一條直線將它隔成兩半，並且標出一個「W」方便大家分辨出雙底形態，大家可以看到左右兩邊的圖形幾乎對稱，這是很有趣的一種現象。

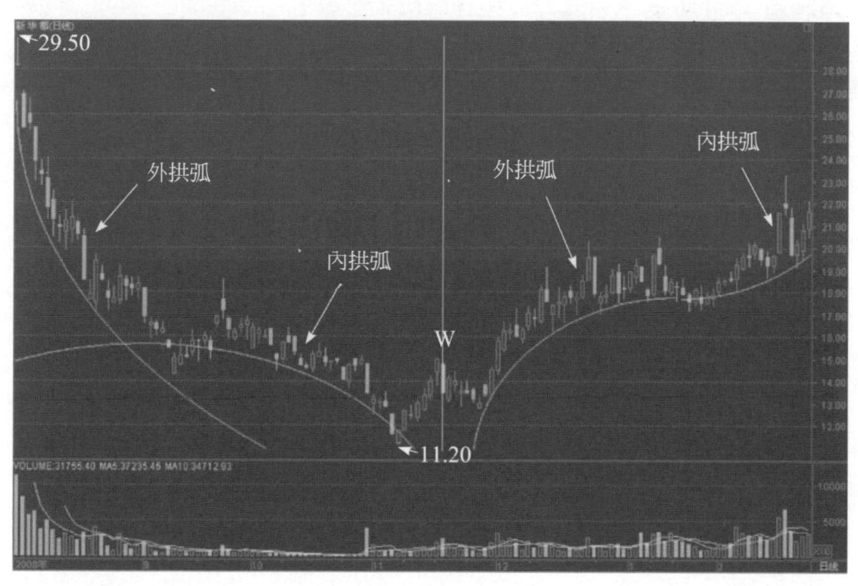

圖3—3—8

上市開始是一段外拱弧，接著切換成一段內拱弧，見底，並且走出雙底形態，W中間隔開，進入下一段行情，走出一段外拱弧，接著切換成內拱弧。最後這一波內拱弧行情我參與了，不過沒賺到多少錢，原因是大盤這時候行情並不好，該股受到大勢拖累，所以拉不動。但是後面從3月到7月卻漲得挺厲害，超過100%，這也算跑贏大盤了。

上漲過程尋找到外拱弧之後是主動出擊，下跌過程正好相反，當你看到外拱弧之後，最好趕緊逃命，一旦出現內拱弧非殺得你丟盔棄甲不可！

「K線弧度理論」有兩大作用，一是幫你尋找有大行情的股票，用最短的時間獲取豐厚的利潤（同時可以告訴你不必在外拱弧波浪推進過程中浪費大量的時間）；二是幫助你研判大勢，K線弧度一旦改變將意味著大拐點隨後到來。

均線理論用來研判大勢通常會比較滯後，在上漲過程中等到均線反壓的時候通常已經遇到跌，甚至是遇到大跌；而下跌過程等到開始跳躍均線進行底部確認的時候，同樣已經錯過了一大段行情。這個滯後的問題是均線理論的最大硬傷。而這裏的弧度理論就可以彌補這一缺陷，在大頂或者大底出現之前，通常會發生K線弧度改變，這是即時反映出來的現象，可以提前作出判斷，這是弧度理論最大的用處，它不存在滯後的問題。比如在2008年底大盤指數外拱弧轉內拱弧加速下跌的時候我就運用弧度理論作出預判斷，1,800點抄底進去，當天就出降稅的消息，這一次抄得很準，所以賺到一筆。雖然後面又出現一段補充浪，但是畢竟是底部區域，內拱弧的底部是整個大底的左肩底，中間大底出現的時候已經早有心理準備，所以不至於在恐慌中割肉，而是滿倉堅持住，直到右肩底出來，確認了熊市大底，將思維轉換為牛市狀態。

看到這裏，大家應該有一種感覺，就是每一種行情的研判都不只一個理由，而是若干個理由重疊在一起，同時指向一種結果，而這個結果才能作為預測結果，並由此制定出相應的操盤計畫，選擇正確的操作策略。有時候也會出現一些不同技術分析方法相違背的情況，處理這個問題就得靠個人經驗了，看你對哪一種方法比較信賴。下面所要講到的各種技術分析方法也都不是萬能的，它們只能在某方面發揮作用，而我就是要告訴大家這些方法的優點和缺點。

第二節　底部形態

我們經常會聽到一些股評者在分析的過程中講到雙底、三底，或者其他底，這些名詞如果不經系統講述，可能很多人都弄不清到底是怎麼回事。底部形態的研究將決定你是否能以最低的價格建倉，從而獲取最大化的利潤。每個人都希望自己買入的價格是最低的，甚至是紀錄價，但是真正做到的人寥寥無幾，大部分人甚至整個底部都錯過了，等到拉升的時候才發覺該買入了，同時為錯過底部而懊惱不已。有的人卻因為錯判底部，提前買入，結果挨了一段大跌，原來以為的底部成了中間的平臺，這也是一個很糟糕的結果，真正底部出現的時候，可能你已經套牢在半山腰，而這也是常有發生的事情。所以，這一節內容的重要性不言而喻。

我將底部形態進行劃分，分別是：雙底、三底（分頭肩底和平三底）、碟形底、平底、圓底、多重疊加底。

1.雙底

如圖3—3—9所示，這是取自大盤指數2005年7月的一段日K線圖，這是一個很標準的雙底形態。

雙底也叫W底，這是一個很形象的名詞。大家可以看到左右兩個底部的最低點位有細微的差別，左邊底略低於右邊底，這是一個很重要的條件，理論上雙底必須是右底高於左底，否則不成立。這是一個很容易被人忽略的條件，在中間的平臺上也常出現

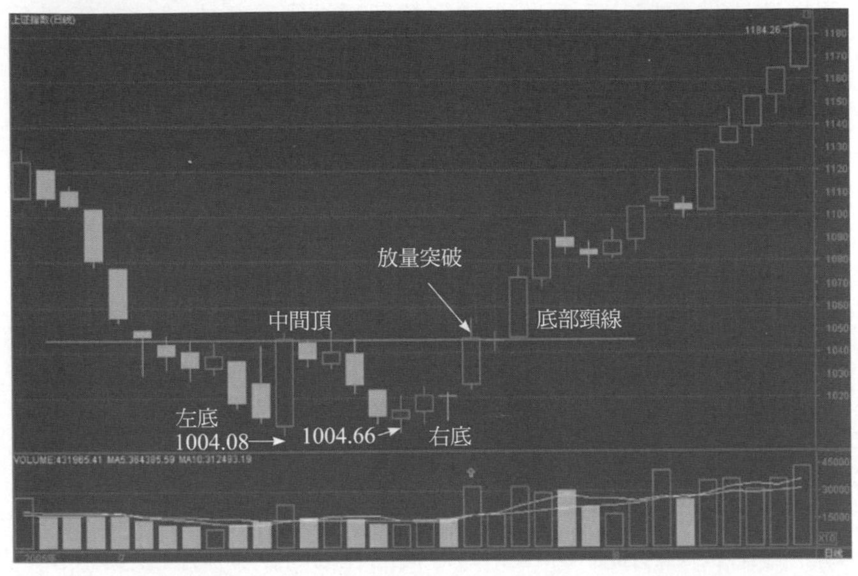

圖3—3—9

類似的雙底形態，但是右底低於左底，最後又來一段下跌浪。

中間頂架著一根線是我畫上去的底部頸線，這根線很重要，用來衡量突破標準，W最後一筆是向上突破，這時候一個很重要的條件大家必須記住，就是突破頸線的時候必須伴隨著明顯的放量，成交量必須迅速放大才有效，否則為假性突破，後面將會跌多一波回來。哪怕前面雙底點位符合要求，衝頸線的時候不符合要求，則雙底同樣會以失敗告終，成交量是這個地方最重要的衡量標準，同時也必須收出大陽線，而不能是其他形態。再次強調：只有在伴隨著大量交易活動的時候，穿透頸線突破才能被肯定地認為是一個確認信號。

前面講到唐鋼（第二部第七章第二節）的波浪形態時那張圖大家也可以回過頭去看，那就是一個標準的雙底形態，然後放量拉起來突破頸線，接著回抽確認，然後再次上漲。還有西藏旅遊（第三部第二章第四節）那張圖也是一個雙底，那次沒有回抽，直接大漲兩波。利用雙底形態做波浪段投機是最經常用到的一種方法，大家要努力掌握，雙底是最常見的，任何時候都可能出現。放量突破頸線時追進，有把握時也可以在右底出擊，但這個得靠其他輔助工具分析。比如均線、KDJ、MTM等一些指標綜合分析。當然，最重要的是你的想像力和眼力，看你能否提前在腦子裏想到雙底的模型。

2.平三底

圖3—3—10中所示為平三底形態，取自大盤2005年10月到12月行情的日K線。

我在圖中標注出1、2、3三個底，A、B兩點為中間頂。

平三底和頭肩底的最大區別是平三底的3個底是在一條平行

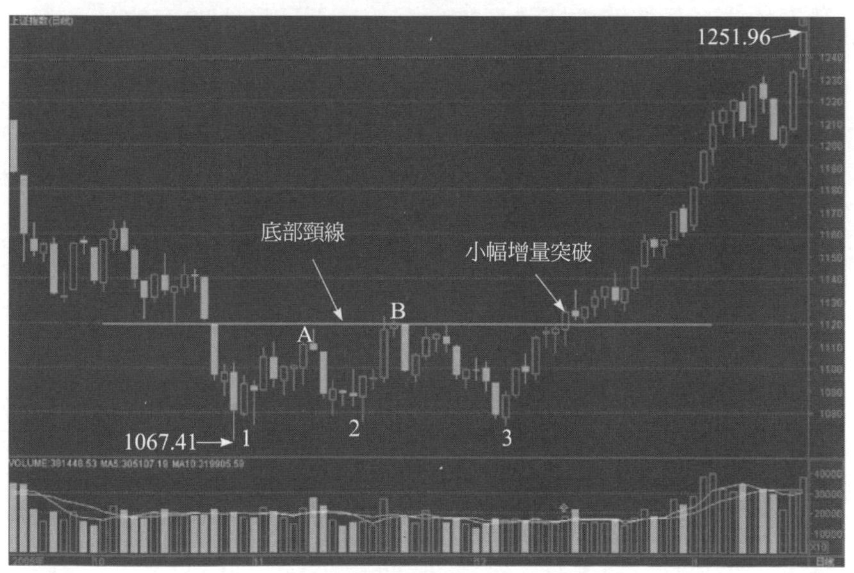

圖3—3—10

線上，左底最底，B頂最高。而頭肩底是中間底最低，區別就是最低點的位置。

在這裏，B頂比A頂高是一個很重要的條件，如果反過來，三底就不成立。大家可能會注意到，在B頂的那一根大陽線伴隨著明顯的放量，按理這可以確認為雙底，後面會拉開一段大漲行情才是，為什麼又打回來呢？實際上這裏是在跳躍均線（為了不使畫面混亂我製圖時隱藏了均線），受到30天均線的壓制作用，這時候，均線理論就發揮作用了。就算它已經符合雙底的所有條件，但是與均線理論相違背，這個時候往往走得比較曲折，這就是預測的難點所在。但是在這裏買入也不必擔心，因為後面再打回來築一個底之後還是會衝上來，並且展開一段升浪。

突破頸線的時候同樣會有關於成交量同步放大的條件，這裏不像雙底的放量那麼明顯，但是也是增量了，主要是因為前面幾天的成交量持續維持較高的水準，想要明顯大幅度放量不太可能。

3.頭肩底

圖3－3－11中所示為深圳成指2008年熊市大底的築底過程，這是一個很標準的頭肩底形態。

大家可以看到，最低點是中間大底，然後左肩底略低於右肩底，這是一個很重要的條件，頭肩底的右肩底點位最高，如果右肩底低於左肩底，則頭肩底不成立。頭肩底的中間頂基本持平，兩者連線便成底部頸線。大家可以看到在右肩底築成之後有一段強勁的上漲行情，伴隨著明顯的放量，突破頸線的那一天是大陽線，成交量明顯放大，比前幾天只大一些，但是比起底部就大太多了。頭肩底之後還有一波回抽確認的過程，和跳躍均線一樣，築底過程也涉及突破後的回抽確認問題，這是經常出現的一種現

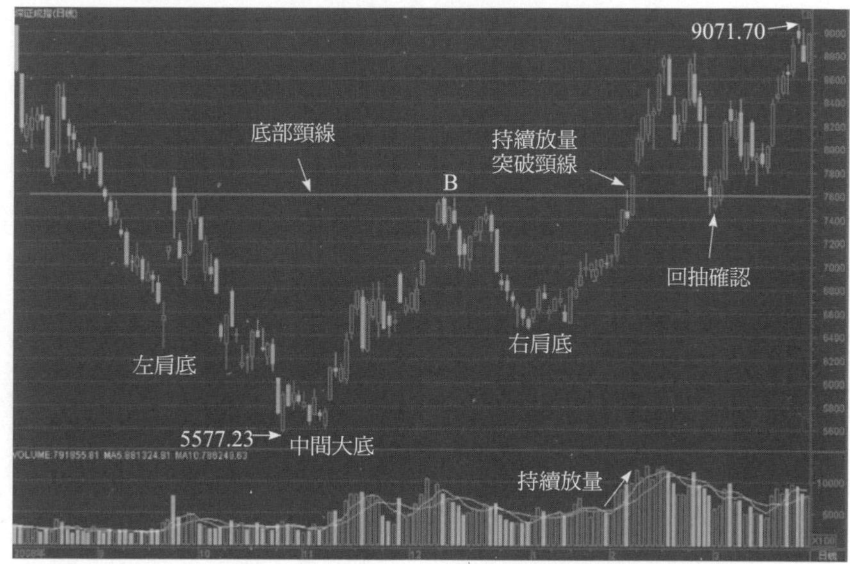

圖3—3—11

象。即使沒有回抽確認，這個頭肩底也是成立的，有回抽確認則行情走得更謹慎，更穩妥一些。

4.碟形底

下面要講的是比雙底和三底少見些的碟形底，顧名思義，它的形態大致上像一個平放著的碟子，我想大家都認識這種吃飯工具吧？

圖3—3—12所示為600050中國聯通2006年下半年行情的日K線。

大家可以看到上面用弧線畫出一個碟狀的底部趨勢線，上面是一根底部頸線，在突破頸線的時候同樣是大幅度增量的陽線進攻上去，然後是小ABC三波調整浪回抽頸線進行突破確認，然後震盪上漲波浪拉開。碟形底比較有意思，你很難在上面直接分辨

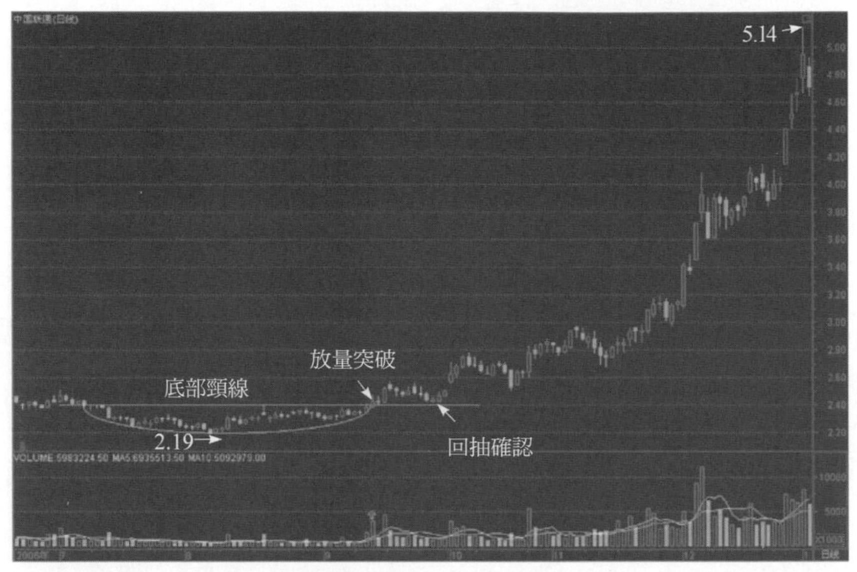

圖3—3—12

出雙底或者三底，裏面的小浪底是鈍化的，不像上面講到的雙底或者三底那樣尖，而且沒有很明顯的反彈波浪，整個波浪形態很混亂，根本無法用波浪理論進行劃分，而且築底的過程相對漫長一些。

出現這種行情的話完全不必在底部耗費時間，可以等待放量突破頸線的時候再追擊。碟形底後面行情的發動速度比較慢，衝破頸線之後還需要一個緩慢的造勢過程，但是這種行情到後面加速的時候會很猛，通常是以內拱弧的形態出現。這又回到前面所講到的內拱弧切換外拱弧部分的知識點。

5.平底

平底主要出現於市場很低迷的時候，交易量很少，所以沒有大的波動，這種底部形態在2005年以前的大熊市中出現比較多，或者是一些新上市的大藍籌股也常有這種底部形態出現。這種底部的築底時間很長，非常磨人，但是，「橫有多長，豎有多高」這句話卻能在這種底部得以驗證，一旦行情發動，漲起來那是十分驚人的，幅度會很大，橫得越長漲得越凶。

圖3—3—13中所示是601988中國銀行2006年上市後一段時間的行情。如果從長週期K線上看的話可能是雙底，而日線上看是兩個平底，右底略高於左底，基本上看不出波浪，就是天天窄幅橫盤震盪，這個底走了近半年的時間，然後突然高強度放量突破。突破之後沒有立刻拉動，而是繼續橫盤震盪一段時間，回抽頸線確認，然後再拉出一段內拱弧波浪，漲起來那真叫猛。

底部橫盤是屬於超級主力吸籌的過程，他們有的是錢和時間，需要吸到足夠的籌碼才會拉盤。畢竟是大藍籌股，一旦發動，很多人根本來不及作出任何反應，它會連續進攻，敢大膽追

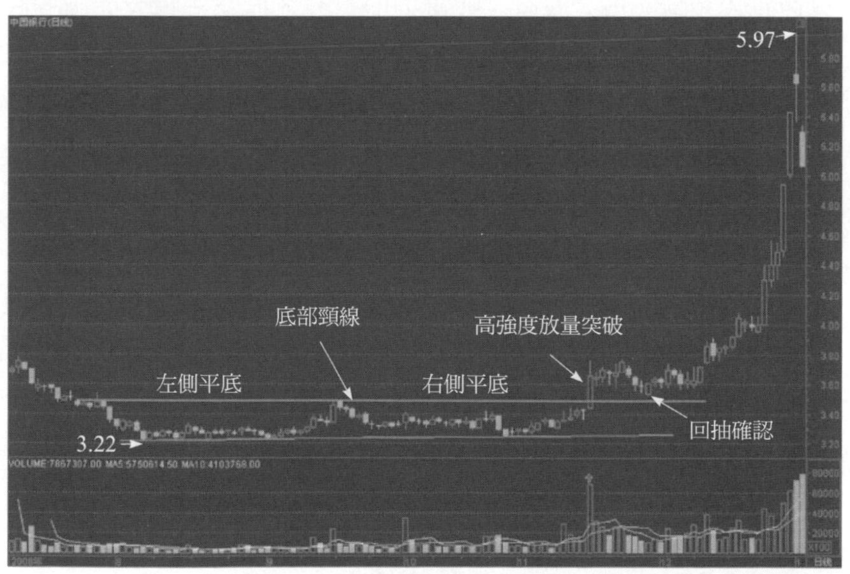

圖3—3—13

漲的人很少，因為大家都不知道它什麼時候見頂，只有裏面的主力操盤手清楚。要把握這種行情倒也不難，只要在突破回抽的時候買進去就可以了，用不了多久就會拉升，之前就耐心做個旁觀者，或者去操作別的股票，完全沒必要在上面浪費時間，要知道，機會成本也是成本。

由於圓底出現的機率實在太低了，我專門拿出來講也沒多大意思，完全沒必要為了那些低機率的行情浪費精力，大家主要能把握好以上幾種底部形態就足夠了，市場上近2,000支股票，大部分的底部形態在以上幾種中出現。下面要講的是一種疊加的底部形態，是綜合了以上各種底部形態疊加成的大底形態，上面所講到的那些底部形態會作為子底形態夾於期間。

6.多重疊加底

關於這一部分的論述主要是針對大市的底部所作的分析，對以後研究判斷熊市大底有比較重要的意義。作為一輪大熊市的底部，必定不是簡單的雙底或者三底形態，而是複雜的多重底部形態疊加在一起。如果將一輪中級調整的K線轉化成60分鐘週期或者30分鐘週期，你將會看到大底的形態實際上也是多重疊加形態，不是簡單的雙底或者三底，所以，這部分的內容也可以用於一輪中級調整中60分鐘週期以下K線的大底研判。

圖3—3—14為大盤2001—2005年大熊市最後階段的築底進程，發生在2005年下半年，這個過程長達半年的時間。大家可以從上面看出，自頸線以下切分為左右兩側，左側是一個雙底形態，而其中的右底又是一個小雙底形態，右側是一個小三底形態，如果從周線上看，整個過程就簡單一些。左側雙底築完之後有一次假突破動作，這裏之所以會成為假突破，主要是成交量放大的幅度不夠，前面小雙底築完開始大漲一波的時候已經伴隨著

明顯的放量過程，而後面這個突破，理論上應放量幅度更大才有效，而實際是比前面還小，所以這是假突破，這個誘多動作非常成功。而後面真正強勢突破的時候，成交量比假突破時要大得多。

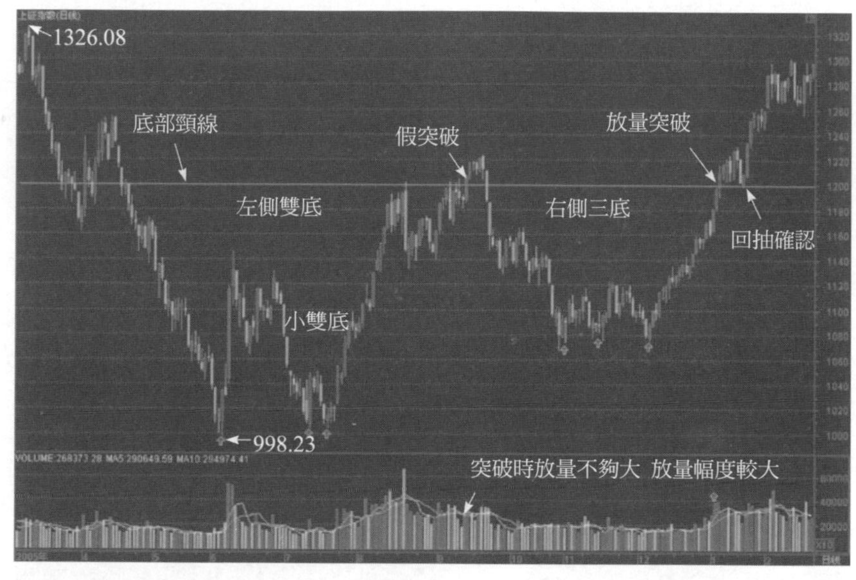

圖3—3—14

成交量自始至終都是最重要的衡量標準，大家在運用的時候千萬不能勉強，更不能馬虎，一定要很嚴謹地對待這個衡量標準，否則你可能在假突破的時候買入在波浪段的最高點，那無疑是個糟糕的結果。雖然最後也能解套，但是你會浪費一次機會，並且犧牲大量的時間，忍受痛苦的折磨。

疊加底的形式不只是大雙底形態，也可以是大頭肩底疊加，而頭和左右肩膀又各自成為一個複雜的底部形態；或者大雙底分出兩個小三底；還有多重碟形疊加成一個大的頭肩底形態；也有雙平底疊加的形態……疊加底通常出現於大底，築底過程十分漫長，而其中又蘊涵了許多投機波浪段的機會，可以利用一些大的反彈浪進行波段操作，而真正突破大底之後又將是大行情的發動。這種漫長的築底過程在突破之後一定會有回抽確認動作，這和前面講的雙底不同，雙底很多時候是不進行回抽確認的，直接以放量大陽線突破確認。見圖3—3—15。

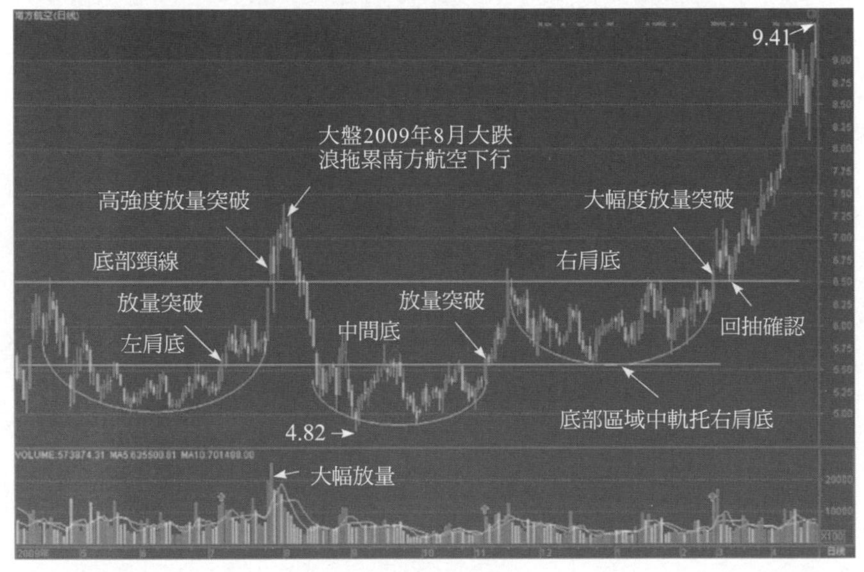

圖3—3—15

圖3—3—15所示為600029南方航空2009年4月—2010年4月的行情。

大家可以看到長長的平臺震盪區被劃分成三個底部，而三個底都是碟形底，三個底組成一個頭肩大底形態。左肩碟形底的底部明顯高於右肩底，以前兩個底的頸線連線構成平臺中軌線，這根線也是主力建倉的成本線，波浪段的黃金比率計算取點就以這根線為基準。

上面每一次放量突破我都進行標注，包括最後突破大底頸線後進行回抽確認也都標注在上面，我就不多說了。特別值得說的是本來第一底已經出現大幅度放量突破的行情了，遺憾的是遇到大盤2009年8月開始見3,478點（2009年牛市主升浪頂）回落，它的發動時機實在不好，所以被拖下來，南方航空是一線股，很難走出完全獨立的行情，可見大勢還是很有決定性作用的。大盤大跌浪過程中，一線股是無法倖免的，這一點大家要記住，無論多漂亮的形態都抵擋不住，千萬不要貿然對抗大勢！最後面大底築成之後利用大盤反彈波浪強勢上漲，這是順勢的作用。在順大勢時，這種形態很漂亮的股票就可以領漲大盤，走出遠強於大盤的行情，所以順勢而為是非常重要的。在大勢好轉的時候，選一些形態比較完美的股票會取得比較好的成績。南方航空這段行情主要的題材是人民幣升值預期，這涉及基本面的知識，第二部已經講得足夠多，這裏就不多說。南航在回抽確認時我是進了，也享受到一段上漲，但是沒拿住，因為股性活躍，每日振幅較大，貪圖交換手的利潤，結果給做丟了，只賺了點小錢，深感遺憾，這是因小失大的教訓之一。

圖3—3—16所示為601727上海電氣2008年初上市後一段時間的行情日K線。

我用↑箭頭標出左右各3個底部，這是一個近似對稱的大雙底形態，左右分為兩個小三底，中間原本已經有突破的意思，但是剛好遇到大盤一段回調，所以又打回來築成右側三底，突破頸線之後同樣有一次回抽確認的動作。這支股票在突破之前我就買入了，突破前由於見大盤行情不太好，又拋掉，結果它強行突破，於是我錯過了兩天大漲行情。但是回抽確認的時候我毫不猶豫衝進去，於是我享受到後面一段上漲行情。回抽確認通常就是一個最佳買點，買進去不必等，立刻開拉，而且漲幅比較大，屬

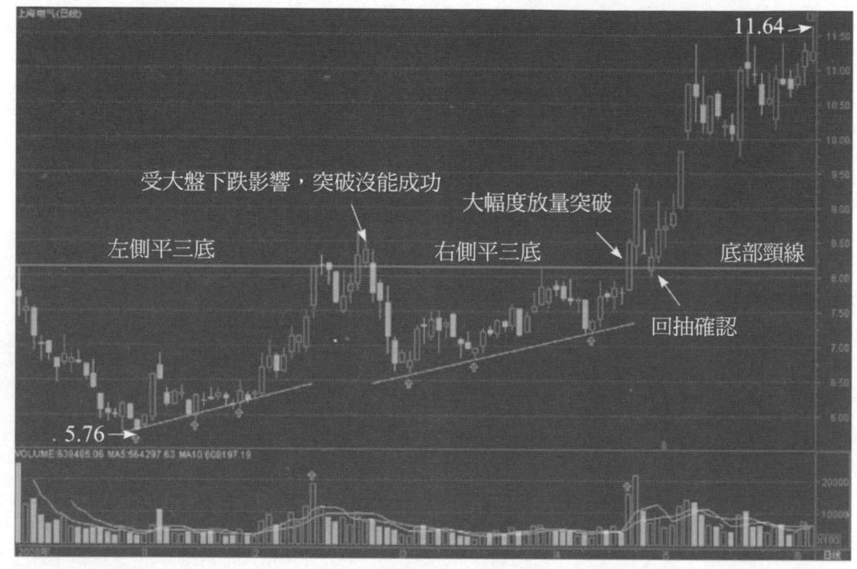

圖3—3—16

於時間週期短，利潤高的一段行情，這是非常好的一種投機方法。

最後再講一個案例（見圖3—3—17）。

這是600052浙江廣廈2006年下半年的行情日K線。

大家可以看到上面是一個二級疊加的大底形態，上下兩個平底，中間一次增量突破跳級，真正行情的啟動是在後面一次放量突破。前面中國銀行大家就看到平底一旦漲起來的威力，這又是一個案例，這種底部形態一旦發動，行情的確十分強勁，大盤股可能漲幅還小一些，小盤股是很容易翻倍的。

由於這種底部和中繼平臺矩形通道有一定的相似性，所以，在這裏有一條重要的研判規則必須告訴大家：在出現放量突破確認行情之前，一律以下跌中繼平臺處理。換句話說，只有放量突

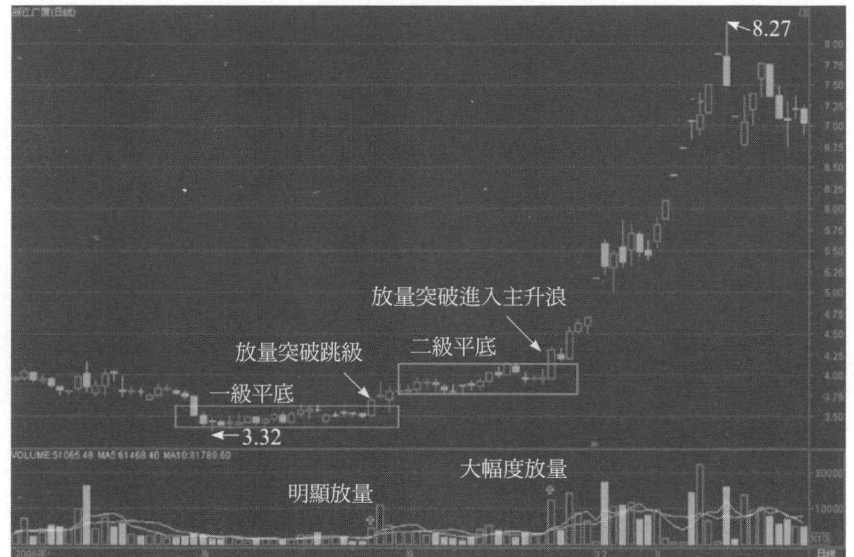

圖3—3—17

破確認上漲行情才能將其視為平底，否則一律視為下跌中繼的矩形通道，切不可冒險進入做多。

還有一些通道形的底部我沒有講到，這些底部通常是由很多個尖底構成，不能純粹以幾個底來定義，只能以趨勢通道來區分，主要是涉及下一章的內容，與這部分知識點有疊加，我考慮了一下還是放到後面講解比較好一些。

到此，整個底部形態大致就講完了。我再一次強調，其中最重要的判斷依據就是突破時有沒有大幅度放量，只有大幅度放量才能確認。而買點可以是突破確認的第二天開盤，也可以是後面回抽確認在頸線處買入，最好不要當天攻擊頸線的時候買入，一旦收盤發現全天成交量沒有大幅放大，變成假突破的話會很麻煩，沒必要冒險。後面的波浪段啟動時通常漲幅會很大，完全沒必要為了多賺幾個點冒極大的風險，如果有足夠的耐心，我建議在回抽確認的時候買入，所有的確認點都在頸線附近，這個位置的價格是很低的，而且買入之後不需要等待，行情會在幾天之內完全啟動，波浪段迅速展開。同時，必須記住一點，不要對抗大勢，在大勢不好的時候，首先要想到可能會出現多重疊加的底部形態，無論之前築底形態多完美都不能冒險對抗大勢。

第三節　頂部形態

頂部形態不像底部形態那麼好辨別。大勢見頂過程比較複雜，大盤指數還算好研判，個股的難度是很大的。大盤破年線就難以翻身，而個股、特別是那些小盤股經常會再攻回來，很多時候頂部是無數個尖頂構成，而且沒有特別明顯的形態可以區分。

大家都知道底部形態判斷的過程中成交量是最重要的指標，放量突破則行情確認，但是頂部沒有這樣明顯的指標可以參考，通常是縮量持續下跌，破頂部頸線的時候也沒有明顯的放量或者縮量的動作，有時候會有誘多動作出現，但不是絕對的，至少不像底部回抽確認出現的次數那麼多。所以利用頂部形態來進行劃分判斷是高難度的，但是這並不代表頂部形態的研究毫無意義，其中還是蘊涵了一些可為之機的。只要你善於把握，利潤也很豐厚。

由於成交量指標無法用於頂部形態的判斷，我在實踐中通常用布林通道指標（趨勢型技術指標）進行研判，這部分內容和後面的第六章第一節　有些重疊。

1.雙頂

圖3—3—18所示為600072江南重工（現改名為中船股份）

2007年下半年的行情日K線。

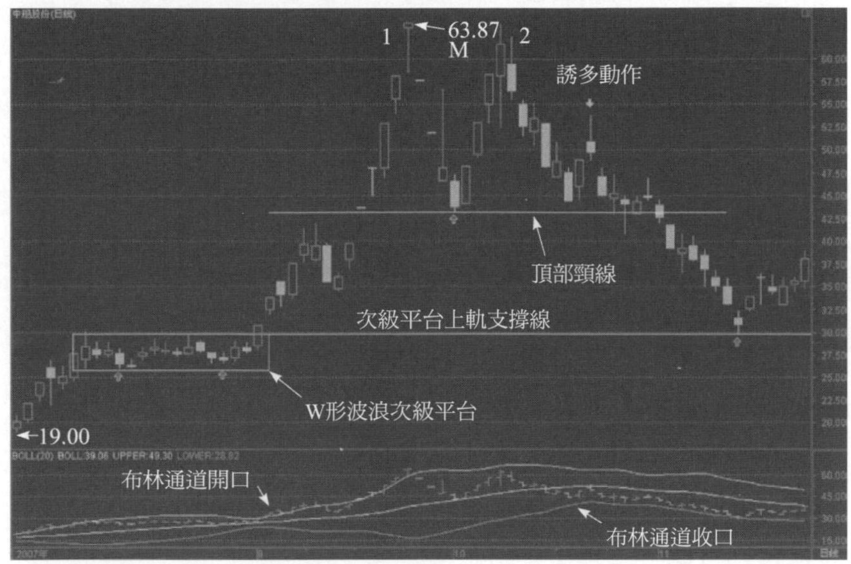

圖3—3—18

這是一個很標準的雙頂形態，雙頂也叫M形頂，很形象。大家知道雙底是最常見的一種底部形態，而雙頂也是比較常見的。M形頂和W平臺通常會使人混淆，這一部分內容下一節將會講述，這裏先不說。這是我的一個實戰案例。當時正好是2007年國慶，我以重倉資金進了中國遠洋，剩下的一部分資金就在M頂的中間底買入江南重工，上面我用↑箭頭進行標示，同時在下面的布林通道中軌線處也作了標示。通常大行情一波強勢回調動作中，布林通道的中軌會激發一波反彈行情，所以我就在這個地方買入，而且是下午收盤前的跌停板上，臨收盤幾分鐘它衝開跌停板。

衝第二頂的這一波用黃金比率計算是0.382，用這個比率主要考慮的是前一波回調的幅度，大家知道雙底是第二底高於第一底，雙頂相反，通常是第二頂低於第一頂，有了這兩個條件，就不難計算出第2頂的高度。所以這一波我的操作很成功，幾乎完美，4天的時間獲取40%的利潤，賣出價離第二頂的紀錄價很接近，10點半開盤衝到快漲停的地方我就出掉了。然後是等待它跌回來，到頂部頸線的時候受到支撐作用，又激發一小波反彈，注意，這是一次誘多動作，如果真正做多，展開一波升浪再創新高，M頂的形態就會立刻變成W平臺，就像前面我標注出來的W形次級平臺那樣的形態。為什麼這裏會是誘多動作呢？大家看下面的布林通道指標，當跌到頸線的時候，實際上已經破了布林通道的中軌線，而前面的W次級平臺雖然也是收口，但是始終沒有破中軌線。布林通道收口通常意味著一波行情的終結，這是最基本的研判方法。這個誘多動作由於我事先作了估計，所以我在跌停板上又買入一次，隔天漲停，第三天上衝的時候出掉，十幾個點利潤到手，從此之後它就被我踢出票池，直到2009年牛市開始才想起它。搶誘多行情有很大的冒險成分，弄不好會被套牢在半山腰，所以這是不可取的，運氣是主要的成功因素，雖勝不足為榮，更不可複製，只能當作一次笑談罷了。

後面一波大跌浪，在次級平臺上軌線延伸處激發K線反彈，通常這些平臺軌道線都會發揮一些作用，在下跌後的反彈中也是如此，平臺下軌線有很大的壓制作用，而且通常會成功，這裏可以搶反彈，勝算機率很高，但是我當時已經沒有精力看它。

2.三頂

圖3—3—19所示為600997開灤股份2007年8月到2008年10月的行情日K線。

這是一個拉長的三頂，上面講的是很短的雙尖頂，而雙尖頂

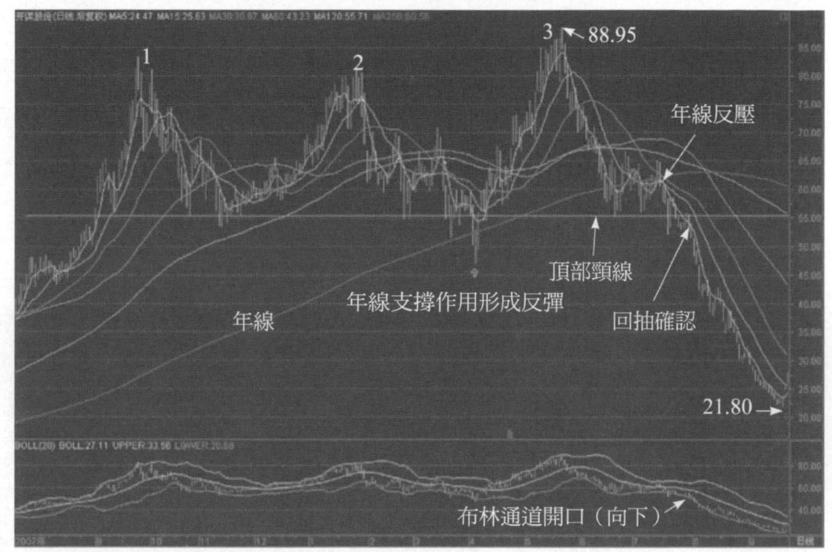

圖3—3—19

在短週期行情中常常出現，大頂出現的機率很低。大雙頂是比較常見的，像上面所講的唐鋼就是屬於大雙頂，還有南方航空、中國船舶2007年大牛市築出來的頂都是屬於大雙頂。開灤股份是大三頂，頂部頸線支撐了相當長一段時間的築頂行情。真正決定頂部形態的是年線，當年線形成反壓的時候，跌破頸線才算是築頂行情的終結。而前面一波短暫破頸線，在年線的作用下激發一波強勁的上漲浪行情。像這樣的三頂形態其實並不多見。

三頂也好，雙頂也罷，第一頂都可以用來作為標杆，當跌一波下來並且形成反彈之後，可以切入做多，以前頂高點為基準點，漲到前頂附近的時候獲利平倉出局。這是做頂部行情的一個技巧。我做唐鋼的第二頂行情也主要依據了這一點，首先就是假定為大雙頂，把第一頂紀錄價作為標杆，最後我沒有賣在最頂上，主要是受了武鋼的影響。當時武鋼第二頂竟然創出新高，我錯誤地以為又一段主升浪開始，所以唐鋼才挨到見頂回落之後出局。實際上武鋼創新高就是一個反技術誘多行情。三頂也有頭肩頂的形態，就是中間頂最高，左肩高於右肩，這樣的形態為頭肩頂，實際上把頭肩底翻轉過來看就是了。由於簡單的大雙頂或者大三頂出現的次數不是很多，所以我主要講複雜的疊加頂形態。

3.四頂（雙頭雙肩頂）

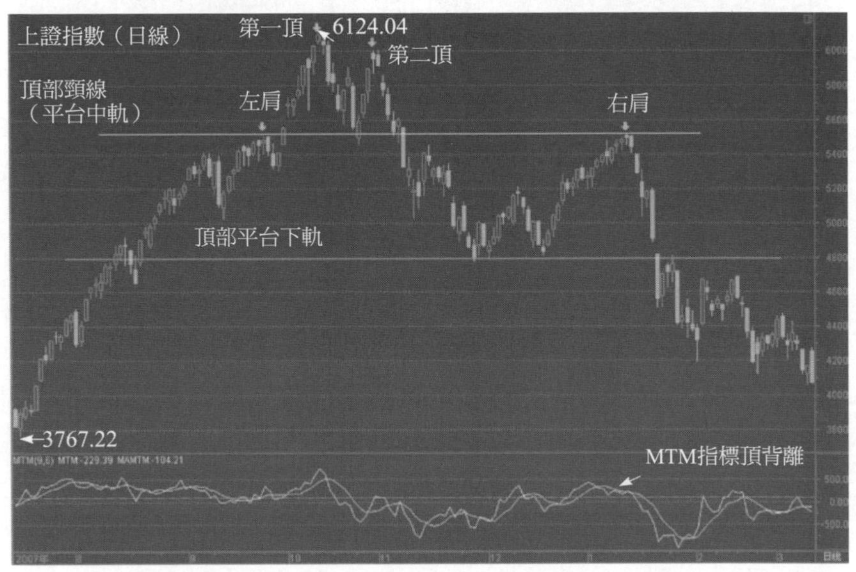

上面通過K線弧度形態和均線理論都分析過大盤大頂，現在通過頂部形態進行分析（見圖3—3—20）。

圖3—3—20

這是大盤指數2007年大牛市的大頂，很明顯，這是雙頭雙肩頂，也可以稱為四頂，左右兩個肩頂幾乎等高，上面的第二頂略低於第一頂，這是比較標準的雙頭頂形態。大家可以一目了然，所以我就不必多說。

4.疊加頂

圖3—3—21為600748上實發展2007—2008年築頂行情日K線，這是一個復權後的圖。

這是一個多重疊加的頂部形態，我在上面畫出頂部頸線，然後中間用一根分界線將大頂隔成兩邊，這是一個大雙頂，所以我在分界線上標了個M字。

大家可以看到，第一大頂是個雙頭雙肩頂，非常標準。而雙頭裏面，又各自走出一個小雙頭頂，所以就變成4個小浪頂，加2個小浪肩，非常對稱的一種形態。在最左邊的左肩浪底我標出↑箭頭，下面的布林通道中軌激發一波反彈行情，這一波我參與了，搶了一個小浪的行情，小有獲利。

大雙頂的右邊是一個三角通道頂，這部分涉及下一章的內容，這裏先簡單講一點。這是一個對稱三角形通道，大家可以看

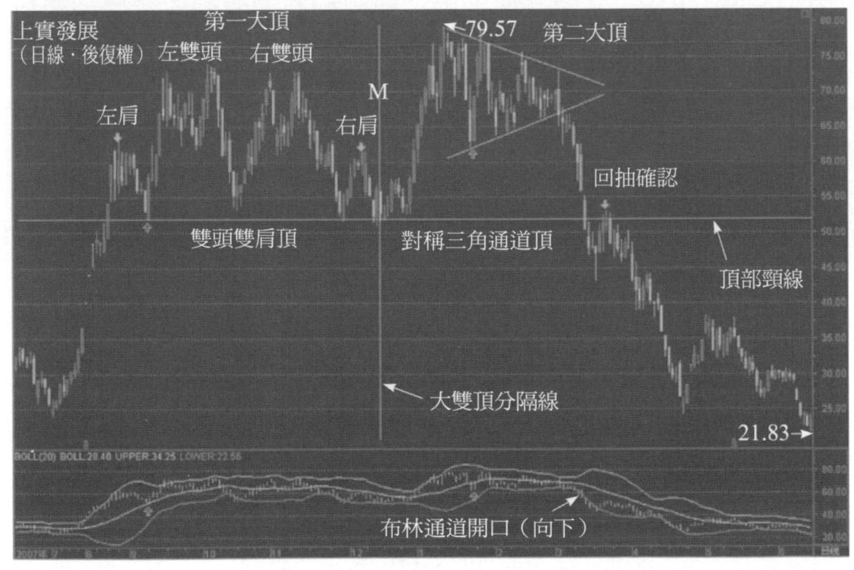

圖3—3—21

到上面有無數個小浪尖接觸了頂部趨勢線（通道上軌線），浪頂逐漸下移，而浪底也逐漸抬高，振幅越來越小，在通道的最末端破位下行，下面對應的是布林通道向下開口，下跌行情展開。快速跌破頸線之後又有一小波回抽確認的動作，然後又是一波強勁的下跌浪。

下面作個總結：頂部形態無論是哪一種，都不能提前預知，它有很嚴重的滯後問題。所以，在實際運用過程中，它的主要作用是堅定你對牛市大頂的判斷，從而堅定接下來對熊市的判斷。長線資金的話可以利用頂部形態確認進行平倉操作。對於中短線投機者而言，頂部形態的作用不大，這種方法不如K線弧度理論、均線理論甚至是波浪理論那麼好用，它比前三者都要滯後，必須走過了才能完全劃分出來。即使你技術高明一些，想像力強一點，也必須走出一半的時候才能判斷出另一半來。頂部的判斷主要是為了出貨，主力底部啟動拉盤過程有明顯的放量信號讓散戶跟進，頂部的出貨過程是悄無聲息的，他們可不想讓大多數人看出來，最好是製造一些假象引誘人進去接籌碼，這也使得頂部的判斷難度較底部大得多。我個人認為主要還是用均線來判斷比較好一些，均線出現反壓的時候就必須小心應對，盡量避免冒險的操盤動作。

第四節　平臺形態

這一節所涉及的內容是對M形頂和W形底的中間形態進行補充論述。在上漲和下跌過程中，經常會出現中繼平臺，這些平臺常以M形或者W形出現，而其他形態的平臺涉及K線趨勢的概念，在接下來的一章中將要進行歸類論述，所以這裏不涉及。這些內容或多或少有些交叉，為了形成完整的系統，只能進行拆分。簡而言之，這一節所涉及的都是很簡單的平臺形態，複雜的留到後面一章去。

1.上漲中繼W平臺

在2007年6月6日，我在天涯股市論壇發了一個帖子，題目叫《大盤正形成斜面M字波浪》，當時普遍認為大盤將見頂，一開始我也是這麼認為，但是後來漸漸發覺，有可能會形成中繼平臺，M形頂轉化成W形中繼平臺，結果是後者。

大家從圖3—3—22中可以看到A頂高於C頂，而B底低於5底，由於A、C兩個頂的高低符合雙頂條件，所以大家才比較擔心大盤以雙頂的形態結束大牛市。後來我看C浪的跌速慢下來，而且一段時間持續縮量，這讓我意識到可能會出現強勁的反彈，走出W形態的波浪來。7月3日我開了個帖子叫「別境解盤」，在裏

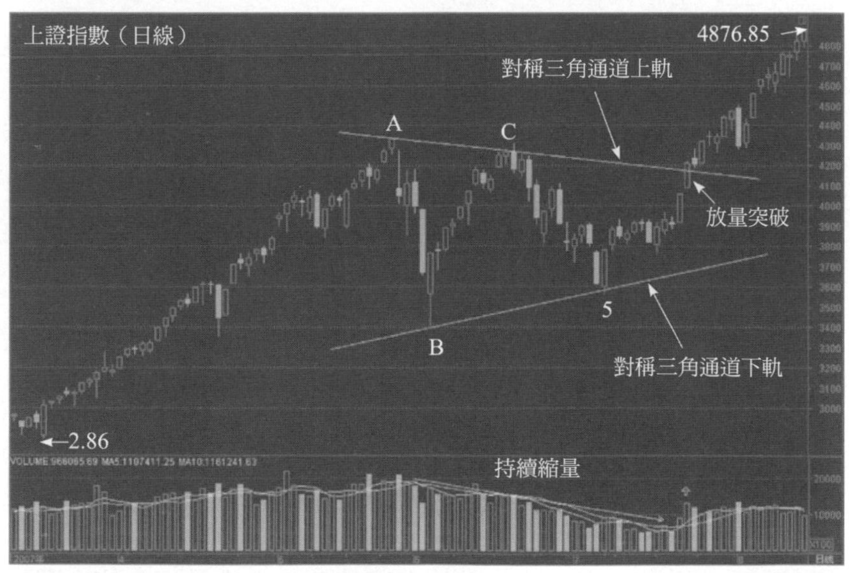

面準確預測了7月6日的V字探底反彈行情，在低點號召抄底，就

是這一戰的成功奠定了絕高人氣的基礎。

圖3—3—22

大盤並沒有那麼急著反彈，而是接下來進入9天的橫盤震盪，讓大多數人摸不準方向。判斷這樣的行情的確是高難度的，之前大反彈或許對主升浪的信心會很充足，但是這一縮量橫盤，絕對會使大多數人疑慮——這符合雙頂的條件。這樣一來橫盤之後就是一段大跌浪展開。但是，很快又出現放量大陽線上衝的行情，特別是7月23日大幅放量衝破頂點連線（通道上軌線），這是明顯的突破信號，預示著新一輪上漲行情拉開序幕。前面在講底部形態的時候就說到，放量大陽線突破頸線將標誌著築底結束和上漲的開始，那麼在築平臺的過程中也是如此，由於前面是一波主升浪，平臺震盪階段，一旦出現這樣的行情，也可以確認為平臺震盪行情結束和主升浪開始。

假如這裏橫盤之後沒有出現2根放量突破的大陽線，而是向下跌破了通道下軌，那麼雙頂就完全確立。

2.下跌中繼M形平臺

圖3—3—23為大盤指數2008年中的一個M形平臺，這個平臺一度被人認為可能是雙頭雙肩底，但是最終演變成下跌中繼平臺。前後都是兩波大跌浪，中間是個M字形波浪。

這裏中間底明顯高於前面一個浪底，而往左邊的一個小浪底更高一些，處於肩膀的位置上。如果右邊沒有跌破通道，↓箭頭的地方下跌變成放量上漲，則雙肩的形態也能築成。但是這段時間持續縮量，破位下行的時候也沒有明顯的放量，後面兩根大陰線也只是小幅度增量而已，並不是很明顯。下跌過程平臺破位和上漲不一樣，上漲需要明顯放量來確認，下跌是沒有的，甚至

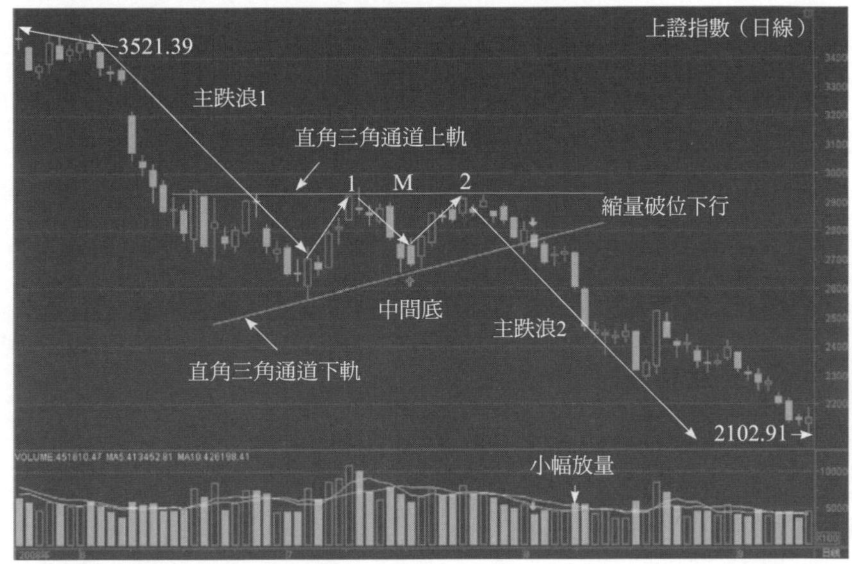

圖3—3—23

出現縮量大跌都是可能的。造成這樣的原因，主要是承接盤的問題，在中國沒有做空機制，所以下跌破位不需要放量，也不可能放量，只要承接盤少了，立刻就跌下來。而上漲需要大家的買入熱情，資金做多熱情高漲，瘋狂地買入，這才能造成大幅度放量上漲的局面。

前面將築底形態時強調必須放量突破才能追擊，原因就在於此。你不知道那是築底還是下跌中繼平臺，所以必須放量突破頸線才能追擊做多，否則你就有可能像上面這個平臺一樣，追進去的時候遇到新一輪大跌。這種下跌平臺的走勢也進一步印證了上面第二節　所講的出擊時機的重要性，沒有確認之前絕對不能冒險！當時我就是太過於冒險，所以吃了虧，在南方航空上遇到一波大跌，損失慘重！這是慘痛的一次教訓，也使我深刻認識到

「放量突破確認行情」的重要性。沒有這個，憑著想像貿然出擊是非常危險的，特別是平臺前面是一波大跌浪的情況下更是如此。即使當時的股價已經跌得很低，初現投資價值，但是，當時也流行一句話：地板之下還有十八層地獄，再往下還有……

再一次鄭重強調，無論是上漲中繼平臺還是下跌中繼平臺，在沒有放量衝破通道上軌確認行情之前，絕不能冒險抄底做多！

✎本章結語：

這一章的圖片很多，必須靠強記，把這些分析圖全部記在腦海中，能否運用得好就看你的記憶力了。運用的時候關鍵在於套用，你能否將這些理論套用到實際的行情中，一斑窺全豹，在築頂或者築底進行到一定程度的時候是否能提前作出判斷將決定你能否逃頂或者抄底？很多人因為沒有系統地學習這些理論，所以常常錯過行情，主升浪展開很長一段時間都不敢追擊，或者大跌浪來臨的時候卻不懂逃跑，學習好這一章，至少可以讓你避免犯這樣的錯誤。

第四章 K線趨勢分析

這一章的內容主要講關於趨勢的一些理念，實質上是關於一些通道形態的劃分定義。這些通道對於我們研判大勢有很重要的意義。這部分的內容屬於波浪理論所不能解決的範疇，再高明的波浪劃分者也很難對通道中的波浪進行精確標注，因為這些都是屬於碎波浪帶，只有跳出波浪理論的範疇，以凌駕波浪理論的眼界來看待碎波浪帶，你才能很好地去把握它、戰勝它。

下面要講的這些波浪通道，既發生在頂部，也有的出現在底部，當然，更多時候是發生在中間的中繼平臺上。掌握了這部分內容，可以使你避免在碎波浪帶消磨掉激情，浪費大量的時間，這是這一章內容存在的最大意義。要知道，機會成本是非常重要的，時間寶貴，一輪牛市下來決定你的收益的兩大因素之一就是時間（另一個要素是單筆獲利幅度），有的通道甚至能給你磨上長達一年的時間，漲幅為0，或者20%，這在牛市中是最可怕的局面。同時，在築頂和築底的過程中，很多時候不是幾頂或者幾底，而是一種通道形態，所以，對於這些通道末端破位時的形態研究就顯得很重要，它可以使你規避風險，或者把握機會。

第一節　三角通道

三角通道是最常見的一種通道形態，有擴展式三角通道和收縮式三角通道，也有對稱三角通道和直角三角通道，下面作分類講述。

1.收縮直角三角通道1（頂部下行）

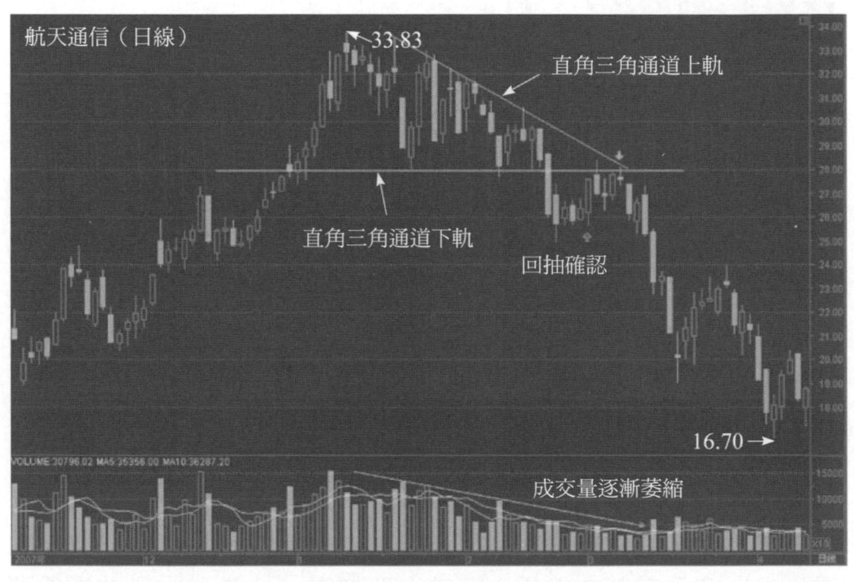

圖3—4—1

圖3—4—1為600677航太通信2008年上半年行情的日K線。

大家可以從圖中清楚地看到，三角通道上軌是一條向下傾斜的直線，雜碎的小波浪頂構成一條直線，而下面是一條水平直線，由小波浪底連線構成，一邊水平直線，另一邊傾斜直線，這樣就構成直角三角通道。隨著時間的推移，它重心逐漸下壓，很顯然，這是一種頂部通道。跌破通道的時候並沒有明顯的放量動作，隨後又出現回抽，然後再拉開一波下跌浪。

這是我的一個重要的失敗案例，當時我剛出掉唐鋼，見它市盈率挺低，並且誤以為這是一個上漲中繼的通道，在下軌線附近買入。開始還小賺，後來跌破通道的時候由於我的多頭心理作用，我告訴自己這也許是一次誘空動作，隨後它並沒有快速下跌，而是進行一次反抽，我一度以為我的判斷是正確的。但是，過幾天便開始強勁地下跌，這時候，我徹底地認錯了，但是，慘重的損失已經造成，短短的幾天就跌掉兩年的工資。可想而知，我當時是多麼懊悔！反彈還沒有出現的時候我便硬著頭皮斬倉出局，一次慘痛的教訓就這樣永遠銘記在心。其實我並非看不出來頂部的三角通道形態，而是心理作用，我不願意去相信這一點判斷，有點掩耳盜鈴的意思。任何時候跌破通道都不會是誘空動作，而是真空動作，破位預示著將有強勁的下跌浪出現，這點毫無疑問。為了使自己永遠謹記這次失敗的教訓，我懲罰自己一頓晚餐，晚上餓得半死，什麼事情都不做，就是死死盯著這張圖，永遠記在心底，所以儘管兩年過去了，這次經歷我恍若昨天一樣歷歷在目！

前面講到的圖3—1—5中的中國平安的那個下跌平臺三角通道與航太通信同理，都是屬於同一種類型的直角三角通道，唯一不同的是航太通信是築頂部，而中國平安是築中繼平臺，所以這裏關於中繼平臺的直角三角通道就無須再單獨舉例講述了。

2.收縮直角三角通道2（頂部下行）

圖3—4—2為000016深康佳2009—2010年的行情日K線。

這是和航太通信不一樣的直角三角通道，重要是區別就是水平直線是在上面，而斜線在下面，同樣是屬於收縮的三角通道，也是頂部通道。在通道的末段有一次放量上衝的行情，但是第2天卻收了根十字小陽線，放量很明顯，但是沒有大陽線突破通道。前面說過，放量是兩個條件之一，另一個條件是大陽線突破通道上軌（或頸線），衝高回落，意味著空頭壓力太強，而多頭

圖3—4—2

進攻無果，唯一的出路就是出貨，反手做空。所以接下來的交易日中是緩慢下行，最後快速跌破通道，加速下跌，並且沒有任何回抽動作，而是直接跌下去。所以，這裏有一個要點，就是一旦跌破通道，無論如何立刻出局，不要等待任何回抽或者反彈，可能你要等，已經跌慘了，越早出局越好。

通常來說，三角通道第一波會預示著最終破位的方向，以上第一波都是下跌的，所以預示著最終是破位下行的行情，很多時候是這樣的一種狀況。當出現兩個波浪頂和底的時候，就可以進行連線，如果後面的浪頂和浪底都低於前面兩個對應的點，則收縮三角通道基本確立，相反則為擴展三角通道。

直角三角通道還有一種是底部上行的形態，前面講海通證券案例（圖3—1—6）的時候就已經將通道的圖畫出來，大家可以往前翻看，這裏就不必再重複。

3.收縮直角三角通道（中繼平臺上行）

前面提到中國平安的中繼平臺直角三角通道，那麼在上漲的過程中，也會經常出現三角通道（直角和對稱都有），這些通道會耗費大量的時間，如果你不明就裏一直在裏面耗，也許等你熬不住出掉的時候，突破大漲的行情就出現了。很多時候我都會聽到有人抱怨說拿著大半年不漲，一出掉就大漲，懊悔不已，吃這種虧，實際是對K線的趨勢沒有系統的認識，看完我的講解，相信你不會犯同樣的錯誤。

案例1（見圖3—4—3）

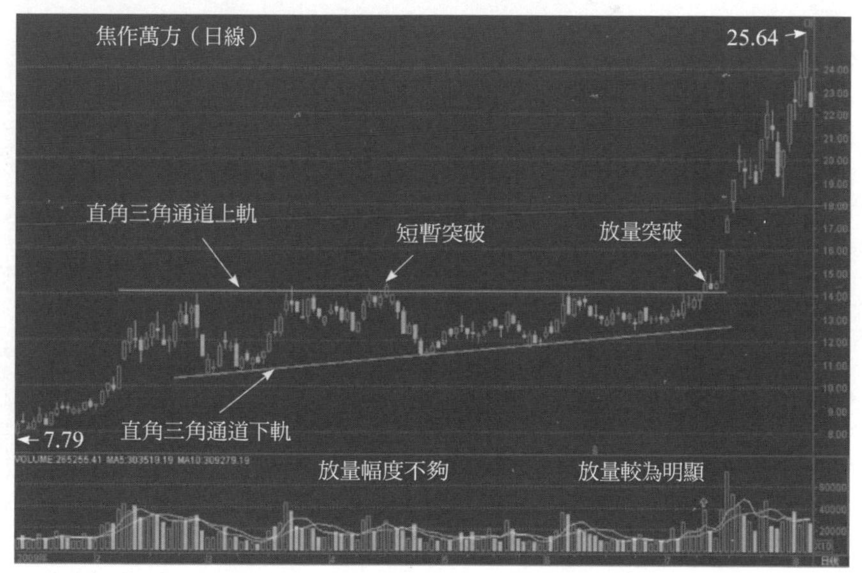

圖3—4—3

這是000612焦作萬方2009年1月到8月的行情日K線。

大家可以看到，從2月中旬開始，它便進入直角三角通道裏面，展開碎波浪震盪的行情，一直到7月份，長達5個月的時間，漲幅幾乎為零。這段時間，大盤的漲幅相當可觀，買別的股票，也許早就賺翻倍了，這就是機會成本的代價！

行情到最後發動的時候是很快速的一段上漲，突破的時候出現明顯的放量，並且以陽線站上通道上軌上方。出現這樣的行情，第二天直接追進就可以了，沒有封漲停的大陽線突破，完全有可能出現回抽動作，但是漲停的這一類通常沒有回抽，因為主力機構已經耗費太多的時間，用不著再回抽，直接封漲停板突破，表明了做多的決心，從突破到高點，很短的時間裏它就翻了倍。這裏突破時沒有漲停，所以稍微橫盤兩天之後再以漲停板上衝。

可想而知，如果在突破前出掉，那將是多大的遺憾，浪費掉大半年的時間，沒賺到錢，還眼睜睜地看著出掉的股票立刻絕塵而去，我看任何人在這樣的情況下，想死的心都有了。

實際上，在3月份走出第二個浪頂和前面一個小W底的情況下就可以畫出三角通道的上下兩根趨勢線，完全可以採取迴避的辦法，這樣可以節省後面4個月的時間，這4個月找別的股票做，我想無論如何都比這支強，除非你進的股票依然是這種碎波浪通道，那我沒話說。做別的股票時可以一直關注著焦作萬方這類的通道走勢，等它放量突破通道的時候，出掉別的股票，換到它上面來，果斷追高，豐厚的利潤唾手可得，這就是熟悉K線趨勢的好處。

由於平臺中繼性的直角三角通道出現的機率較高，所以我用2個案例進行講述，以加深大家的印象。

案例2（見圖3—4—4）

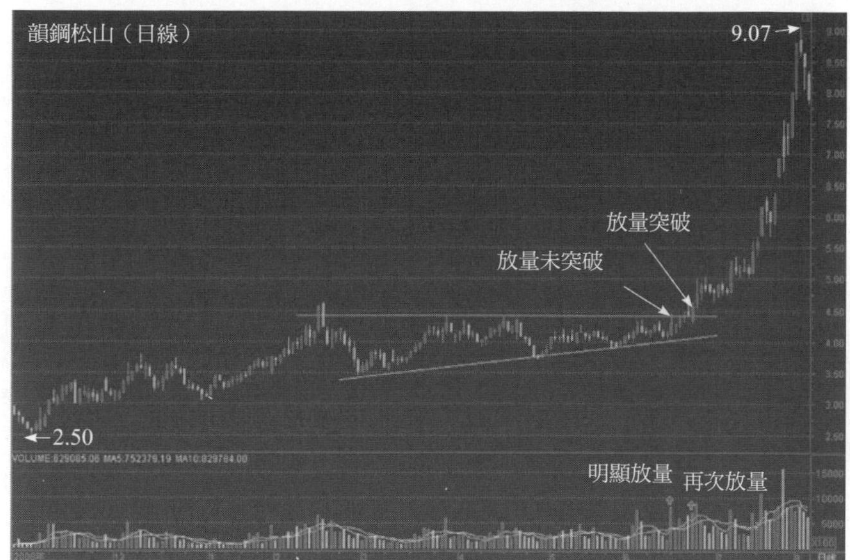

圖3—4—4

前面在「K線弧度理論」中講到一個韶鋼松山（圖3—3—5）的案例，用外拱弧和內拱弧過渡區的切換W波浪形態，要想精準把握買點還是相當困難的，最多能把握住一個大概，並且需要冒一定的風險，一旦那個位置築成一個頂部形態，那無疑是災難性的。而現在用通道形態來進行研判，勝算的機率就大得多。

大家從圖3—4—4中可以看到，在經歷一段上漲行情之後，韶鋼松山便進入一段長達4個月的直角三角通道區，上面有無數碎波浪，根本無法以波浪理論進行劃分。但是很明顯，它的重心在震盪中逐漸上移，底部趨勢線逐漸靠近三角通道上軌。在三角通道的末端出現一次放量但未能成功突破的行情，但是在幾個交易日之後便再一次進攻，並且成功放量突破三角通道，後面出現一段橫盤震盪行情，這原本應該是屬於小幅度下跌的回抽確認行情。有時候回抽不那麼明顯，而是以橫盤震盪代替。不管怎麼說，這個位置都是絕佳的買點，勝算機率非常大。到了這裏，基本上可以預示到將會有一波很強勁的上漲浪展開。配合K線弧度理論來研判的話，效果尤其出色。

四個月的橫盤漲幅幾乎為零，而後面一個月的拉盤，漲幅幾乎是100%。由此可見，在操盤的過程中節約機會成本的重要性，為了達到這一點，你最好能記住這些通道的形態，特別是突破時的切入點把握尤其重要！

4.收縮對稱三角通道（底部上行）

對稱三角通道與直角三角通道有一點差別，就是上下兩根軌線一根向上一根向下，呈對稱或者近似對稱狀態，而直角三角通道其中一根為水平狀態。

圖3—4—5是601179中國西電2010年上市初期的行情60分鐘K線圖。

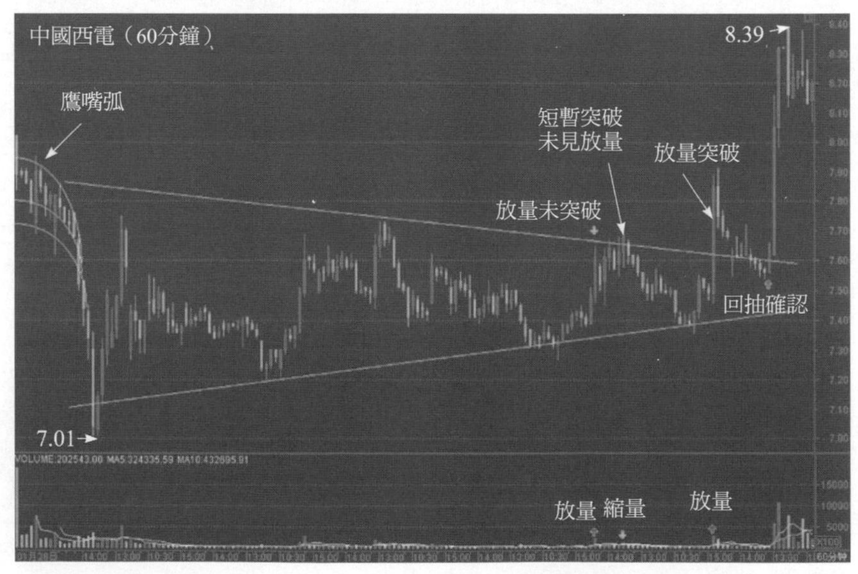

圖3—4—5

由於我暫時沒有找到日K線的底部對稱三角形案例，所以這裏用60分鐘K線週期來作講解，日線一旦出現和這個相差無幾。實際上把這個週期放大到日線也是可以看出來對稱三角通道的，但是用60分鐘週期K線就可以很清楚地看出後面的突破和回抽確認動作。

對稱三角通道兩根線一定是一根向上一根向下，這點大家要細心分辨。我特別強調這個是為了和後面要講到的楔型通道進行區分。上面我用↓箭頭標出一個小浪頂，那個地方雖然放量，但是沒有突破三角通道上軌，而後面是短暫突破，卻沒有明顯放量，所以突破沒有成功，最後還是被打一波回來，然後再一次蓄勢上衝。後面出現放量大陽線突破，接著是一波回抽確認的行情，然後再展開一波強度更大的上漲波浪。這地方我用↑箭頭進行標示。最左邊剛好是一個鷹嘴弧，這個名詞這裏不多說，後面的《K線弧度理論》戰術篇中會講到，留個伏筆吧。

頂部下行的對稱三角通道參見前面關於上實發展（圖3—3—21）的案例，其中的第二大頂就是屬於這種形態，那張圖中已經畫出來一個對稱的三角通道，這裏不必多說。

5.收縮對稱三角通道（中繼平臺上行）

見圖3—4—6。

此為000153豐原藥業2009年上半年行情日K線圖。

這是一條收縮的對稱三角通道，屬於上漲中繼平臺，前後都是完整的上漲波浪。通道的末端同樣是出現放量大漲突破通道的行情，而這次是沒有回抽確認的。前面說過，回抽確認並非每次都出現，後面連續兩個十字星，這時候完全可以買入。這種前後兩根大陽線，中間夾著兩個十字星就是很標準的一種組合之一，所以第二個十字星出現的時候完全可以出擊，而不必等待回抽確

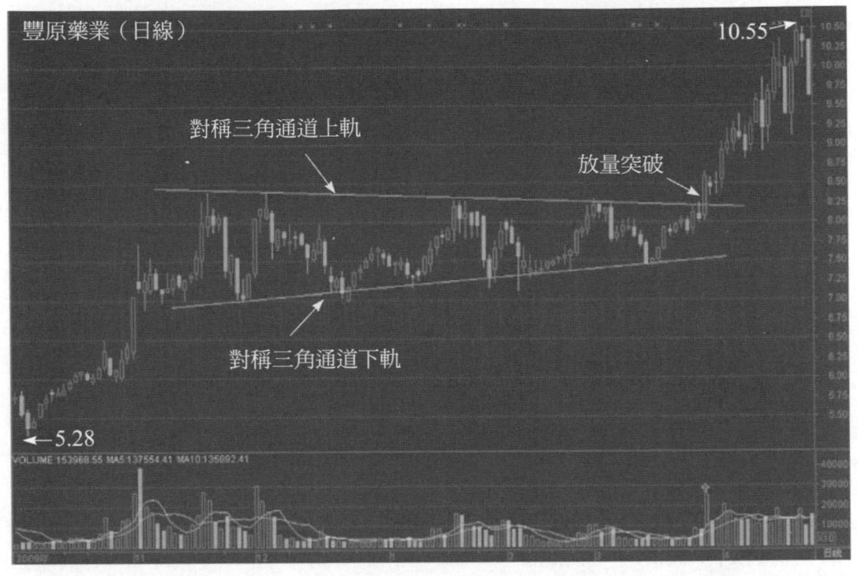

圖3—4—6

認時再出擊，為「莫須有」的回抽確認浪費機會很不划算。

6.擴展三角通道

由於直角的擴展三角通道非常罕見，我一時也找不到相關的案例，所以這裏按下不表，主要講解對稱三角通道（見圖3—4—7）。

擴展三角通道主要出現於頂部，其次是中間平臺，基本上擴展的三角通道沒有在底部出現過，最主要的原因是大底通常是一段大跌浪殺到終點，之後的浪底逐波上抬，這樣就使擴展的三角通道形態受到制約，無法形成。而築頂過程由於會出現長時間的滯漲，但是由於大勢向好，有可能會出現逐浪振幅加大的情況，這樣一來就形成一種擴展的三角通道形態。在下跌的大趨勢中有時候也會出現擴展的三角通道形態，原因是越往下跌，抄底資金越來越多，而多殺多的行情也會伴隨出現，多空雙方的力量逐漸增強，分歧加大，使得整個大勢中的波浪振幅逐漸加大，於是形成這種通道。

圖3—4—7為000058深賽格2007年上半年的行情日K線。

圖中可以看出，這是一條擴展形態的對稱三角通道，屬於上漲中繼的類型。由於遇到2007年的「5.30」行情，所以後面跌破通道下軌線，但是後面最終展開一波升浪，再創新高。擴展三角通道在頂部比較常見，即使能確認為中繼平臺，進去投機也是比較危險的，大多數時候你根本無法判斷那是不是中繼平臺，所以，一般出現擴展三角通道特別是這種對稱的三角通道最好先假定它是進入築頂階段，沒有必要冒著見大頂的風險去進行投機操作，一旦出錯，後果是十分嚴重的。

把握擴展三角通道是高難度的，因為你不確定什麼時候是末

圖3—4—7

端到了，通常需要等待上漲或者下跌破位的時候才能進行確認。如果你要把握其中的波浪，也許你在下軌買入，而它直接就給你來個破位下行，那你免不了要遇上一段大跌浪，損失絕對是慘重的。

7.鑽石頂

鑽石頂形態實際上是三角通道形態的集合體，整個頂部由一條擴展對稱三角通道和一條收縮對稱三角通道構成，兩者相吻於一起，便形成浪漫的鑽石頂！見圖3—4—8。

圖3—4—8是600072中船股份在2008年中的一段小趨勢頂部的築頂行情日K線。

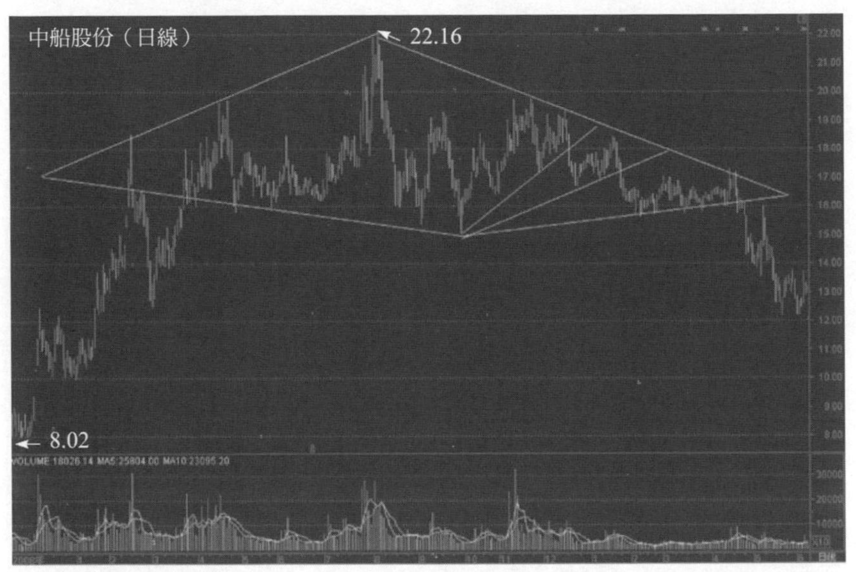

圖3—4—8

圖中可以清楚看到，左半邊是一條擴展對稱三角通道，然後最高最低點為吻合點，接著進入一條收縮的對稱三角通道中，後者又於其中走出一道更小的對稱三角通道，最後跌破鑽石頂還發生一次回抽確認的行情，然後再繼續往下跌。

圖3—4—9也是一個很標準的鑽石頂，主要是左右兩條對稱三角通道構成，一邊是擴展形態，另一邊是收縮形態，後半段又夾一個小鑽石形態。

通過以上兩個圖形，大概可以得出這麼一個結論，一旦出現擴展的三角通道形態，首先要有一個築大頂的想法，築頂行情一旦出現，並且出現一波較大的上漲浪的時候，尤其要注意可能會見到大頂的創紀錄高度，隨後是最大的一波殺跌，形成鑽石頂的波浪低點。接著出現一波次級反彈，強度低於前一波上漲浪，然後進入收縮的三角通道，這時候至少80%的可能是鑽石頂，在最末端跌破的時候，無論如何必須立刻出局，哪怕已經吃了大虧，也必須果斷認輸，不要等待任何反彈，更不要企望可能出現的回

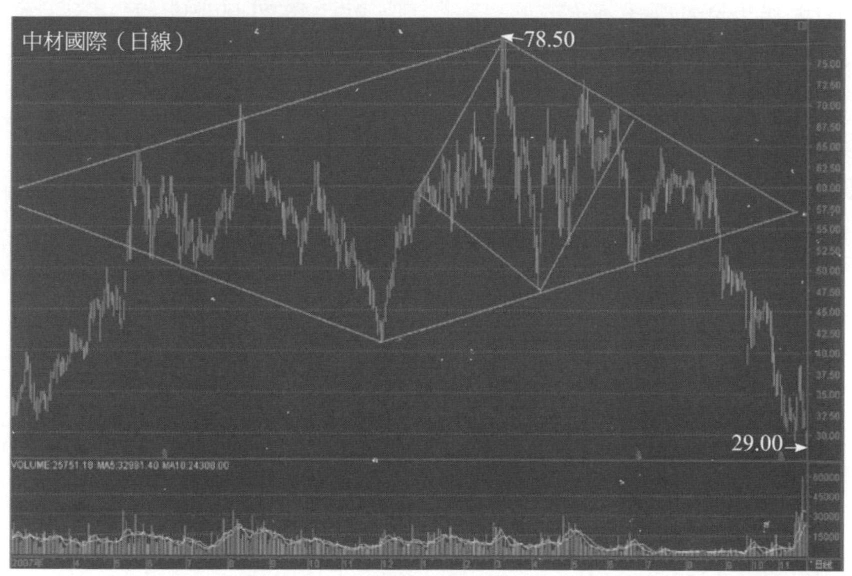

圖3—4—9

抽確認，不是每一次破位都有回抽的，果斷出局是唯一正確的選擇！

第二節　矩形通道

三角通道是一頭寬一頭窄，矩形通道則兩頭一樣寬。有的矩形通道是斜面的，而有的是平面的。總的來說，斜面的矩形通道比較常見一些，主要是大趨勢，而平面的矩形通道更多是在上漲或者下跌的中繼平臺，屬於小趨勢行情。

大趨勢矩形通道主要用於其中的波浪段投機，因為振幅比較大，每一波都有二三十點的利潤，甚至更多。在下軌線買入，上軌線賣出，操作簡單，勝算機率較高。在趨勢改變之前可以多次進出。而小趨勢矩形通道則可以用來作為後面一輪行情的判斷；如果是上漲中繼，則突破時買入；下跌中繼則迴避觀望。下面進行分列講解。

1.大趨勢矩形通道（上行）

案例1（見圖3—4—10）

這是600963岳陽紙業2009年上半年的行情日K線。

大家可以清楚地看到，這是一個斜面向上的矩形通道，在中間發生過短暫的頂部突破通道上軌線的行情，但不久後便打回來。突破的時候並沒有很明顯的增量動作，只是緩和放量而已。一波上升浪持續進攻到上軌的時候通常已經是強弩之末，不經歷任何調整不可能突破成功的。也就是說，真正的突破應該是在上軌之前橫盤一些天，或者小幅度回調一波。這道理就像打拳，你要使打出去的拳頭更有力，就必須先回縮，蓄備力量之後再度出擊，這一拳才能見效。所以這裏的突破只能是暫時的（2月中

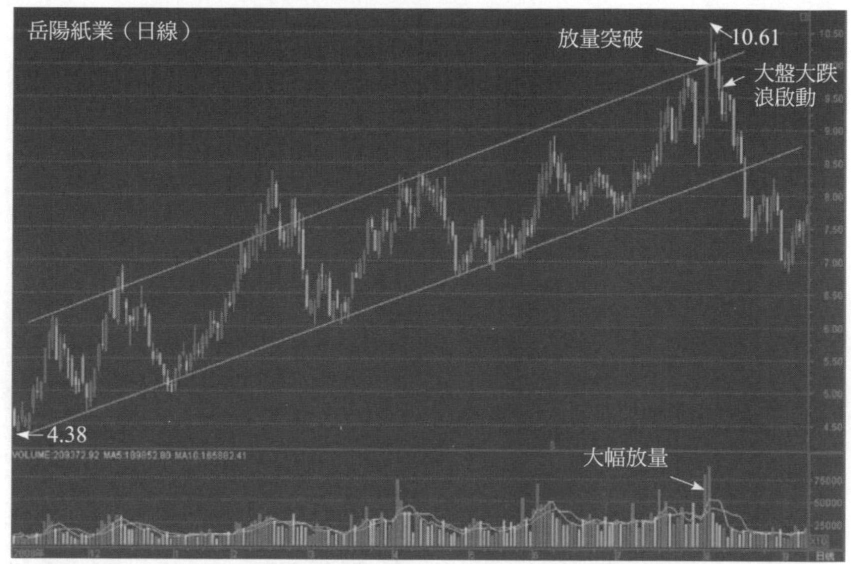

圖3—4—10

旬），很快便回檔，跌回通道下軌線，並且獲得支撐。前面的兩個波浪段頂點和底點連線延伸便可以基本確認矩形通道，所以往後的行情是很好把握的。特別要說的是最後的放量突破，這是一次有效突破，無論是放量程度還是K線的形態，都幾乎是完美的。突破前一波回調動作，突破時的漲停板，放量的幅度，這幾乎是毫無疑問的。但是，最遺憾的是時機不正確，這時候大盤一輪主升浪已經走完，並且見頂回落，個股要想對抗大勢是高難度的，在大盤強勁的下跌浪作用下，任何一支股票如果沒有大題材的支撐是無法走出獨立行情的，所以，我們看到它雖然強勢突破通道，最後卻被迫跌下來，並且一舉跌破通道下軌。這個案例再一次印證了很重要的一條規律——沒有明顯題材作用的個股不能對抗大勢，一定要順勢而為！

案例2（圖3—4—11）

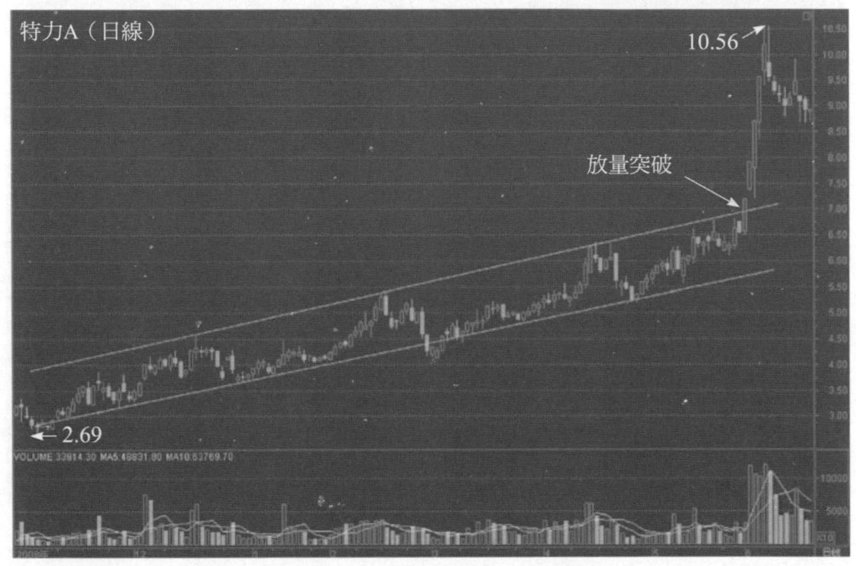

圖3—4—11

這是000025特力A在2009年上半年的行情日K線。

和上面岳陽紙業最大的區別就是後面放量突破成功了，它能成功突破就是因為時機比較好，大盤正在上行階段，沒有造成任何拋壓。上面可以清楚看到在突破前有幾天靠近上軌做蓄勢的準備動作，然後以漲停板一舉突破，這種漲停板的突破基本上沒有回抽確認，而是直接進攻。

2.大趨勢矩形通道（下行）

在下行的矩形通道中通常也蘊涵著機會，下面我要講的就是我的一次成功的實戰案例，老朋友——萬科A（見圖3—4—12）。

這是000002萬科A在2008年上半年的行情日K線。

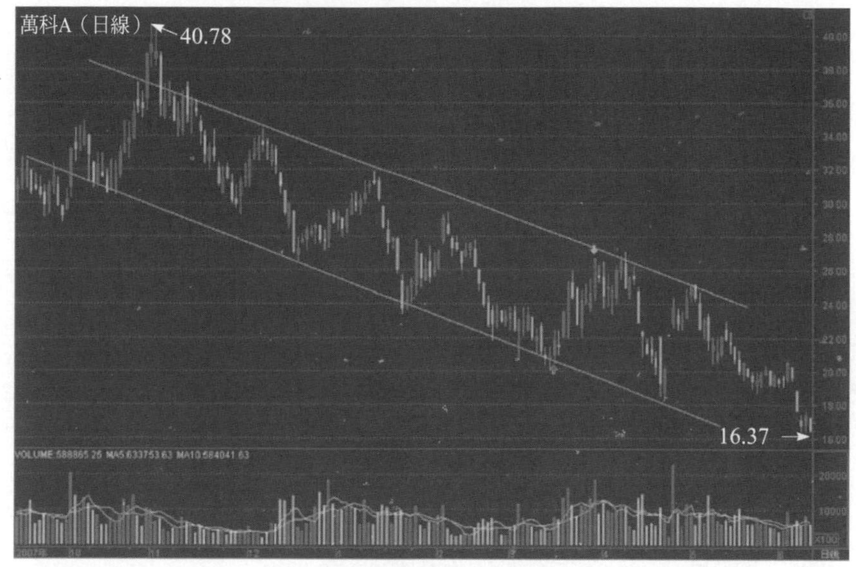

圖3—4—12

這是一條下行趨勢的矩形通道，前面的波浪走得不夠標準，中間兩波奠定了基礎，於是我對通道作出修正，準確畫出來，然後便開始關注著它。我之所以一開始能想到它可能出現矩形通道，就是因為前面兩波的上漲和下跌都比較強勢，特別是反彈浪，在下行的過程中，出現這麼大幅度的反彈浪並不多，而這是構成矩形通道的必備條件。

上面我標出兩個箭頭，↑代表我買入點，↓代表我賣出點，把握得還算精準。3月17號我忍痛割掉航太通信，大虧一筆，十分不甘心。當我看到萬科跌到矩形通道下軌的時候，我一下就來精神了，並且不多作猶豫便大力出擊，而我買的價位也是相當低，不到21塊。買了之後便迎來一段反彈浪，而這個時候的航太通信也很快展開一小波反彈，但是比起萬科來，那遜色得多。↓

箭頭所指的那一天是大漲行情，臨近收盤的十幾分鐘衝到8個多點，我感覺離通道上軌太近了，可能會有很強大的拋壓，所以趕緊出局。事實證明，我的選擇是正確的。如果我貪心，第二天就得挨上一跌，接著是一小波回調，按照技術面的走勢，我是絕對不敢撐到後面那3天反彈的，我會想到它將持續下跌，再創新低，並且平倉出局，也許我一出手就迎來那3天的反彈，那可就揪心了！這是一個小雙頂，然後接著一波大跌浪創新低，跌到4月24日迎來降印花稅的大反彈行情，但是這一次我沒趕上。

這一波反彈的黃金比率是0.382，漲幅是比較大的，我賺了30%多一點，但是這筆利潤彌補不了航太通信的損失，並且後面在別的藍籌股上又虧掉。可見，在中國市場根本沒有價值投資這回事，熊市裏藍籌股跌起來比垃圾股還要兇猛。

3.平臺矩形通道（上行中繼）

上面講平臺形態的那一節只是講述簡單的W形和M形兩種，涉及通道的部分沒有講到，而上一節中講到三角通道平臺，現在講的是矩形通道平臺。平臺的矩形通道人們常常用箱體來稱呼它，因為它看起來的確像一個箱子的形狀。下面用的依然是實戰案例，老朋友——南方航空（見圖3—4—13）。

這是600029南方航空2007年中的一段大漲行情日K線。

用均線理論可以精確把握切入點，用趨勢理論同樣也可以。在上行的任何一種通道，切入點都是放量突破的時候。上面我標出兩個矩形通道。第一次出擊我以↑箭頭標出來，是漲停的第二天，基本上突破已經確認，而均線也多頭發散，加上大盤指數正是主升浪中，這樣的行情出擊獲勝的機率幾乎是100%，毫無懸念的。我在第二個矩形通道開始之前便了結出局，我利用它築平臺的時間去做別的股票，賺了點錢，然後等它再次突破的時候我又

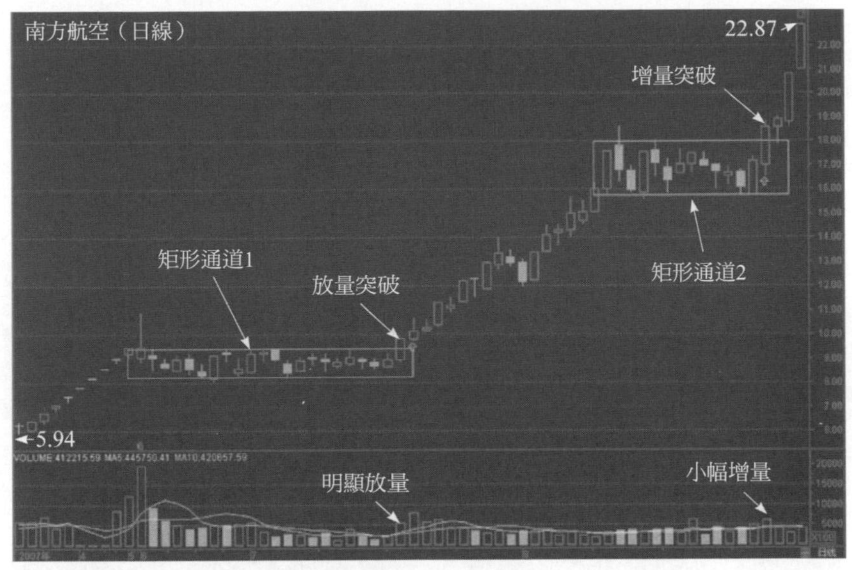

圖3—4—13

一次出擊，並且在30元大關之前出掉。然後到2008年中才再一次出擊，遺憾的是，後面把前面賺來的錢虧掉大部分，這是我投機藍籌股所得到的教訓，熊市裏投機藍籌股太容易虧損了，而且很大！

上行中繼平臺的矩形通道是窄幅震盪行情，任你是換手的高手也賺不到什麼便宜，因為振幅實在太小，基本沒有可為之機；要吃大虧倒也不至於，就是損失機會成本，浪費掉牛市的時間。所以，這一類通道在突破前最好是觀望，或者去做別的股票，等到它放量突破的時候再追擊，完全沒必要在通道裏面浪費激情。要判斷這種通道後面一波是上漲還是下跌也是很容易的。通常來說前面一波上漲，後面也是一波上漲，像一個變形的N字波浪形態，我還沒見過矩形頂，特別是這種窄幅矩形的頂部，翻遍

1,800支股票的歷史K線都沒有出現過，所以基本可以斷定，這種通道只會出現於上漲或者下跌的中平臺，判斷後一波則用前一波作為參考，用起來十分簡單。

在2007年那一輪大牛市裏面有很多股票在上漲過程中都出現這樣的矩形通道，像我前面講過的中國船舶就出現過好多級平臺；上海醫藥2006年也出現過2級時間很長的矩形平臺，都是上漲中繼，此類的平臺不勝枚舉。大家有興趣的話可以到處翻看，那真是隨處可見。

4.平臺矩形通道（下行中繼）

和上面的相反，現在要講的是下行中繼的矩形通道平臺形態（見圖3—4—14）。

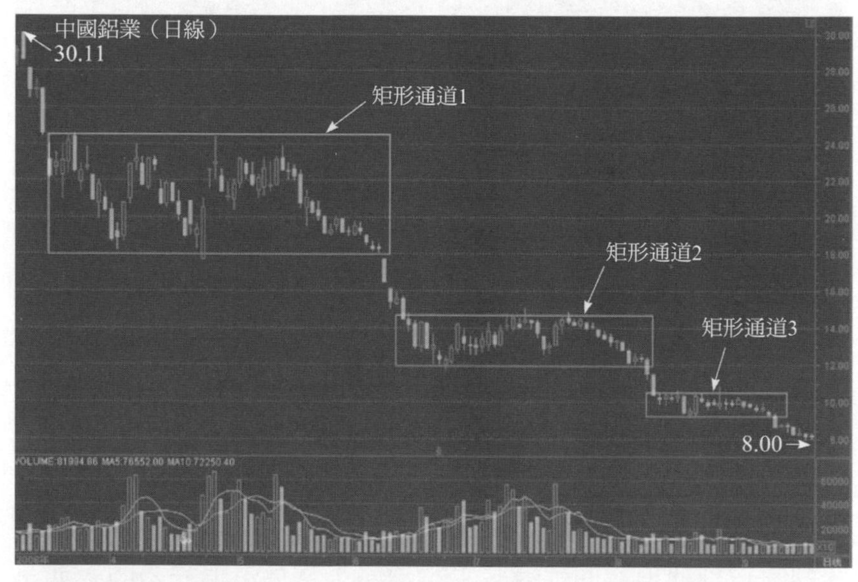

圖3—4—14

這是601600中國鋁業2008年熊市行情日K線圖。

上面有三個箱體，階梯式下行，每一個矩形通道都是下跌中繼平臺，並且隨著股價的下降，成交量逐步萎縮，振幅也越來越小。下行的通道不像上行，不需要放量大跌來確認，只需要以陰線跌破通道下軌就可以確認了。大家必須注意一點，在下跌之前通常會有幾天的橫盤，而前面是一波下跌浪，這裏會使很多人誤以為獲得支撐，然後展開一波反彈，當你追進去的時候，悲劇就發生了！

這是拳頭打出去之前的蓄備能量之舉，和上漲過程一樣，只有蓄備可能量的拳頭打出去才有力。如果從另一個角度進行理解也是可以的，作為主力操盤手，在上漲平臺要突破之前，橫盤震盪或者小幅度回調會使大部分散戶誤以為要展開一波下跌浪，於是紛紛出局，而這時候突然掉頭衝破通道上軌可以使很多人丟失籌碼，然後很後悔，再高位追回來，變成抬轎。而下跌過程呢，這地方橫盤會使很多散戶以為要展開一波反彈了，趕緊搶進做多一把，而操盤手將在橫盤中將部分籌碼交給散戶，然後再大打出手，一舉跌破通道下軌，經常會伴隨著跌停板出現，散戶一下子就套牢，並且造成重大虧損，後面再割肉出局的話損失已經鑄成。

別看上面兩級臺階之間很短，如果從上一級通道的上軌線到下一級通道的下軌線，整整一波行情一下子就跌掉50%了，至少也是30%有餘，這可不是小數目！

前面講底部形態的時候的中國銀行（圖3—3—13）案例看起來有點像矩形通道。實際那應該歸類為平底，因為它沒有出現明顯的波浪，就算是中繼平臺的矩形通道，它也應該能區分出很碎的波浪形態，而不是天天平盤震盪，幾乎走成一條比較粗的直線狀態。

必須注意一點，下跌過程的中繼平臺矩形通道最好不要參與，哪怕是其中的小波浪反彈都不要去搶，只有像萬科那樣的大趨勢矩形通道才值得搶一次或者兩次。事不過三的原則一定要記住，千萬不能連續搶三次，兩次獲得成功之後一定要收手！

第三節　楔形通道

楔行通道介於三角通道和矩形通道兩者之間，前面講過，直角三角通道為一邊平軌一邊斜軌，而對稱三角通道為兩邊相對或者相背而行的斜軌，矩形通道的兩根軌線為平行狀態，而楔形通道的兩根軌是什麼樣呢？無論是上行楔形通道還是下行楔形通道，兩根軌都是同向的，並且通道呈三角通道形態。從趨勢劃分，楔形通道分上行，下行和中繼三種；從形態劃分，楔形通道分收縮和擴展兩種。

靠文字的描述可能不太好理解，所以下面繼續以案例進行講解。

1.底部楔形通道（收縮，上行）

圖3—4—15是000002萬科A2008年築底和2009年上半年的行情日K線。

整段楔形通道呈逐漸上升的狀態，每一個波浪的底部和頂部都在逐漸抬高，重心不斷上移，兩根軌線都是斜線，均向上延伸，這是屬於收縮的類型。

當它放量突破的時候，我就開始做出擊的準備。前面講底部形態的時候多次說到回抽確認的動作，這裏是最保險的買點。而我當時也有足夠的耐心，等到回抽確認的時候出擊。很顯然，我很快就賺到一些錢。那時候我一邊出擊海通證券（圖3—1—

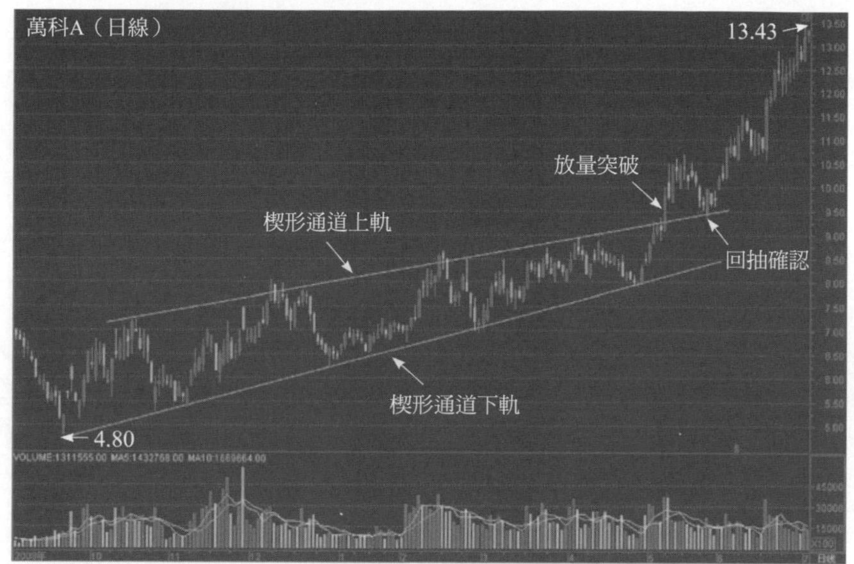

圖3—4—15

6），一邊出擊萬科。海通證券是直角三角通道，萬科是楔形通道，兩筆操作都成功了。萬科我只賺了第一波，然後就出掉，後面漲更大的一波我沒有享受到。造成這個原因是在基本面上我並不看好地產股，我一向對房地產有一種偏見，總覺得拿房子來炒作拉動經濟是一件十分荒唐的事情。如果糧食也拿來炒，那恐怕要餓死一大批人，房子和糧食一樣，都是國民的必需商品，這是不能用來投機賺錢的。出於對基本面的偏見，在進行技術性投機的時候，我只證明自己是正確的便收手了，所以後面的大漲跟我無關。

2.頂部楔形通道（收縮，上行）

圖3—4—16為000043中航地產2009年小牛市行情的周K線圖。

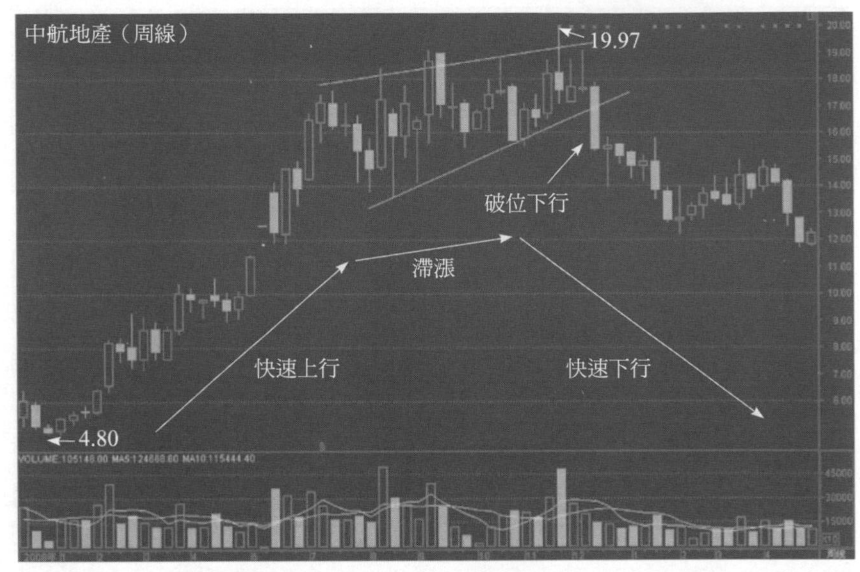

圖3—4—16

中間築頂行情用日線來看太長了點，所以我改用周K線，更能一目了然。大家可以看到這是一個收縮上行的楔形通道，一開始振幅還是比較大的，然後逐漸縮小，籌碼被壓縮到一個很小的區域內作窄幅震盪運動。造成這樣的圖形，主要是和成交量有關。由於莊家出貨，造成籌碼越來越多進入散戶手中，而散戶的交易熱情是無計畫也不統一的（誰也不會有事沒事整天賣出又買回，而且不會出現集中性的買賣，而是零散分布的狀態）。隨著振幅的縮小，大家的熱情逐漸減退，於是籌碼越來越穩定，成交量也越來越小。雖然伴隨著大勢向上，但是由於沒有主力操盤手進行對沖拉盤，所以漲速很慢，這樣的通道就叫滯漲區。一旦出現滯漲的通道區域，一旦大勢有變，這種股票將會率先應聲大跌，並且成為領跌股。

楔形通道的末端有一次放量衝刺通道上軌的動作，但是無功而返，最後以長上影的陰線報收。這樣的行情最要命，會使很多散戶誤以為要突破通道，展開新一輪的上漲行情，而真實的情況是——這是一次誘多動作。後面大陰線破位下跌的時候不但沒有放量，反而縮量，可見根本沒有任何買盤作支撐，下跌完全沒有抵抗，只有散戶集中的股票才會有這樣的反應。大多數散戶不會選擇在破位的時候割肉出局，而是習慣性地等待反彈，所以中國的股票每一次破位下行都沒有伴隨著放量，只有突破通道上漲時才有大幅度放量出現。

3.上漲中繼楔形通道（收縮，下行）

圖3—4—17為000061農產品2006—2007年行情日K線圖。

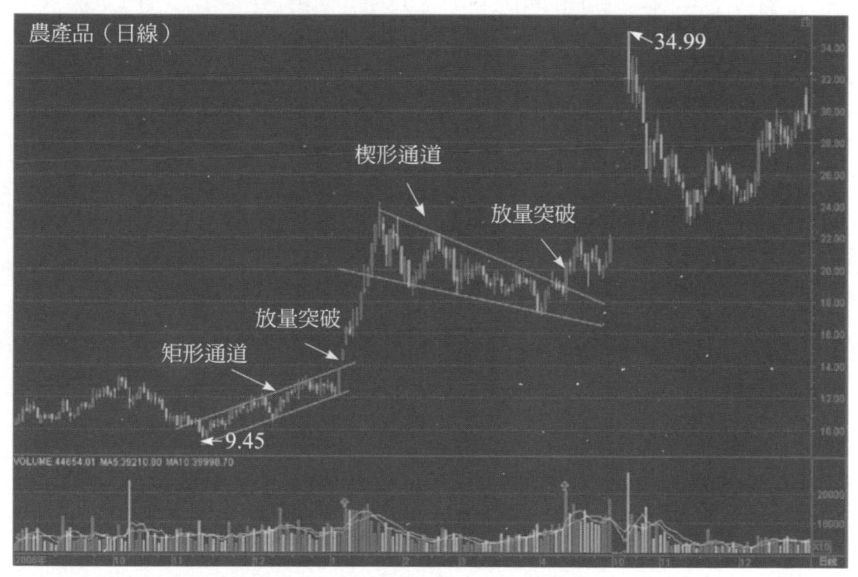

圖3—4—17

左邊是一條三小浪底的斜面矩形通道，放量突破之後是一輪強勁的上漲行情，接著出現一段下行的楔形通道。根據我的統計，上漲中繼的楔形通道至少90%是這樣的形態（收縮、下行），幾乎沒有擴展的形態出現。而上行的收縮楔形通道也很少是中繼平臺，而是頂部滯漲。就像上面中航地產的案例那樣。在楔形通道的末端出現放量突破的行情，接著是一波橫盤震盪，然後再展開強勁的一輪上漲行情，漲幅和前一輪相當這個過程就像一個N字，也可以理解為兩次出拳的動作。第二次出拳自然需要把拳頭縮回來，蓄備力量，然後再次出擊才能有力。在楔形通道的前半段是持續縮量，後半段緩和增量。楔形通道突破後的橫盤實際上替代了回抽確認，也可以視為回抽確認。主要原因是楔形通道上軌不斷往下移，不像其他三角通道或者矩形通道那樣維持在一個水平面上，如果要回抽確認的話，跌幅太大，甚至跌過了前面通道中的小浪頂，這是很糟糕的，弄不好就成了見頂形態。所以中繼性的楔形通道突破後是出現橫盤震盪的行情進行突破確認。而從突破到上漲行情展開之前的這一段任何一天任何一刻都是買點。只要前面是出現放量突破，如果沒有大盤指數的威脅，那麼全力出擊基本錯不了。

4.下跌中繼楔形通道（收縮、上行）

圖3—4—18為601299中國北車2010年上半年行情日K線圖。

左邊的通道是楔型通道，這是屬於下跌中繼的類型。和上面農產品的案例相反，這是向上的收縮通道，90%的下跌中繼楔形通道都是這個類型。擴展式的多數是屬於大趨勢，不是中繼平臺；而下行的收縮楔形通道也極少在下跌中繼中出現，而是上漲中繼。

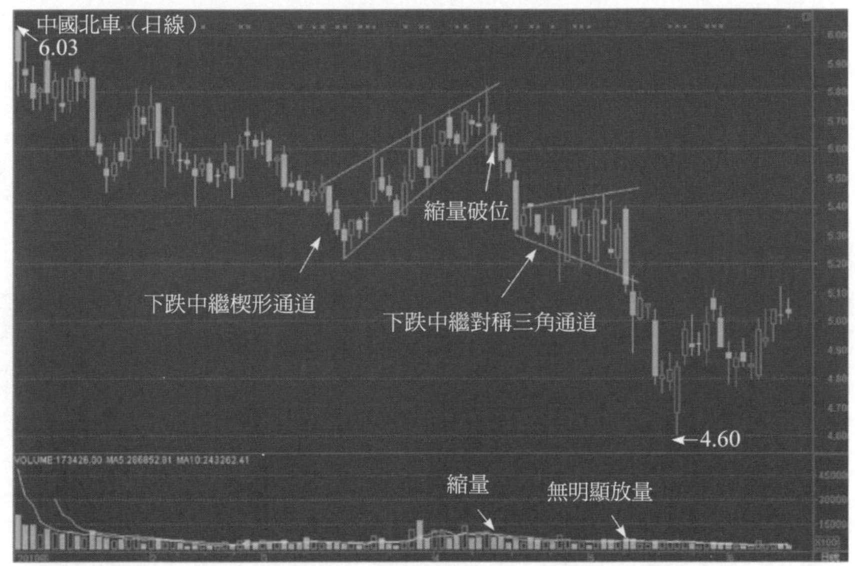

圖3—4—18

這種通道前面是一波大跌浪，然後這個通道屬於反彈浪，用時較長，而漲幅卻抵不過前一波下跌浪。兩波相比，後者漲速慢於前者跌速。這種楔形通道開始由於搶反彈的人較多，所以振幅會比較大。但隨著時間推移，搶反彈的熱情開始減退，並且出現獲利浮籌，手快的人開始套現利潤，而部分人會以為將出現反轉死拽籌碼不動。所以振幅越來越小，成交量不斷萎縮，即使末端破位下行也沒有出現增量的動作，而是縮量直接就破位下行了，多頭沒有任何抵抗。

楔形通道破位之後出現一個袖珍型的對稱三角通道，前面講過，擴展式的對稱三角通道只有頂部和中繼平臺出現過，從來沒有底部出現的情況。由於前面是一波下跌，所以毫無疑問這是下跌中繼的對稱三角通道。注意，這裏有時候會讓人混淆，把對稱三角通道看成擴展式楔形通道。它們的唯一區別就是對稱三角通道上下兩根軌線是向相反方向延伸，而楔形通道的兩根軌線是向著同一方向延伸。在這裏又一次講解到這個分辨的問題，希望能加深大家的印象。

中繼式的楔形通道90%就是以上兩種，所以其他類型的中繼楔形通道就不再多講。大家要強記這兩種通道，在牛市和熊市的中間常常會出現。中繼平臺比見頂或見底是有些差別的，這應該還是比較好分辨的。上漲中繼蘊涵著絕佳的機會，切入點為放量突破的時候，不必等待回抽確認便可以主動出擊，而下跌中繼式要注意後面將出現的大跌浪，規避風險尤其重要，破位時基本不出現放量，也沒什麼回抽動作，所以一旦遇到，必須果斷斬倉出局，切不可猶豫！無論上漲中繼還是下跌中繼，後一個波浪段的漲幅或者跌幅可參照通道前的那一個波浪段漲/跌幅，看起來整個過程的波浪形態：上漲為N字形，而下跌則為倒N字形。

5.頂部楔形通道（擴展，上行/下行）

圖3—4—19是000802北京旅遊2007—2008年的行情日K線。

上面有兩條通道，一條是築頂的擴展楔形通道，另一條是下跌趨勢的擴展楔形通道。

右邊通道中有一波很強勁的上漲浪，那是奧運題材股的爆炒行情，所以會有突破通道的行情發生，但是題材炒作完畢之後，它最終還回歸到通道中來。跌起來比漲上去要猛得多。凡是因為題材爆炒突破通道的行情都是短暫的，題材兌現之後將是強勁的下跌行情，通道始終有很強的引力作用，趨勢為王，這點大家要謹記！

由於北京旅遊這張圖出現兩種不同的擴展楔形通道，所以我

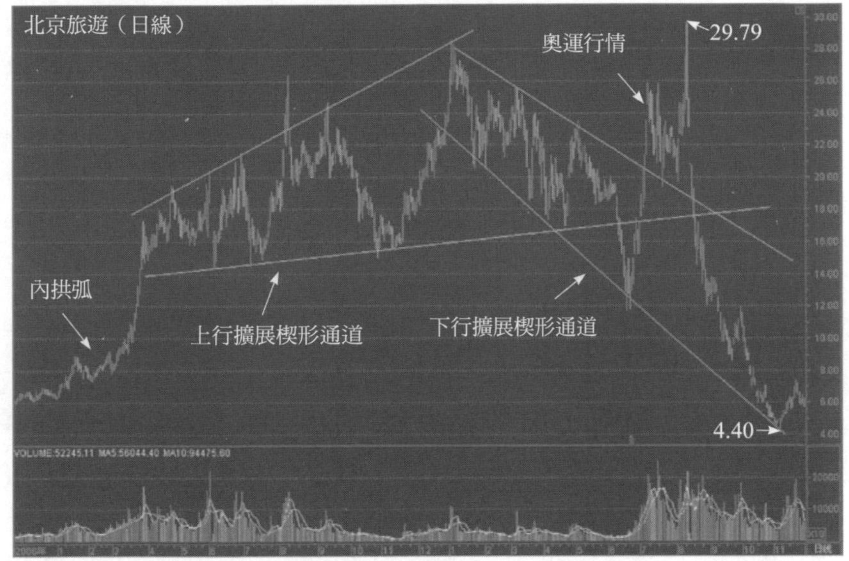

圖3—4—19

就一併講解了，而不再另找一個案例來單獨分解。

到這裏整個楔形通道的內容就基本講完了，其中最常用的是中繼式的楔形通道，特別是上漲中繼楔形通道，在實戰中用得比較多，所以大家要多留意，最好能自己去找一些案例，加強記憶。當實戰中出現雛形的時候就可以迅速作出預測，所謂熟能生巧就是這個道理。

第四節　「K線弧度理論」戰術篇（弧形通道）

弧形通道是對前面的「K線弧度理論」戰略篇進行補充論述，前面只講解了K線弧度的問題，主要是側重選股和大勢判斷，而弧形通道主要是講較小的K線趨勢，更側重交易中的實戰運用。「K線弧度理論」是戰略問題，而這一節是屬於戰術層面的問題，兩者配合使用的話更能發揮效用。任何一種分析方式都不能孤立對待，否則將大打折扣。

弧形通道按照「K線弧度理論」戰略篇進行劃分，可以分為內拱式弧形通道和外拱式弧形通道；按照上下軌延伸方式劃分，也可以劃分為擴展弧形通道、平行弧形通道和收縮弧形通道。下面按照不同的類型進行分解。

1.平行式內拱弧通道（底部上行）

圖3—4—20為000802北京旅遊2004—2007年行情日K線圖。

我們可以清楚地看到，在長達數年的大趨勢中，這是一條平行式內拱弧通道。2005年底到2007年初是一條矩形通道，我標注為1號矩形通道，突破的時候是一字漲停板的形式，然後出現

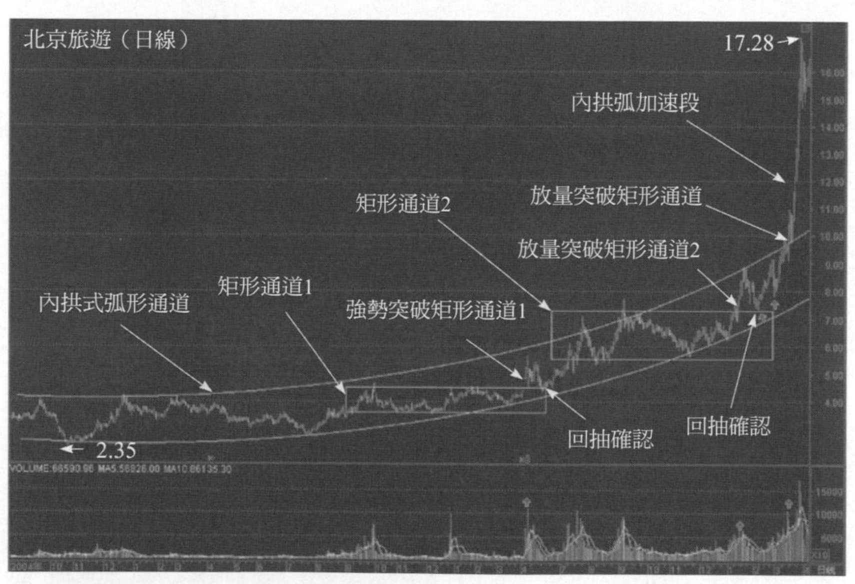

圖3—4—20

大幅度放量，我用↑箭頭作標示，接著是一小波回抽確認行情。回抽確認之後是一波大漲行情，到2006年底進入矩形通道2的區間，2007年初放量突破2號矩形通道，然後是一小波回抽確認行情，震盪上行中出現2個小浪底，在矩形通道上方展開一波W形波浪。大家可以看到，2號矩形通道中的波浪振幅要大於1號矩形通道，關於這種行情前面已經有所講述，這裏再提示以加深大家印象。後面突破弧形通道的時候伴隨著大幅度的放量，所以突破是有效的，並且出現內拱弧加速段。這是一波短時間翻倍的行情，內拱弧的加速段往往都是很強勁的，這一點在「K線弧度理論」戰略篇中就已經講到了。

這一整輪的行情有三個切入點，第一個切入點是突破1號矩形通道上軌之後的回抽動作。第二個切入點是突破2號矩形通道回抽點。注意，這裏出現回抽是必然的，原因是突破之後上方不遠處就是弧形通道的上軌，這裏會有很強的壓制作用，所以會打回來，進攻回抽2號矩形通道上軌的行情。這有點像跳躍均線的規則，一級一級往上跳。第三個買點也是最關鍵的一個買點，就是最後一個↑箭頭所標注的地方，再一次進攻弧形通道上軌被打一波回來，和前面回抽2號矩形通道行情形成斜面W波浪，第二底也就是最佳買點了。這一波的利潤最為豐厚，到了這裏，基本可以確定突破弧形通道成為必然的結果，所以可以提前買入。如果這裏沒把握住，那麼放量突破弧形通道上軌時也應該果斷追擊，但這個地方屬於補充的買點，好歹一波很短的時間內就有70%的利潤，十分誘人。

我當時等到北京旅遊突破15塊時才發現，當時我在一個QQ群中玩，有人在上面賺到了這一波的豐厚利潤，興高采烈地炫耀一番。我記得當時我是在上海醫藥上面做波浪段，自然沒有像北京旅遊漲得這麼猛，但是北京旅遊後面好多次機會我都把握住了，好歹也賺了它不少錢，特別是2008年奧運題材的爆炒行情。由於對它很熟悉，所以把握住了機會。操作好一支股票，熟悉它的脾性是最關鍵的，因為熟悉，所以很清楚每個階段它處於什麼趨勢中，這點非常重要，希望大家注意，我看到很多人喜歡三天兩頭換股票做，這是犯了兵家之大忌，不可不戒！

2.收縮式內拱弧通道（底部上行）

圖3—4—21為600565迪馬股份2007年上半年的行情日K線。

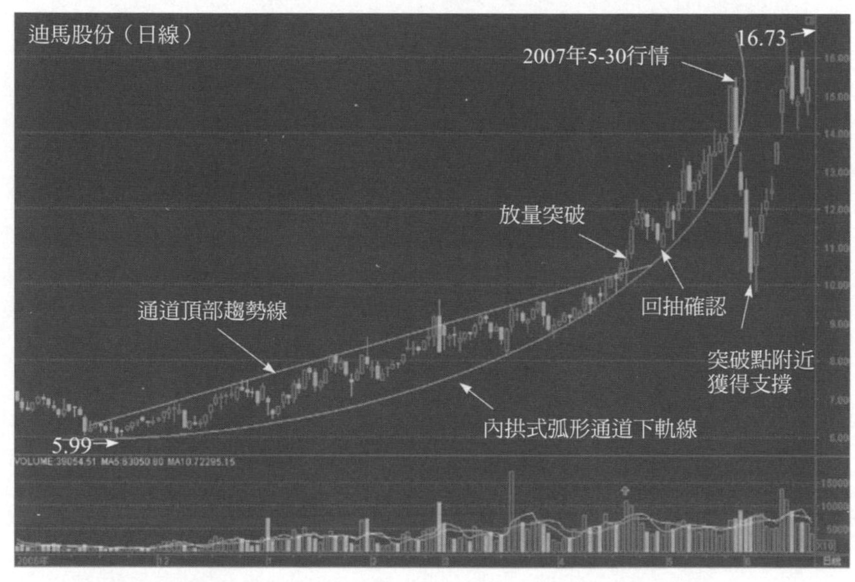

圖3—4—21

這是一個很有意思的弧形通道，上軌線是一根直線，下軌是一根弧線，通道開端和末端呈收縮狀態，中間振幅較大，看起來像一支角弓。如果把它放平就成了一個前面所講到的碟形底。

凡是上升的通道突破都伴隨著放量，這個也不例外，下面的↑箭頭對應上面一根十字小陽線，突破通道頂部趨勢線，凡是弧形通道突破的時候就應該果斷追擊，而不是等到回抽確認，因為回抽確認點會隨著下軌線一起被抬高，時間越往後，回抽確認點就越高，無論如何都會超過突破點，甚至不回抽直接拉開上漲加速段，如果你一直等待的話，肯定是要吃大虧的。

這支股票要加速的時候，正好遇到2007年的「5‧30」上提印花稅引起的暴跌行情，所以不可避免地被拖下水，雖然大跌4天，但也比其他三線股強一些，至少沒有連著4個跌停板，並且第5天反彈出現時一下就漲停，然後連續大漲再創新高。下跌浪的低點很靠近前面的突破點，這個位置是有支撐力的，就算大盤不發生強勁的反彈行情，它也應能獲得支撐。這一類型的股票的優勢很明顯，就是正在上漲中被大勢拖累的話，後面的反彈會一馬當先，恢復原來的上漲軌道。

這張圖主要是配合講解弧形通道，大家可以在軟體上往後看，再往後是一個收縮上行的楔形通道，和上面中航地產的那個案例是一致的，一波上漲之後是高位滯漲，然後是一段大跌浪。再往後是兩波很猛的上漲浪，對應現階段的中航地產（寫到此處日期是2010年6月15日）走勢，目前還是比較接近的，也許對中航地產的後市有一定的借鑒作用。

迪馬股份2007年上半年這段行情印證了兩句話，一句是前面說到的「趨勢為王」；另一句是「強者恆強」。它決心要上去的話，被大勢拖下來只是一時的，後面終究要上去，強者始終會領跑。

3.擴展式外拱弧通道（底部上行）

案例1（見圖3—4—22）

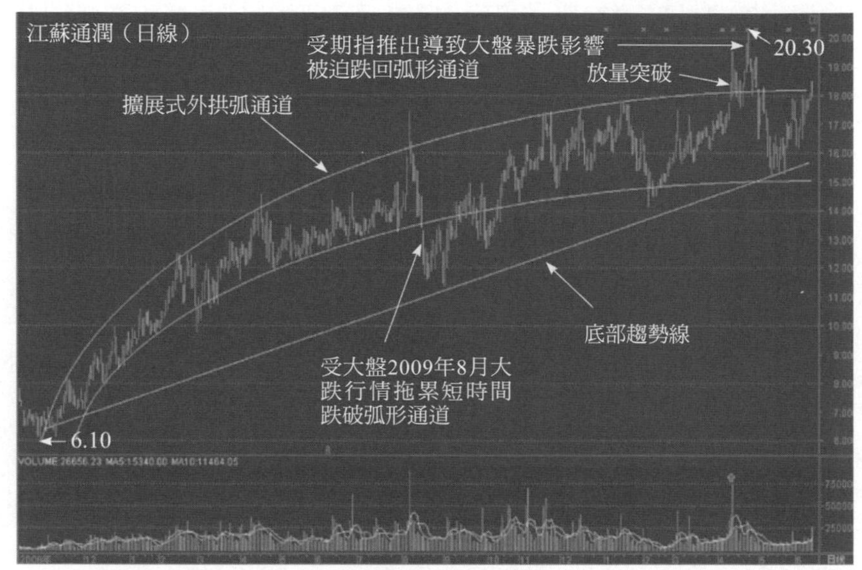

圖3—4—22

這是002150江蘇通潤2008年底到2010年中的行情日K線。

這是一條擴展式的外拱弧通道，截止到現在，外拱弧切換內拱弧的行情還沒有出現，我以它作案例實際上也是在作提前的預測，如果它後面不出現內拱弧加速段，那這是一次失敗的預測，如果出現了，我向大家展示一次預測的成果。在本書中，這是唯一的一個案例。

造成這種底部上行的外拱弧通道的原因主要是剛經歷過熊市，市場上的多頭資金比較謹慎，不敢快速跟進，而是隨著行情日漸好轉緩慢跟進，這樣就形成振幅和成交量逐漸放大的局面。由於多空常有分歧，行情在較長的時間裏緩慢推進，漲速較慢，所以便形成擴展式外拱弧。

中間有一次跌破弧形通道的行情，主要是因為2009年8月大盤主升浪結束，然後展開一波大跌行情，它受到拖累，但是不久後又重回弧形通道，走得比大盤強一些，大盤到現在離那時候的3,478點還遠著呢，截至2010年6月11日收盤還有900點的空間，而江蘇通潤已經完全收復失地。也就是說，這段時間以來，它已經跑贏大盤900點的空間，可見弧形通道的作用還是非常明顯的。

江蘇通潤整段行情走得有點坎坷，本來在2009年8月有一次放量突破通道的行情，結果不巧剛遇到大盤回調被帶回來，而2010年4月中旬也有一次放量突破通道的行情，結果又一次遇到大盤一輪大跌，再次被帶回來，兩次突破都沒遇到好時機，有些憋屈。「強者恆強」，它畢竟沒有像別的股票一樣大跌特跌，而是在通道的下軌獲得支撐，這裏還有一條底部趨勢線的支撐作用，兩條軌線共同支撐的作用力是非常大的，所以它在這輪行情中可以跌得比較少，維持著不破位的局面，而且反彈也算有力。由此看來，突破的時機就等待大盤的行情好轉了，一旦大勢好轉，加速段出現的機率是很高的，我已經作好出擊的準備，並且幾天前讓朋友進入，後面就等著驗證預測的成敗了。

我見過不少底部上來的外拱弧，無一例外地都出現外拱弧切換內拱弧加速段的行情，所以把握外拱弧通道是非常重要的。我還沒見過外拱弧連接下跌的收縮式內拱弧，假設這種形態出現，兩段弧形通道吻合起來就變成一個「愛心」的樣子，那肯定特別好玩，遺憾的是只有鑽石頂，沒有愛心頂。所以，這種底部上來的外拱弧基本不必擔心高位套牢的問題，不可能在這個位置見頂的。為了使我的理論更加具備說服力，下面我舉一個案例進行佐證。

案例2（見圖3—4—23）

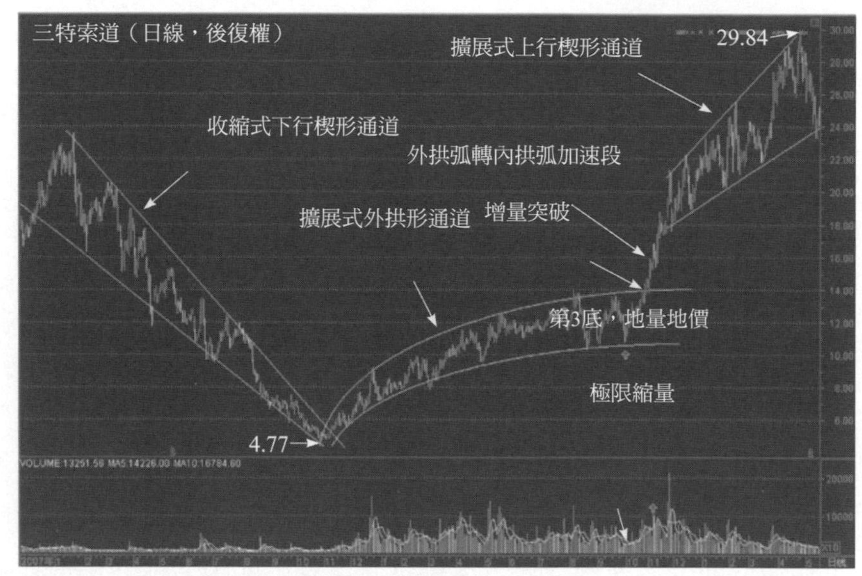

圖3—4—23

這是002159三特索道2008年到2010年中的行情日K線。

在「K線弧度理論」戰略篇中我曾講過三特索道的案例，這次綜合運用K線趨勢分析的方法進行分解。

大家可以看到，最左邊是一條收縮式的下行楔形通道，這是2008年熊市的行情段，這張圖是復權處理過的，所以楔形通道才能完整看出來。前面北京旅遊的那條下行楔形通道是擴展式的，這條是收縮式的，有點差別。通道的末端極度收縮，所以見底很堅決，直接是以小平底結束熊市，然後振幅逐漸加大，進入擴展式的外拱弧通道中。隨著成交量的逐漸加大，振幅也相應加大。它走得比江蘇通潤強一些，2009年8月的大跌行情雖然也將它拖下來，但是沒有跌破通道下軌，獲得支撐，並且在後來大盤的反彈中強勢上衝，外拱弧成功切換為內拱弧加速段，短時間內快速翻倍。突破之前依託通道下軌線走出三底形態，第三底的時候嚴重縮量，我在圖中作了標示。成交量有一個研判規則是「地量見低價」，在這裏，這一規則可以運用，運用的前提就是外拱弧通道不可能直接築頂，沒有這個前提，後面的結論就不成立，這點大家要注意。所以在這個地方，我在K線上畫上↑箭頭作標示，這裏就是絕佳買點，而不是等突破。這裏完全可以進場，勝算的機率是很大的，至少80%。另一個買點是不必冒太大風險的放量突破點，我在成交量指標上對應的地方畫上↑箭頭作標示。內拱弧很少直接見頂回落的，一般是要進入築頂階段，所以，大家可以看到接著是一段擴展式的上行楔形通道，直到現在還沒有真正走出一個完整的頂部形態來。無論是擴展式對稱三角通道還是擴展式楔形通道，只要是上行的形態築頂機率都很高，但是不會一步到位，所以才會出現鑽石頂，而楔形通道自然不會出現鑽石頂，但是我相信可能出現一種收縮的通道。無論後面是什麼通道，它已經失去再次大漲的機會了。

三特索道這個案例對上面的江蘇通潤案例有一定的啟示作用，因為江蘇通潤在2008年同樣也走出收縮式下行楔形通道，然後出現擴展式外拱弧通道，前面兩段基本一致，所以後面有可能也會出現類似的行情走勢。

在「K線弧度理論」戰略篇中也講到康恩貝的案例，康恩貝在2008年同樣是走出收縮式下行楔形通道，2009年走出平行式外拱弧通道（和上面兩個擴展式通道有點差別，但弧度一致），然後出現強勁的上漲行情，接著是進入收縮式上行楔形通道。前段時間有題材的刺激作用，所以沒有直接見頂，而是再往上衝一波，然後進入高位劇烈震盪。我們先不管它現在以及後面的走勢，單單看它外拱弧走完後出現的強勁上漲浪部分，對我們現在判斷江蘇通潤後面的行情就有很重要的意義。

案例3（見圖3—4—24）

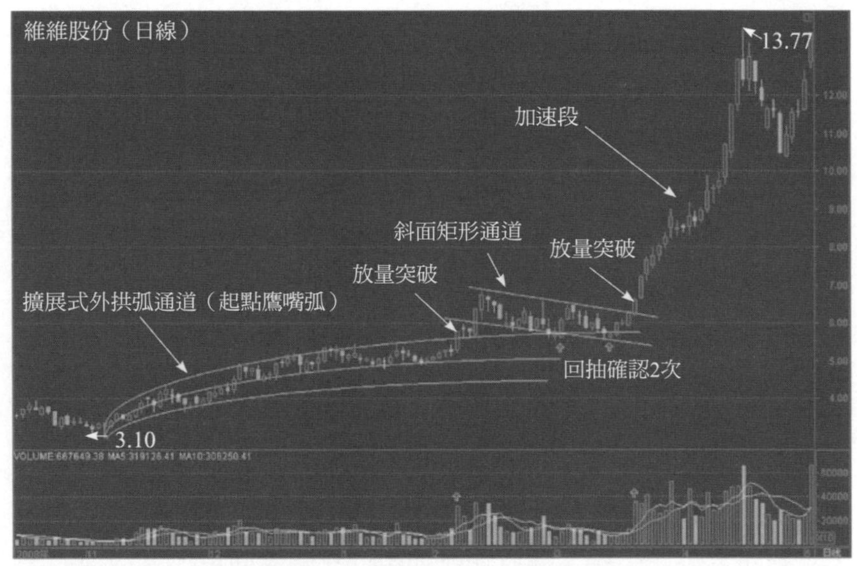

圖3—4—24

這是600300維維股份2009年上半年的行情日K線圖。

在經歷熊市築出小平底之後開始進入一條擴展式的外拱弧通道，由於這種弧形看起來很像鷹嘴，所以我將其命名為「鷹嘴弧」，為了區分熊市最後階段的收縮式內拱弧通道，我在前面加上「起點」兩個字，而後者則為「終點鷹嘴弧」。

起點鷹嘴弧的末端是放量突破，然後進入上一級平臺，即斜面矩形小通道，然後進行回抽鷹嘴弧確認行情，接著是放量突破矩形通道，上漲段正式拉開。

4.收縮式外拱弧通道（頂部下行）

圖3—4—25為000612焦作萬方2004—2006年行情日K線圖。

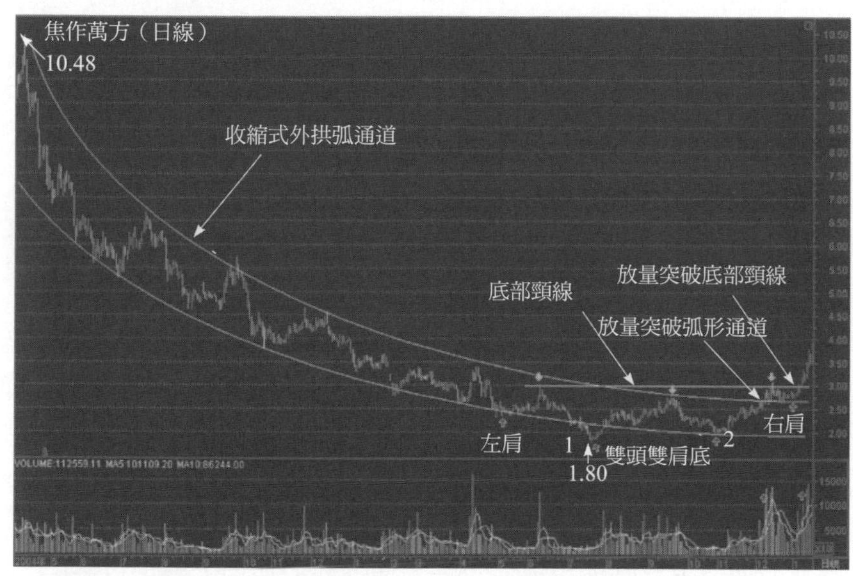

圖3—4—25

在長達兩年的下跌過程中，焦作萬方走出一條收縮式外拱弧通道，基本上我還沒見過頂部下行的大趨勢通道有出現擴展式外拱弧通道的，也沒見過擴展式內拱弧通道或者平行弧通道，在熊市最末端的殺跌出現過小趨勢的收縮內拱弧通道，但大趨勢沒見過。很多時候熊市大趨勢除了收縮式楔形通道以外，就數收縮式外拱弧通道較為常見。

造成這種原因，主要是熊市在大趨勢下跌的過程中，交易量會逐漸萎縮，導致振幅越來越小，所以整個通道就呈收縮狀態（無論何種類型的通道），在「K線弧度理論」中講過，內拱弧無論是漲速還是跌速都是比較快的，而外拱弧的跌速和漲速都較

緩慢，熊市除了最末端的加速下跌以外，

整個過程是較為緩慢的，特別是到中間段以後，由於交投量極度萎縮，跌速就更慢，而最後的加速下跌最多就一個月或者半個月的時間，這屬於小趨勢，不在此討論。

大家別看上面的成交量指標在整個下跌過程中縮量不是太明顯，實際上，如果變為成交額指標的話，那就非常明顯了，假如前後同樣的成交量，價格下跌，成交額就下降（成交額=成交量×成交價格）。

大家可以清楚地看到，整個築底行情是雙頭雙肩底的形態。在左肩之後出現一段內拱弧加速下跌的波浪段，直接跌出大底（1號底），從這裏開始，左肩浪頂就是底部頸線，可以畫上一條水平直線向後延伸，這條線在後面的右肩就發揮很明顯的作用。中間頂受弧形通道上軌制約（沒能衝到頸線再受制回落），接著跌出2號底，然後是一波強勁反彈。這一波反彈直接放量突破弧形通道，被底部頸線擋回來，回抽弧形通道上軌進行確認，然後是橫盤幾天，之後再一次放量突破底部頸線，至此整個熊市和築底進程都告結束，上漲行情確立，上了年線就可以進一步確認牛市起點。整個過程看起來像在跳躍均線，其實發生通道重疊的情況時，K線從一個通道跳躍上另一個通道的規則和跳均線是一致的，都是逐級往上跳。

5.月亮頂

以前多次聽人講起「圓屋頂」，但是我並沒有見過真正的大頂是圓弧形的（月K線上出現過，但日K線基本沒見過）。我想，前輩口中的「圓屋頂」大概是指外拱弧頂吧。我倒是找到一種複雜的多頭頂部形態，而且是一個近似對稱的圖形，我在上面畫上弧線，於是，很有意思的一個圖形出現了，那就是——月亮頂。

圖3—4—26為000601韶能股份2009—2010年行情日K線圖。

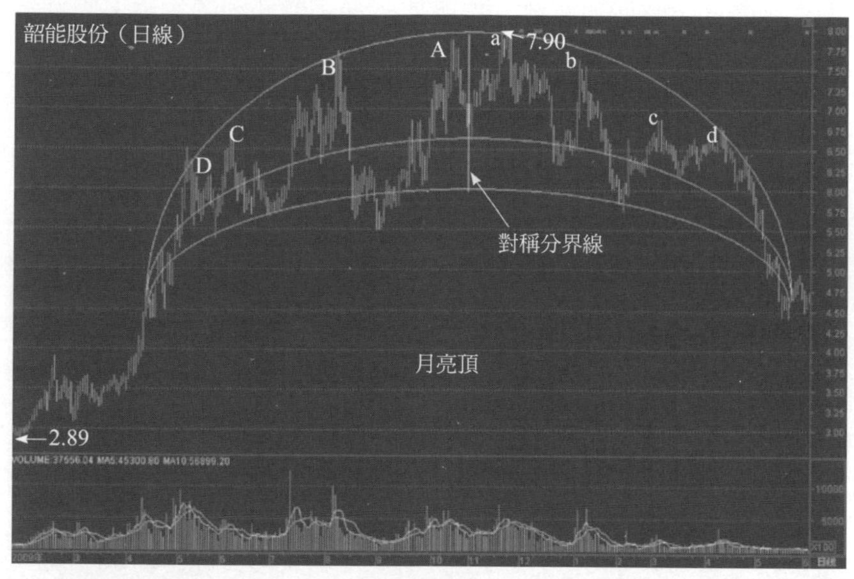

圖3—4—26

前面講過，由一個擴展式對稱三角通道和一個收縮式三角通道接吻就變成「鑽石頂」，那麼由兩個鷹嘴弧接吻就成了「月亮頂」，中間我用一條分界線將頂部分成左右兩個部分，再將每個小波浪頂部用大小寫字母進行標注，各自對應，這就成了一個近似對稱的頂部形態。

這個頂部從日K線上很多人一下子恐怕分辨不出來，如果用月K線看的話就十分明顯了，它就是一個很標準的「圓屋頂」，但是從日線上看只能將它視為月亮頂。其實這種頂部是比較少見的，一般的股票都不會走出這樣複雜並且近似對稱的頂部來。左半部分是因為多頭的熱情高漲，同時主力想套現籌碼，所以出現嚴重分歧，振幅逐漸加大；而右半部分是主力籌碼出得差不多了，散戶籌碼所占比例增加，使K線的波浪振幅逐漸變小，趨於穩定，最後，整個頂部進入滯漲甚至多頭開始頑強支撐場面的景況，最後多頭撐不住了自然要開始下跌。

6.收縮式內拱弧（末段殺跌——鷹嘴弧）

圖3—4—27是601398工商銀行在2008年熊市築大底的行情日K線。

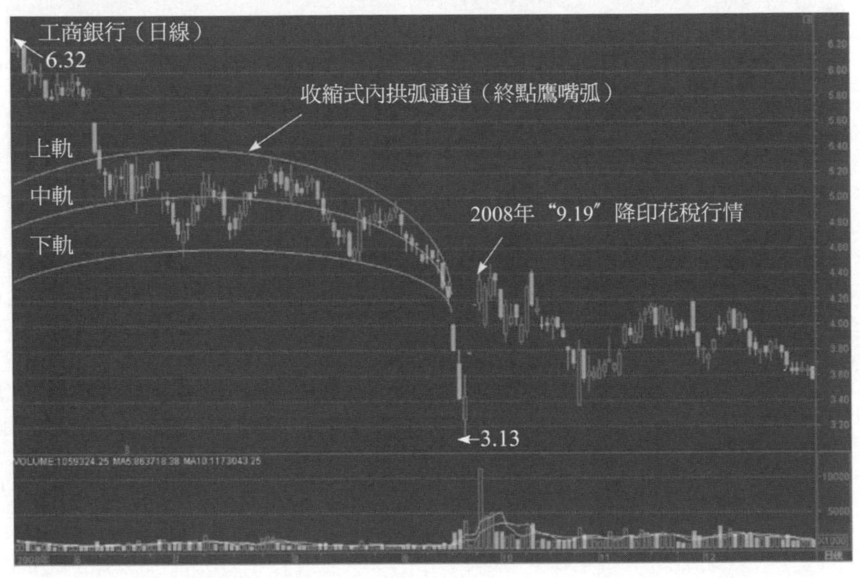

圖3—4—27

前面說過，熊市最末端的殺跌經常會出現這種內拱弧加速探底的行情，這是很普遍的一種現象，特別是那些前面是弧形通道的行情，最後將外拱弧切換成內拱弧是必然的結果，這個道理和上漲的一樣，切換成內拱弧時必定會出現加速，而上漲趨勢的話是加速見頂，下跌趨勢則加速見底。

前面中國西電的案例中大家是否記得有個「鷹嘴弧」？鷹嘴弧下的殺跌十分強勁，直接見底，然後便是一段對稱三角通道。現在，工商銀行的鷹嘴弧同樣是一段強勁的殺跌直接見底。

工商銀行在這一波內拱弧加速中直接跌出熊市大底，比大盤更快一些，大盤是後面的補充浪跌得比前面的內拱弧底部更低。這種內拱弧是屬於小趨勢行情，時間較為短暫，但是如果沒避開的話，挨上一下可真夠消受的！別看這工商銀行是一線大藍籌股，跌起來也會出現連續跌停的極端行情，這就是內拱弧的威力。這是終點鷹嘴弧，無論何時，見到終結的鷹嘴最好離遠點。但是，鷹嘴弧的下方卻蘊涵著一個機會，因為這種弧形通道常常會直接出現熊市大底，所以這是一個絕佳買點。所以，我們要做的就是避開整個鷹嘴，然後在它的下邊來個「鷹口奪食」。

我在上面標出上、中、下三條軌線，大部分時間K線在中軌和上軌區間運行。特別要注意的是，在通道的末端大跌之前，這裏通常是窄幅震盪，然後緩慢下行，走一段在創出新低的時候突然出現加速段。我常常在短週期K線上遇到這樣的走勢，特別是5分鐘K線下跌過程更為常見，2009年7月29日下午，我從5分鐘線上看大盤指數的K線，當時就出現這樣的情況，和上面工商銀行日K線很相似，那天下午2點到2點半那半小時的加速殺跌令人難忘，一波直接跌掉170點，這在A股歷史上是僅見的。

上面的焦作萬方最後也是由一段內拱弧加速下跌形成熊市最低點，所以，這裏是一個很重要的信號，就是熊市末端出現切換內拱弧行情時就要注意熊市大底來了，這時候應該腦袋快速作出判斷，因為熊市大底的出現將預示著牛市在不久之後到來，而築底階段是有可為之機的。在這裏，整個思維就應該切換到「均線理論」中的跳躍均線進程，結合底部形態進行超短線投機，做好每一個波浪段的話可以在築底結束的時候賺取到大筆利潤。這時候你已經遠遠跑贏大盤，後面築底結束的時候資金便可以改為中長線做多，拽緊籌碼迎接牛市的大漲行情。

收縮式內拱弧通道上漲加速段，前面舉的北京旅遊最後上漲那一段就是，前面也講過不少，所以這裏就不必特別拿來說了。無論是外拱弧切換出來的還是內拱弧最後的延伸，最後的加速段都會直接見頂（但通常不會見最高價），然後進入築頂進程，築頂的時間很多時候超過築底，還是比較漫長的，但是可為之機已經不多，那不是我們所要把握的，我們只要把握住它加速之前那一段就可以了，及時切入，等加速段走出來之後我們便套現出局，後面怎麼築頂都跟我們沒關係。

大趨勢的弧形通道就講這麼多，接下來講小趨勢的中繼平臺通道。

7.平行式內拱弧通道（上漲中繼）

圖3—4—28為601600中國鋁業2009年上半年行情日K線圖。

前面的直角三角通道和同期的焦作萬方一樣，通道末端放量突破，然後便是一段平行式內拱弧通道，這是小趨勢的通道，和上面第一個案例北京旅遊那種大趨勢的有些不同。這段弧形通道是對直角三角通道的一次回抽確認，連帶為後面的進攻蓄勢。弧形通道的末端依然是放量上衝，然後又是橫盤幾天，進行二次回抽確認，到這裏基本上大漲行情已經奠定。內拱弧激發的上漲行情是非常強勁的，這點毫無疑問，所以我們看到這段小弧形通道之後便是一波很猛的上漲浪，中間出現連續漲停，這對於一線股來說是很了不起的，儘管它很活躍，但是它畢竟是一線大藍籌股，盤子很大，浪頂漲停是需要很大資金量的。從突破三角通道

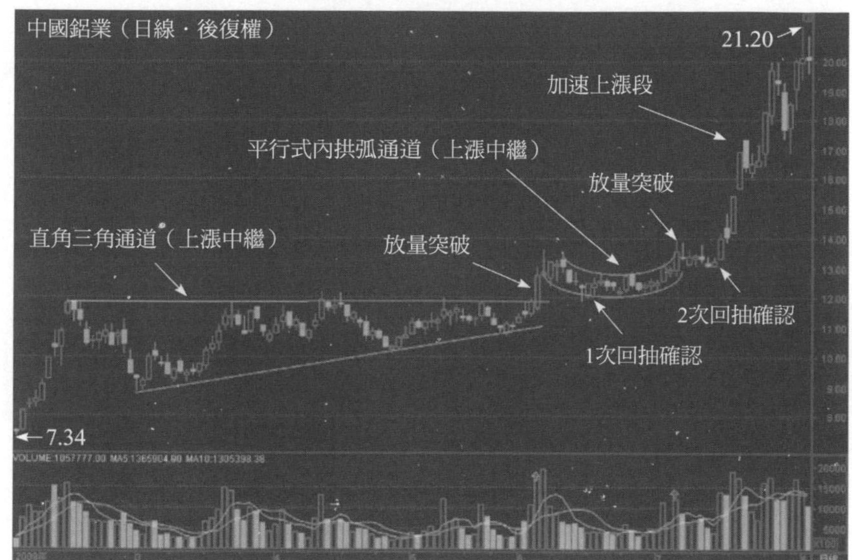

圖3—4—28

到大漲浪頂接近70%，後面超過60%的漲幅只用了14個交易日，而前面1個多月的時間股價才漲了不到10%，可見加速段的瘋狂。

在上漲的過程中，這種小弧形通道是比較常見的。平行式和收縮式出現的比率差不多，而擴展式的弧形通道比較少見。實際上，上漲中繼的平臺弧形通道比三角形通道要少見得多，哪怕是楔行通道出現的機率都高於弧形通道。而弧形通道在大趨勢中出現的機率卻比以上兩種要高一些，特別是熊市整段行情更是常見，當然，主要是收縮式的外拱弧通道為主。

上漲中繼其實也沒什麼可講的，所以主要講下跌中繼的小弧形通道，它出現的機會比上漲中繼要大得多。

8.平行式內拱弧通道（下跌中繼）

圖3—4—29為601857中國石油2010年上半年行情日K線

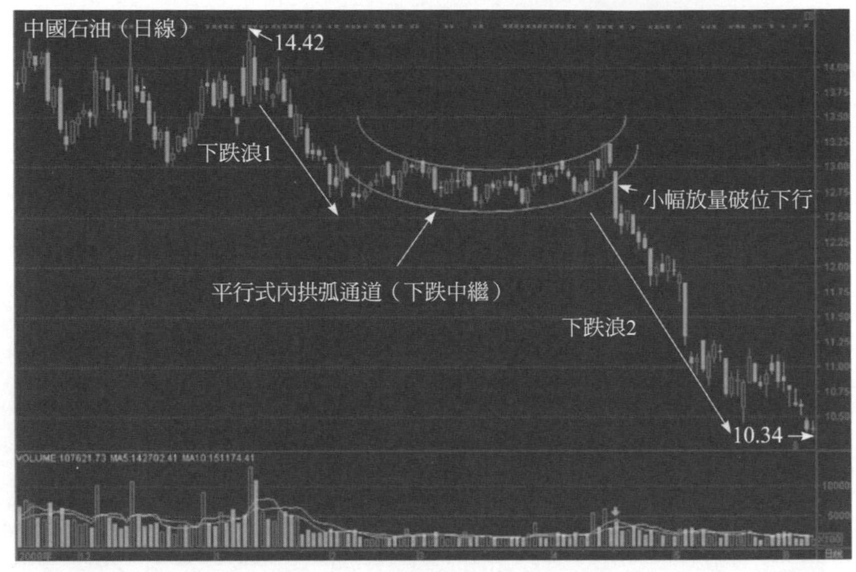

圖3—4—29

圖。

從2009年7月底見頂之後便逐步下行，到2010年2月開始進入一個平臺進行橫盤震盪，而這個平臺是屬於平行式內拱弧通道，在下跌中的這種弧形基本上都是中間低兩邊上翹，即使是上漲中繼的平行式弧形通道也基本是這樣的，從形態上來看沒什麼區別，只有前後兩個波浪段的方向有差別（參見上面的中國鋁業案例）。

這種弧形通道的漲跌速度遠低於前後波浪段的漲跌速，時間比較長，中間基本沒有可為之機，即使你能把握住每一個碎波浪的高低點，所賺的利潤也是很微薄的，所以根本不值得投機。

這裏必須注意，所有的這一類型的下跌中繼平臺最後都會上衝一下，製造一個多頭陷阱，甚至伴隨著放量，讓人誤以為要突破通道上衝，然後掉頭快速殺跌，這是非常厲害的一種招式，就算是高手有時候都難免中招。只要是前面一段大跌，然後走出平行式內拱弧通道見底的機率都非常低，80%是屬於下跌中繼平臺。所以，這裏無論如何都不能冒險，這個地方出現平底和下跌中繼平臺（弧形通道或矩形通道）的比率是2：8，也就是說，有80%的機率是下跌中繼平臺，後面出現的下跌浪會比前面的那一波更長、幅度更大，所以冒險是很不值得的。

如果把上面這個弧形通道掉轉過來，變成鷹嘴弧，那這一波之後見底的機率就非常高了，至少是90%，但是鷹嘴弧的殺跌強度也是非常高的，這點在上面的工商銀行案例中或者再上面的中國西電案例中都可以清楚看到。

9.收縮式內拱弧通道（下跌中繼——象牙弧）

很多時候下跌中繼平臺出現的弧形通道是收縮式內拱弧通道，而平行式弧形通道出現的機率反而低一些。主要原因是下跌浪到末端搶反彈的人會增多，很容易引起強勁反彈，但是由於上方套牢盤借反彈割肉出局，因此形成強勁的拋壓，很容易又產生一波下跌浪，到前底附近抄底的資金再一次湧現，由於上方籌碼在反彈中不斷割肉出局，所以整個套牢盤會逐漸變輕，於是使反彈浪的高度逐漸上抬，而抄底的人見前面的浪底抬高。也會主動尋找戰機，沒跌到前面浪底便忍不住出擊，這樣使得浪底也逐漸抬高。但是整體上做多資金的熱情會逐漸減退，碎波浪的振幅會逐漸減小。隨著時間的推移，整個通道是呈現緩慢上升的態勢，並且到最後通常會製造一個多頭陷阱，猛漲兩三天，然後快速掉頭殺跌，於是，象牙弧就這樣形成了。

圖3—4—30為600028中國石化2009—2010年的行情日K線圖。

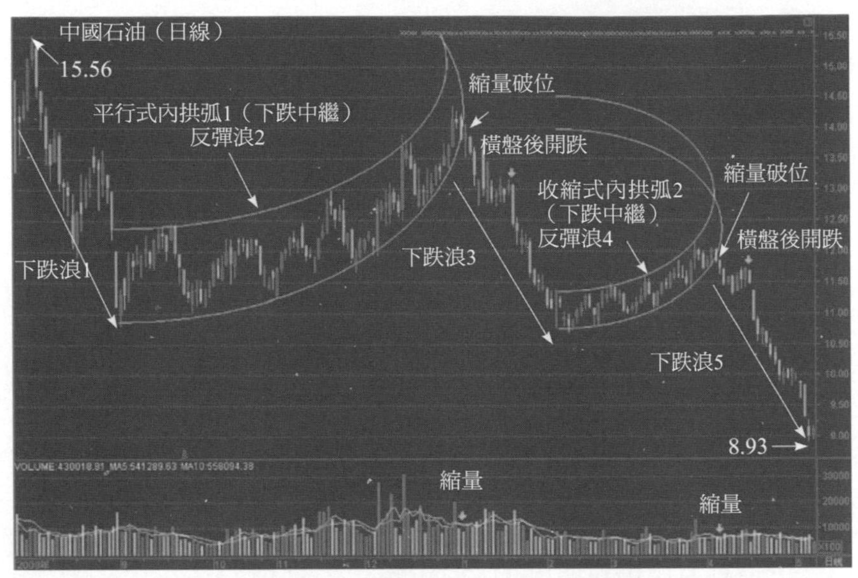

圖3—4—30

圖中為兩段象牙弧，上面那一段的振幅明顯大於下面那一段，主要是多頭資金熱情下降，而且部分多頭資金被套牢在上方，動彈不得，在下面的象牙弧中可能演變成「多殺多」的局面。

象牙弧只會出現在下跌中繼的平臺上，上漲中繼的平臺我還沒見過這種形態。最末端的破位下行基本是縮量的，任何平臺破位下行都不需要放量，也常常沒有放量，這點已經多次講到。如果你想參與搶反彈，在最末端出現上衝的時候最好趕緊跑掉，見好就收，如果貪心，後果可能會很嚴重！當然，我是不建議參與這種類型的搶反彈，利潤小，風險大，挺划不來的。

如果把通道1倒過來，並且在中間幾個小浪頂上畫上一條弧線，它就成了鷹嘴弧。大家都知道鷹嘴弧大多數交易日K線是在中軌和上軌之間，而象牙弧正好相反，大多數交易日K線在下軌和中軌之間震盪，偶爾較強的反彈能夠衝到上軌。

象牙弧的出現一定是下跌中繼，沒有別的類型，底部形態沒有這樣的走法，這一點大家要心裏有數。

至此，整個「K線弧度理論」就講完了，我無法告訴你哪一個比較重要。在我看來，只有在適當的時候套取最恰當的模型才是最重要的，要盡量熟悉這些理論內容，然後將各個模型熟記於腦海中，然後不斷地複製成功經驗。別看那麼多的內容，其實要運用並不難，首先區分好牛市或熊市，這樣就切掉一大半；然後再區分是底部、頂部還是中部，各自套用一些模型，這樣一來，運用的時候剩下的模型就不多了。

✎本章結語：

本章著重在於論勢。常聽有人抱怨說某段行情很磨人，一些平臺窄幅震盪的行情的確磨人，無論是空倉等待還是滿倉守著，對人的心理絕對是一種高強度的考驗。本章的知識可以讓你認清這些平臺通道，處於通道中有足夠的心理準備可以使你更加淡定去面對。而通道突破之後，是追擊還是逃跑你可以迅速作出正確的反應，把握住行情。比如向上突破通道的時候，你不會懼怕追高，而是勇於追高；跌破通道的時候，你不是當沙漠裏的鴕鳥，而是果斷止損，避免更大的虧損。

第五章 上證指數分時圖注解

第一節　各種形態注解

在看盤的過程中，有相當一部分技術派可以在很短的時間裏判斷出全天的大概走勢，而且準確率還挺高。幾年前我就對他們很佩服，所以我也下了工夫去研究，每天都緊盯著分時圖，慢慢尋找其中的規律。很長一段時間以後，我大概也能做到他們那樣的水準，實際上這是個統計學的內容，加上一些審美的觀念，也就是套用模型，難度並不算太大。現在我就各種模型作簡單的分解，相信大家看完就心裏有數了。

1.N形

N形路徑是比較常見的一種形態，特別是在波浪段的頂部，中間那一波下跌的時間一般是中午1點到下午2點之間。大家可以看到，中間的那波跌速還是比較快的，而且幅度很大，為什麼後面能漲起來呢？我們須作邏輯上的推理，假設按照這樣的慣性一直跌到收盤，大家想一想，大盤是不是會出現跌停？在沒有任何利空消息的作用下，光是技術面的回抽，怎麼可能引起大盤跌停？假如不是往下跌，而是橫盤震盪，可能嗎？對不起，我還沒見過這樣走的，所以唯一的可能就是後面出現一波反彈。

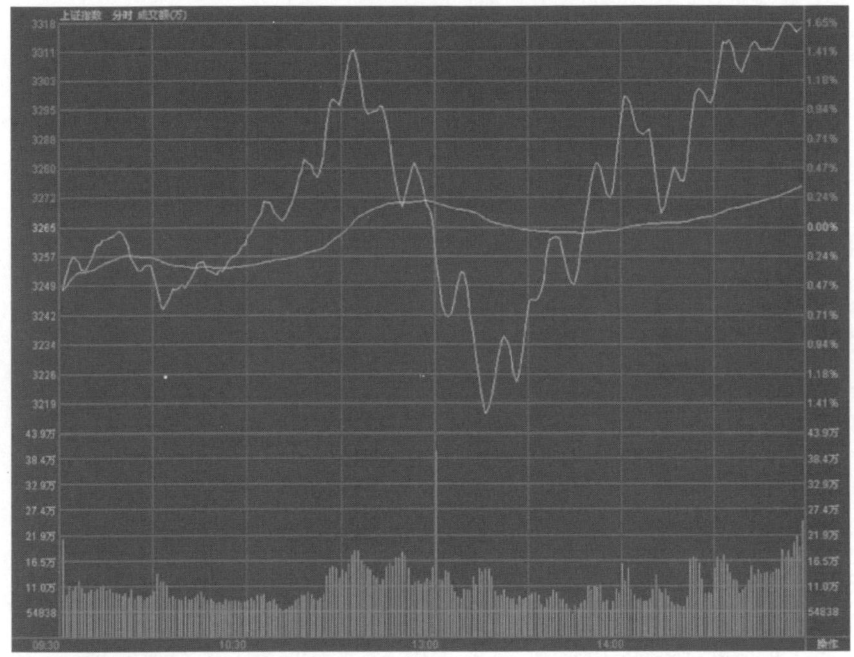

圖3—5—1

圖3—5—1取自2009年12月4日，類似的還有2009年8月21日，2009年7月24日，2007年10月12日，2007年8月10日等等，太多了，不勝枚舉。中間一波下跌的時間在40分鐘左右，時間短，幅度大，所以看起來幾乎垂直，這麼陡的角度是很難持續的，上面說了，如果持續下去，大盤非跌停不可，因為一旦持續，到了2點30分以後就是加速跌。

2009年7月24日那一天我正好到北京遊玩，中午和幾位朋友吃飯，手機上看到跳水，我說好傢伙，不到一小時跌掉90點，可惜不在電腦前，否則是個抄底的好機會。基本上在上漲的過程中出現這樣的跳水動作都可以理解為N形路徑，反彈是大機率的行情。那天下午我一個人在北京頤和園溜達，在昆明湖邊遇到一場暴風雨，在一個屋簷下避雨的時候我再次用手機打開軟體，看到大盤漲回來了，焦作萬方（000612）漲停了，其他有色金屬股也很猛，這一天我印象很深刻。有的朋友很奇怪，為什麼我總是能記住一些日子的走勢，其實這是很簡單的一種記憶竅門，你只要記住那天你在幹什麼，把這些內容和大盤指數一起植入記憶，想忘都難。

這種行情最終一般是收一根帶下影的近似光頭陽線。N形行情的出現，一般而言第二天的行情還是不錯的，由於後面一筆向上，所以第二天通常會延續反彈，再收陽線。

2.倒N形

倒N字路徑和N形正好相反，中間那一段是反彈行情，前後都是下跌。

很多時候倒N行情會讓人迷惑，因為它和V字行情的唯一區別就是尾盤是不是繼續反彈？如果沒有出現跌，無疑就是V形行情。根據我的統計，V形行情的底部多數出現在10點50分點到1點50分之間，如果是正鉤形的行情，那麼反彈的速度應該高於第一波跌速，而倒N形行情中間一波的反彈速度和前面一波的下跌速度差不多，底部一般出現在10點半左右。

倒N形行情多數出現在下跌浪中間，當天的反彈最好就是賣出，如果判斷錯誤，以為是V字行情而抄底，通常尾盤一跌回來就套住了，而這種行情第二天通常是順勢下跌，甚至直接低開，中間這波反彈是多頭陷阱，所以說抄底是很有風險的，一旦你判斷錯誤，後果很嚴重。V字行情通常會在反彈中伴隨著明顯的放量，而倒N行情是沒有的，這點也很重要，可以輔助判斷。沒有放量的反彈是假性反彈，多數是陷阱，大家要記住這一點。

圖3—5—2取自2009年2月17日，類似的行情有2010年3月12日，2009年9月23日等。

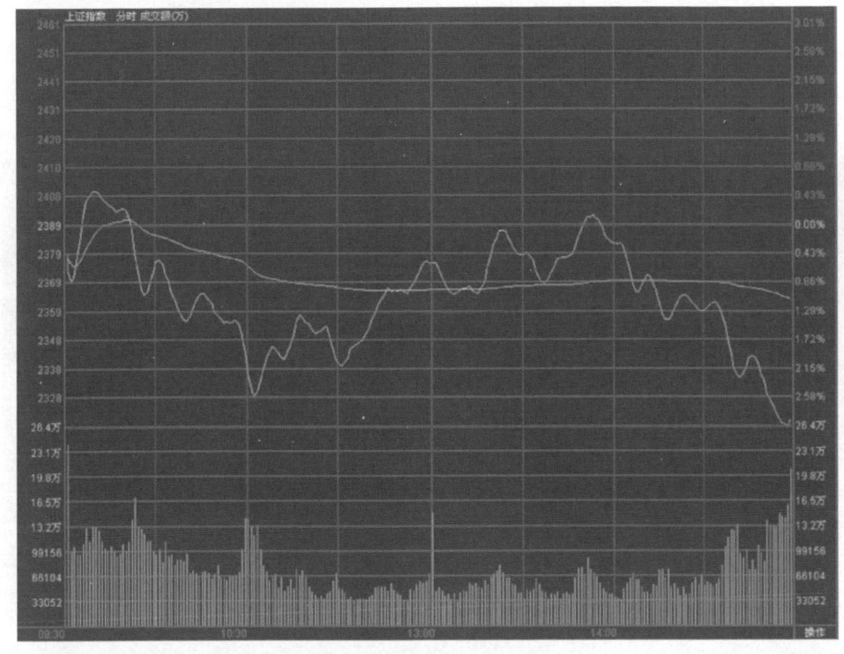

圖3—5—2

倒N有點變形的有2008年3月6日和6月20日，這兩天比較相似，中間的一波反彈非常猛，幾乎垂直拉盤，下午震盪下行。要知道，照那速度往上拉到收盤的話大盤也會漲停，這顯然是不現實的，所以唯一的出路就是回跌，特別是開盤半小時是下跌的，而且幅度很大，如果幅度很小的話就有可能演變成單邊大漲，下午橫盤小漲，所以這和單邊大漲的唯一區別就是開盤半小時的跌幅。

3.正鉤形（√̄）

出現這種類型的行情都是大漲，並且收出大陽線，大家都喜歡這樣的行情，曾經有人將它形象地比喻成「NIKE鉤」，NIKE運動產品的品牌標誌我想大家都是比較熟悉的，的確挺形象（見圖3—5—3）。

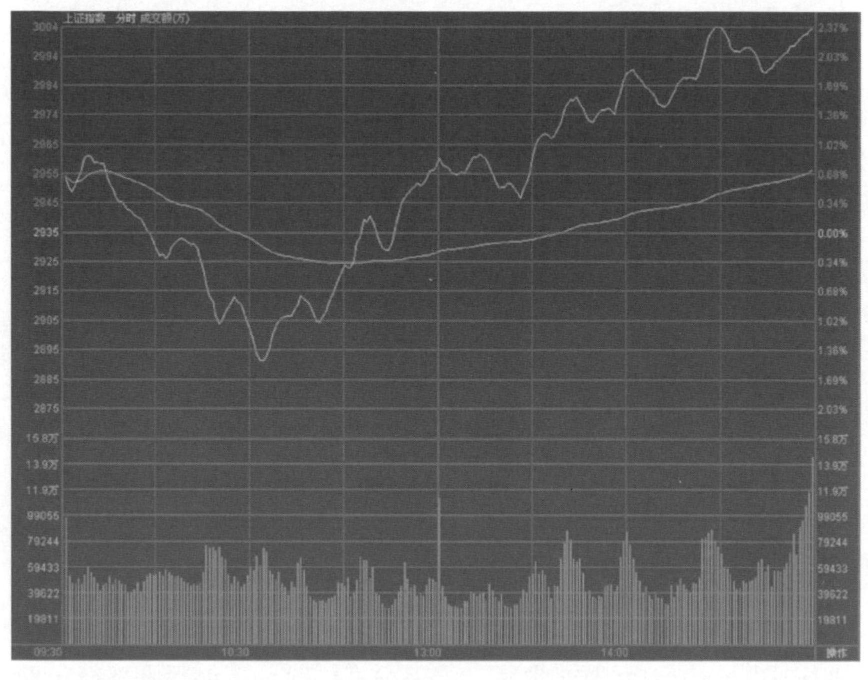

圖3—5—3

這是大盤2010年2月3日的行情。大家可以看到，這一天的底部出現在10點半左右，後面單邊反彈，漲幅還是比較大的。為什麼這裏不是走倒N形呢？大家可以看上午的波浪形態，兩邊近似對稱，右邊對應的波浪底比左邊要略高一點，漲速大於跌速，這說明反彈有力。對照下面的成交量，大家可以看到峰值是比較大的，相對於下跌浪而言，反彈的成交量是很真實的。要知道，每天成交量最大是開盤和收盤半小時，中午是最小的，這一天十點半之後能維持這樣高的成交量比平時要強得多。上面那個圖（圖3—5—2）中間反彈段的縮量是非常明顯的，對比一下就知道差別。既然反彈是真實的，那麼下午唯一的走勢就是上漲，而不是跌回來，更不會是橫盤。2007年這種走法出現挺多，所以無須多舉例。

鉤形路徑多數出現於波浪底，要記住與倒N的區別就是成交量和漲速。

4.倒鉤形

顧名思義，這是與上面完全相反的路徑（見圖3—5—4）。

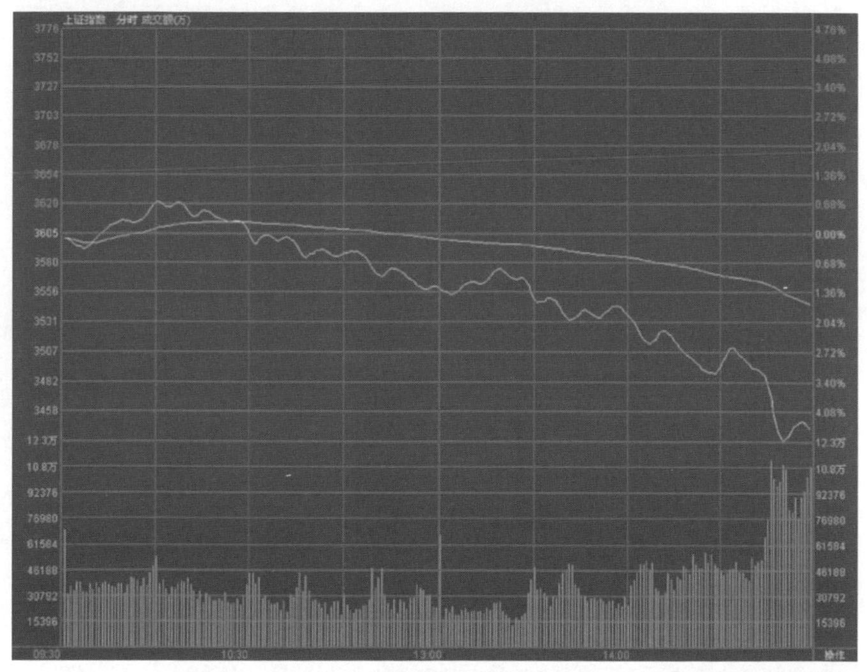

圖3—5—4

倒鉤的頂點一般出現在10點鐘前後，比正鉤的底部稍微提前一點，基本上是全天大跌的行情。在波浪段的頂部回落和中間大跌都有出現，頂部相對較常見一點，因為開盤可以誘多，把部分人騙進去。大家可以對比前後半小時的漲速和跌速，只要是持平，後一段佔優勢，也就是後面會順勢。正鉤，持平則後面順勢漲，倒鉤是順勢跌。接下來半小時如果繼續下跌創全天新低，則行情確認，大家注意，這裏千萬不要指望出現反彈，80%的機率是不會反彈的，特別是你看到每一波下跌的浪底對應的都是放量，而反彈是縮量的時候，你首先要想到尾盤可能會出現加速下跌。2008年這樣的行情出現非常頻繁，數都數不過來。

倒鉤還有一種是衝高回落的類型，前面一直漲，在1點半到2點之間見頂，然後尾盤快速下跌，在上漲浪中經常能見到（見圖3—5—5）。

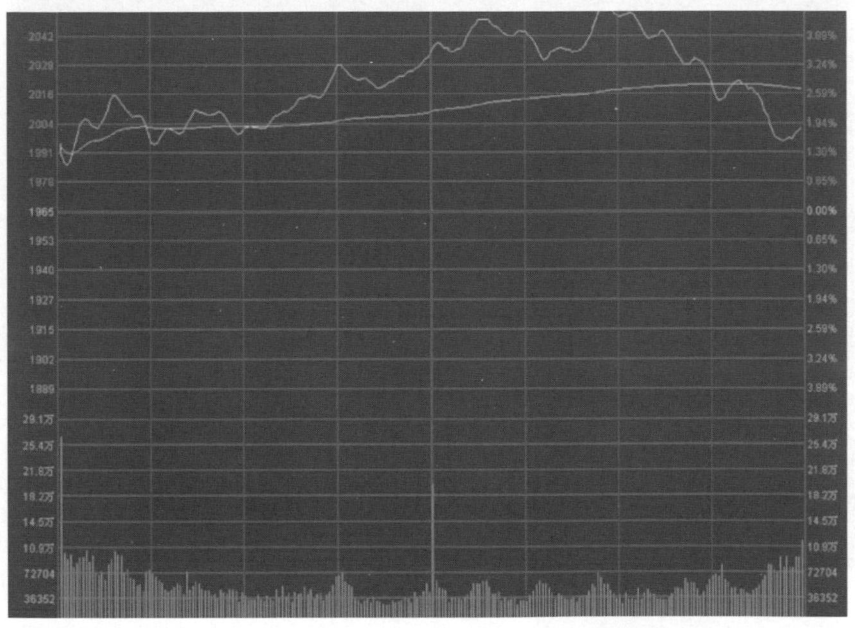

圖3—5—5

出現這種行情的話，只要確定前面是上漲浪就不必擔心，往往第二天都會有中陽線攻回去，如果連續2根中大陽線的話，第三天就要注意可能出現這樣的行情，特別是第三天一直上漲，必須防備尾盤殺跌，因為連續3根中大陽線是極其罕見的。但是這樣的行情一出現，表示上漲浪快到頭了，千萬要注意及時迴避。

5.碎波形

這種行情屬於窄幅橫盤震盪，在上漲或者下跌浪的中間經常可以見到，特別是大陽線或者大陰線的後面，如果是連續2根大陽線，第三天必定會出現這樣的行情，反過來也成立。這種行情的每個波浪看起來很陡，實際上幅度卻很小，看一天的話會感覺挺悶（見圖3—5—6）。

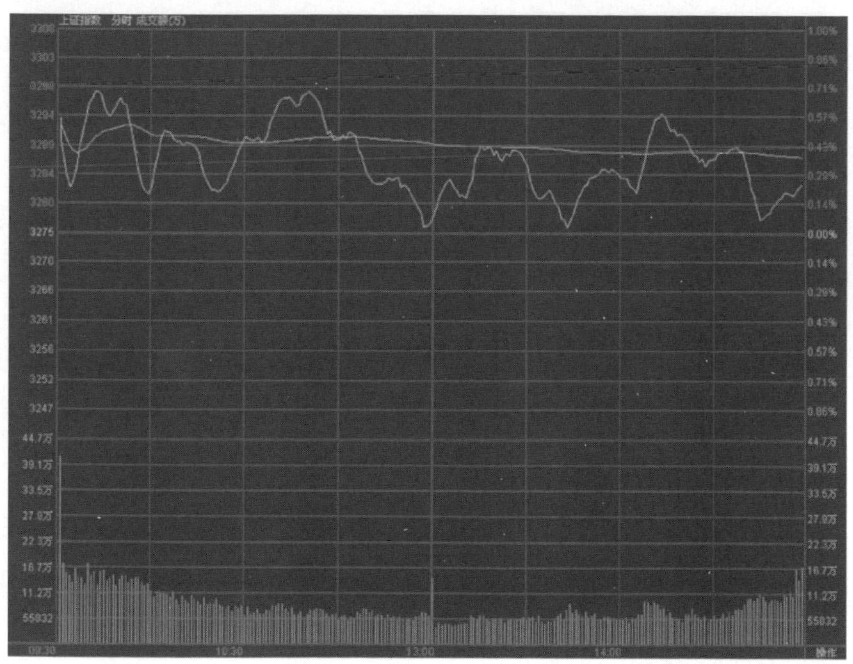

圖3—5—6

如果把這個圖顛倒過來，綠盤的情況下震盪也是一樣，大家要注意，在大漲和大跌後出現這種行情下午才不必擔心，如果前面是橫盤小漲小跌，或者連續小陽線走到波浪頂部，那就要注意，可能會出現一種最可怕的行情。

6. 9點20分型（見圖3—5—7）

在下跌浪的起點，經常會出現這樣的行情，大半天都在橫盤震盪，午後突然放量跳水，特別是尾盤出現可怕的加速。這種行情很容易造成大面積跌停，而且後面是一波幅度不小的下跌浪。這個圖取自2009年11月24日；北京奧運開幕式那天也是這樣。我將它視為時鐘的2根針，轉捩點為中心點，大家可以看到這個圖形就像9點20分時的模樣。這種行情只有下跌中才見到，反過

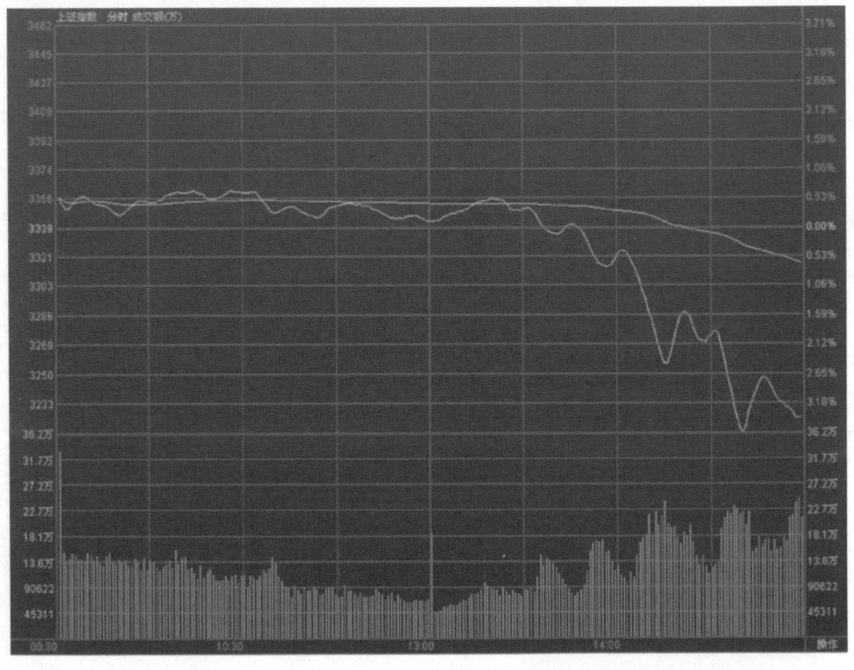

圖3—5—7

來我還沒見過，上漲中似乎沒出現過，而大陰線中有相當一部分屬於這個類型。2007年8月1日、9月11日都是這樣，尾盤一個加速下跌立刻造成幾百支股票趴在跌停板上的局面。

7.單邊（見圖3—5—8）

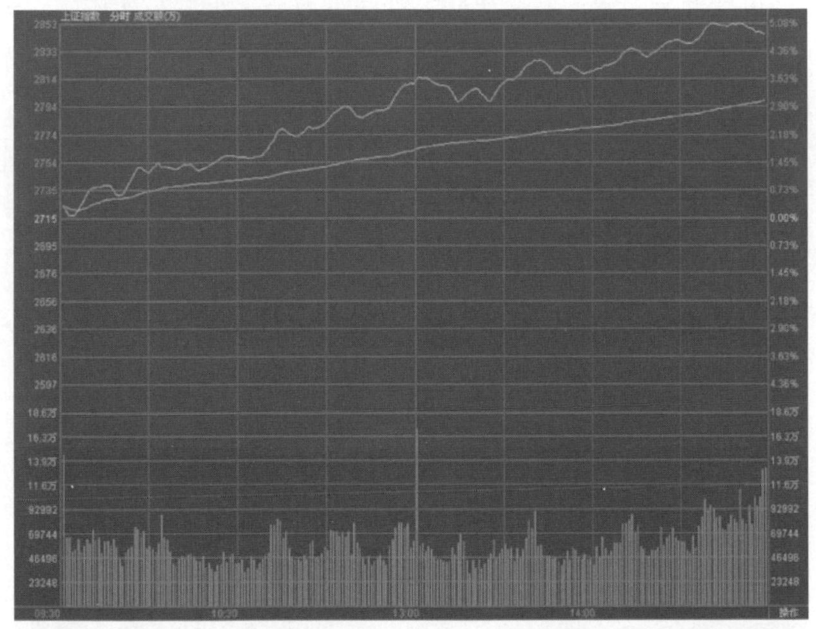

圖3—5—8

單邊大漲的行情在牛市中比較常見，熊市中多見於反彈浪起點，特別是見底反彈第三天。這種行情一般來說成交量會比較大，因為中間並沒有出現明顯的縮量，每一波上漲都在放量，而且回調段很短，也就是說每個波浪底部都在抬高。大家要注意這種行情一般是所有的股票都在漲，下跌的股票非常少，甚至沒有下跌的，不管是大藍籌還是小盤股，都出現輪番進攻的行情，要結合盤面來判斷，不能光看大盤分時圖。如果上午那半邊中只有大藍籌股在拉盤，那就要注意可能出現倒V型行情。如果出現在上漲浪的頂端，也要注意可能下午會出現回落。

有單邊漲就有單邊跌，在熊市的下跌浪中特別是起點經常會出現單邊下跌（見圖3—5—9）。這時，每個平臺破位下行基本都會以這樣的形式進行，快速下跌使大部分人來不及作反應。所以，在下跌中繼的平臺震盪行情中要非常注意，一旦出現上午單邊跌，而且創新低，下午再繼續單邊跌的行情機率幾乎是100%，只有在下跌浪的末端會出現V字反彈行情，波浪起點是絕對不能指望的。大家可以看到當天一直在縮量，直到尾盤才稍微放量，問題是放量就是加速跌，更慘烈。

圖3—5—9

8.Λ形（也叫倒V形）

為了表述方便，我們還是以倒V形來稱呼它。倒V形行情和單邊大漲的區別是下午這一段，而它的頂點一般出現在11點到2點之間，標準的話是11點30分前後。圖3—5—10是走得比較標準的。大家可以看到，11點半前那幾波上漲浪是縮量的，這和單邊漲是有區別的。縮量表示做多熱情減退，大家信心不足，所以下午很容易回落。這種行情比較多見於兩根上漲中陽線的後面，2根大陽線後面一般是出橫盤震盪的十字星，我還沒見過出現這樣的衝高回落的行情。如果是上漲浪的頂點，一般高點會出現在接近下午2點的地方，尾盤快速殺跌。

最後一種是V字行情，比較重要，所以我專門開一節進行講解，這裏就不說了。

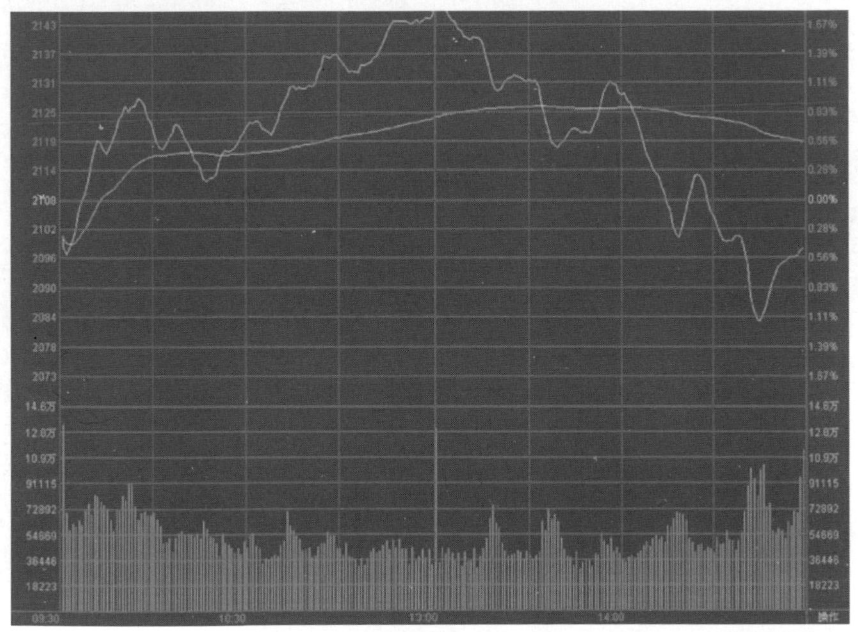

圖3—5—10

第二節　V字行情中的C點注解

在2007年7月初開始看我解盤的老朋友們應該能想起，2007年7月6日那一天的抄底行動，那是個令人興奮的日子，因為那天的大盤結束了6月20日行情第二波下跌浪，探底反彈，下跌的時候我們空倉避開了，跌到位的時候全力出擊，那一天的收穫非常豐厚。下面就以那一天的行情作為案例進行分解。見圖3—5—11。

這張圖就是2007年7月6日的大盤分時圖。大家可以看到，這是個很標準的V字形路徑。抄底的成功一方面是因為我提前預測到將會出現這樣的行情，第二方面是因為我根據「5.30」第一

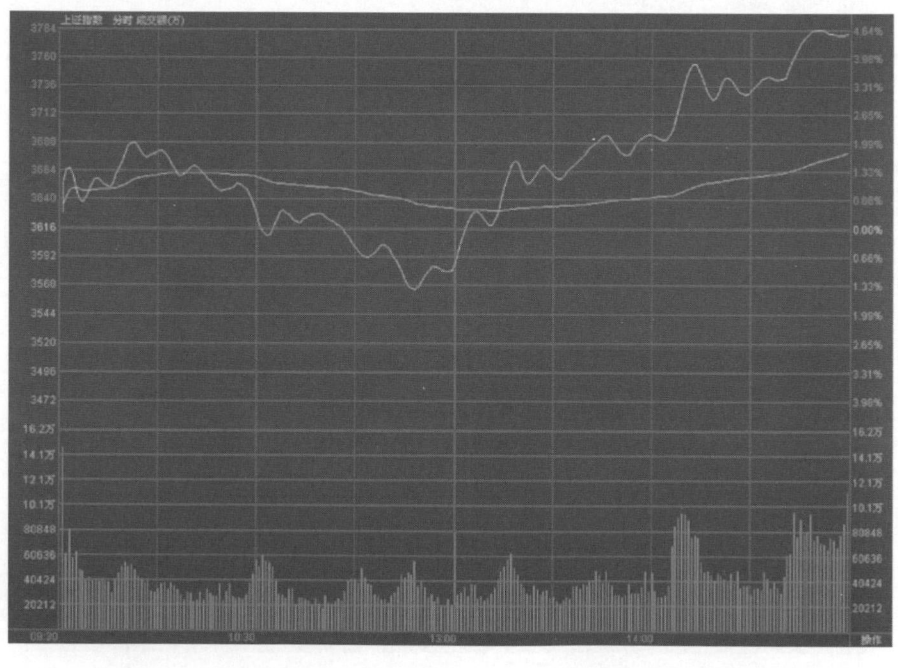

圖3—5—11

波浪的底部參照算出第二波的波浪底大概點位，最後出擊的時機就完全取決於盤中對分時圖的判斷。大家一定要記住，V形行情的出現一定是一個下跌浪進行到差不多的時候，從輔助分析指標上可以看出有見底反彈的可能性；或者從波浪形態、均線節點能找到重要的拐點支持這種判斷。而大跌後的第二天，就算出現這種行情也是假的，後面將繼續下跌，所以不能出擊。

V形行情的產生在開盤時有一個很重要的條件，就是開盤第一波必須上衝，而不是下跌，這一波上衝將預示著多頭的出擊欲望，算是一個出擊前的熱身。然後開始逐浪下跌，在下跌過程中必須增量，如果逐漸縮量的話，那就可能變成單邊大跌的行情。所以，成交量在這裏很重要，每個峰值都很高，沒有出現明顯回縮，這說明多頭開始作抵抗，有很多人拋出，但也有很多人對應在接籌碼。

V形行情的底部出現時間在11點10分到1點50分之間，這個範圍以外都不能算V形。如果上午單邊跌，在1點50分之前都沒有反彈跡象的時候，基本上尾盤都是出現加速下跌的行情。

如何判斷抄底時機？這個問題是大家最關心的。首先你不要抱著直接抄在低點的念頭，那是超高難度的，真正能抄到的人極少，我也沒有很大的把握，抱著這種念頭多半要抄早了，因為你不能判斷出哪個波浪底是全天最低點。所以出擊的時機只能選擇次底點，也就是我定義的C點。

何為C點？在圖上我沒有作標注，現在通過文字描述，我想大家可以找到。我們將全天最低點標注為A點，如果提前預計到可能出現V形行情的話，我們在底點可能出現的時間段中就必須時刻注意著，將每個波浪底都假定為A點。圖3—5—11中11點17分的底部就是A點，反彈上來這一波的每個頂為B點，這時候是11

點22分，注意，這一波反彈的幅度比前面一波對應的要大一些，這時候就要留神了。前面那些B點對應的波浪，下一波都是放量下跌，而11點22分之後下跌這一波沒有放量，而且角度也不一樣，已經有點走平了，這裏就可以假設為C點。我們可以部分資金出擊，但是，這裏不能確認便是C點，C點的確認要靠後面這一波反彈浪。大家可以看到午後出現放量反彈，而且高度直接超過A點之前的一波跌幅，這個時候C點基本確認。這一波反彈有2個因素要注意，①是要放量，②是高度要超過A點那一波的上方點位，也就是11點07分的點位。注意，反彈高度非常重要，大家可以看10點43分那一小波反彈，在下跌之前，可能會讓你誤以為它是C點，如果你不等反彈浪超過下跌浪就貿然出擊，可能你會享受到接下來的下跌浪，要知道我們是T+1的交易制度，當天是賣不出去的，如果你沒有底倉的話。下午1點02分反彈浪超過前面下跌浪的時候就可以上刺刀了。C點一旦確認就可以全力出擊，抄不到最底點，但至少抄到次底點，這時候全力出擊，全天的收益是非常可觀的。注意，如果A點後面這一波反彈浪足夠強，B點直接超過前一波下跌的高點，則小回調的時候如果下跌角度不陡峭的話可以直接確認為C點，可全力出擊，而不必等接下來這一波反彈的高度再確認。2008年9月18日的行情就是屬於這一類。和2007年7月6日行情相似的是往前一個月的6月5日，後面也曾出現過幾次，我就不一一舉例了。

V形行情C點的判斷也適用於那些正鉤形行情，只不過那些行情的最低點出現的時間更早一些罷了。

大家一定要仔細領會我上面所說的每句話，我提出的每個條件都要注意，不能馬虎，更不能勉強。只要有些條件不符合，抄底行動都必須放棄。切記不要冒險去搶A點，那種成功往往要靠運氣，除非你確認自己的運氣實在足夠好，否則都不要幹這樣冒險的事。

第三節　跳空行情中開盤半小時定全天法則

在第一部第二章我講到了共振效應，現在講這些行情中的分時圖路徑。

這裏所講到的跳空是一個條件，高開或者低開10點算不上什麼跳空，跳空高開的定義是前一天上漲，至少是橫盤，第二天高開幅度超過1%，兩根K線（嚴格說是前一天的收盤和後一天的開盤）之間留下一段空擋；跳空低開的定義是前一天下跌或者橫盤，第二天跳空低開1%以上。假如前一天大漲，收出大陽線，第二天低開，這種不算跳空；或者前一天大跌，第二天高開，縱然超過1%也不算跳空高開，只能定義為高開。而我們這裏講的是跳空行情，也就是跳空高開和跳空低開行情中，開盤半小時的行情確定全天的判斷法則。

理論上講，出現跳空高開的情況，開盤半小時也就是10點整的點位明顯低於開盤（注意，低10點以內都不能算「明顯」），則全天高開低走；如果反過來，開盤半小時上漲，則全天高開高走，並且可能出現跳空中陽或者大陽線。

跳空低開，開盤半小時明顯下跌，則全天低開低走沒有懸念，收大陰線機率極高；如開盤半小時強勁反彈，則全天低開高走，收出大陽線。

從基本面判斷的話，就要注意共振效應產生的條件，提前作出大概的預計，如果開盤半小時符合預計，兩者吻合，則判斷全天的準確率就非常高了。

跳空行情我還沒看到有橫盤的情況，基本上不是大漲就是大跌，在下跌浪中，跳空高開通常是低走，下跌浪後的橫盤行情也很容易因跳空低開而結束，出現跳空低開低走的情況，以此作為另一個下跌浪的起點。而上漲行情則相反，2007年每次政策面的利空都引起跳空低開，但是最後都高走，而跳空高開則很容易直接高走，留下跳空缺口。

下面我就各種行情各做一張圖給大家看看，各位可留意開盤半小時的波浪震盪情況，我就不多作說明了。

見圖3—5—12至圖3—5—15。

1.跳空高開高走

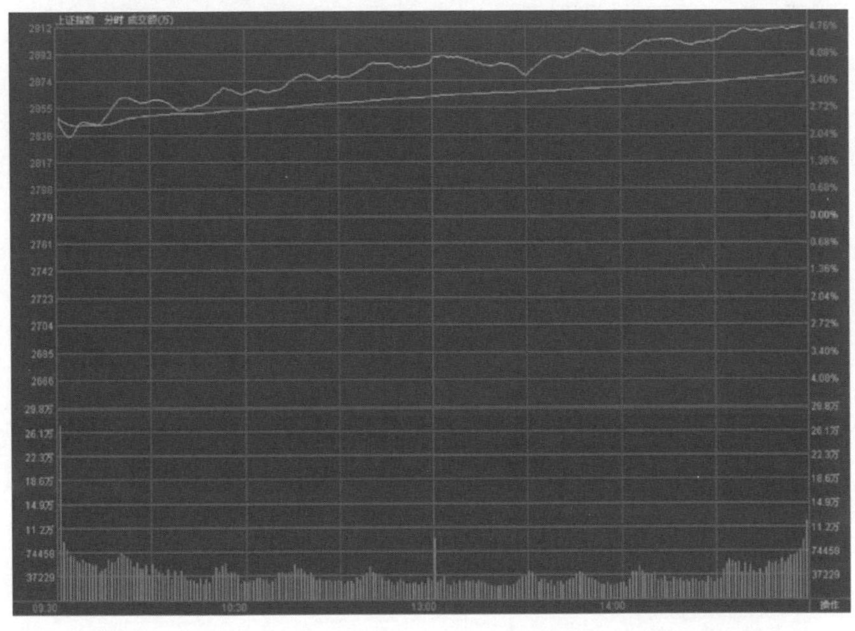

圖3—5—12

2.跳空高開低走

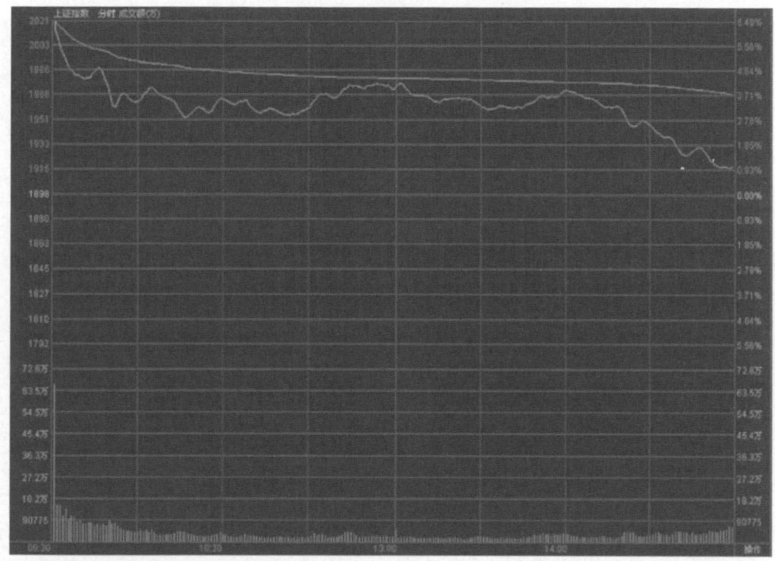

圖3—5—13

3.跳空低開低走

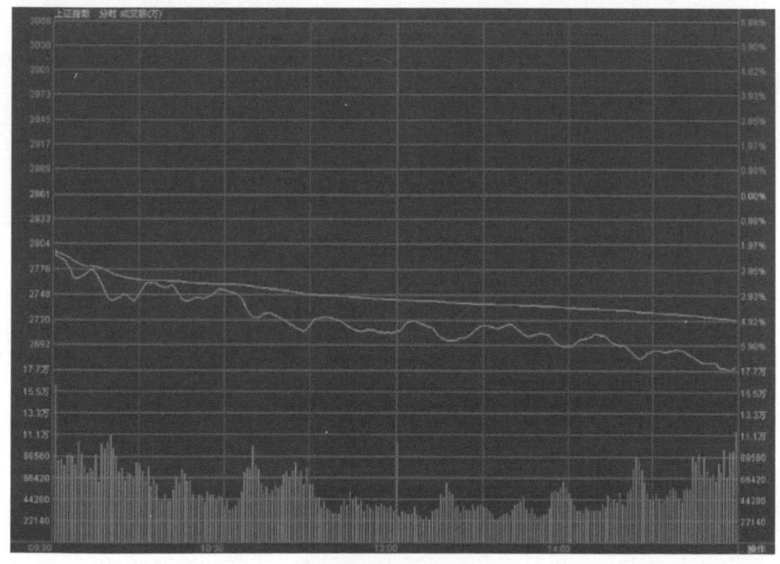

圖3—5—14

4.跳空低開高走

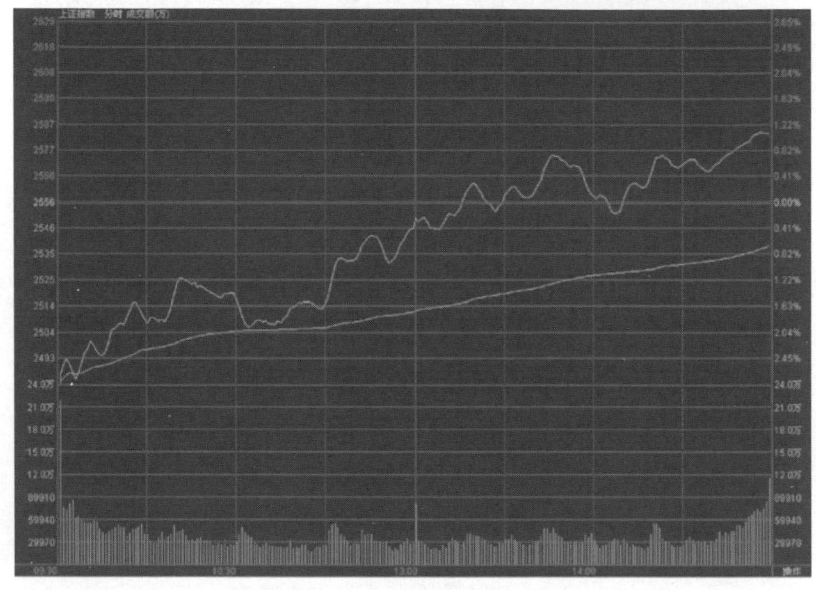

圖3—5—15

✎本章結語：

要熟記這些模型需要花點時間，特別是要細心地分辨每天的高低點出現的時間，每一個波浪的頂和底和前面一個波浪的差距。當然，最重要的是要將這些模型牢牢記在腦袋裏。當你看見某個時段的行情和那些模型有些相似的時候，你能在第一時間作出反應，並且採取正確的措施。我想，這就是這些模型的作用所在。

第六章 常用技術指標研判方法

第一節 BOLL

BOLL是布林通道的縮寫，該指標由美國證券分析家約翰布林格創立，屬於路徑型指標。由於通用的趨勢型指標——MACD指標的滯後問題太嚴重，而我又喜歡精確把握行情，對於趨勢性的判斷有以上各種理論的配合基本足夠了，所以從2007年開始我便不再參考MACD指標，原因是它實在作用不大，所以我將BOLL指標用於作趨勢輔助判斷，它介於路徑型和趨勢型指標之間。

為了使大家更好地理解，我將BOLL與主圖K線進行疊加，這樣講解起來比較方便，大家也可以盡可能多地從圖片上直觀地吸收相關的知識。

有關BOLL指標的原理以及計算方法這裏就不多講了，這部分內容挺枯燥，而且在實戰中不具備什麼意義。如果對這方面感興趣的話不妨去買一本《指標精粹》，上面會有相關的計算公式和解說，現在我將要進行的是實戰中的研判分解。

1.基本形態綜述

布林通道由三根線組成，上軌為UB線，中軌為BOLL（布林線），下軌為LB線。三者構成一個通道，上面講K線趨勢的時候也涉及各種通道，原理有幾分相似。

當K線處於布林通道上中軌之間，表明行情處於強勢，可做多。

當K線處於布林通道中下軌之間，表明行情處於弱勢，做空為主。

當布林通道三根線距離很近，而K線處於中軌橫盤震盪，則表明多空取得平衡，為蓄勢狀態，後市可能發動一輪上漲或下跌的行情。

當K線強勢突破布林通道上軌線，則表示行情超強，如果布林通道中、上軌同時向上，而下軌向下，形成開口，則可果斷追擊。

當K線強勢突破布林通道下軌，並且中、下軌同時向下，而上軌向上，形成開口，則表明一波大跌行情開始，必須果斷做空。

當K線上漲一波之後進入橫盤或者小幅下跌，布林通道三根線皆向上，當K線接觸中軌時可買入做多。

當K線下跌一波之後進入橫盤或者小幅反彈，布林通道三根線皆向下，當K線接觸中軌時應注意隨後可能會有一波下跌浪，可做空。

布林通道的開口和收口研判最為關鍵，通常意味著一波升浪或者跌浪的展開，而布林通道中軌線配合均線用作切入點參考尤其準確。下面就各種形態進行案例分解。

2.升浪中通道分解

圖3—6—1是000612焦作萬方2006—2007年行情日K線。

我們從左邊開始講解，主圖為K線疊加均線，下面是布林通

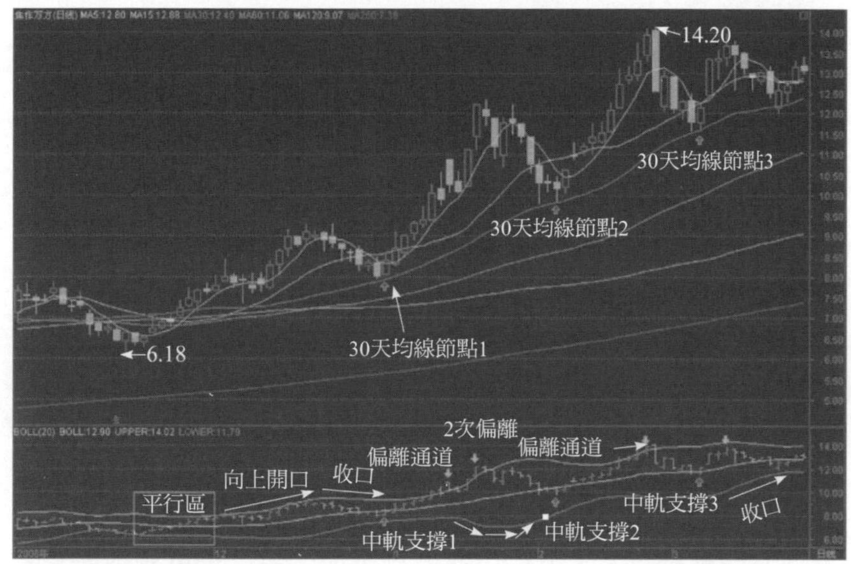

圖3—6—1

道。最左邊是平行區，這個區間K線的振幅很小，大家可以看到布林通道3根軌線都是平行延伸的，而且通道很窄，K線從左下角的下軌向上衝到上軌，通常來說，這是一波行情啟動的信號，注意，是預備信號，不是確認信號。緊接著K線向上突破均線壓制，形成均線多頭排列支撐K線的局面，從「均線理論」判斷，這是多頭行情展開的條件。伴隨而來的是在K線的衝擊下布林通道緩慢開口，並且向上發散（下軌向下延伸）。一個小波浪拉開之後便迎來一波小回調，這時候布林通道收口，通道收口意味著一波升浪結束。

回調到什麼幅度呢？一般來說在漲速不太快的升浪中，通常以30天均線節點為主（快速拉升則為15天均線），我們一開始很難斷定哪根均線會發揮作用，這時候布林通道的作用就明顯了。當K線跌到15天均線的時候，BOLL線還有點距離，而上下軌正在收口，說明回調還將繼續，當上下軌走平的時候，K線短暫跌破BOLL線，逼近30天均線，由於BOLL線（中軌支撐1）和30天均線的共同支撐作用，這裏一般來說會形成重要的拐點，而布林通道走平意味著一波回調行情結束。BOLL線和30天均線共同激發一波反彈行情，而這地方就是最佳買點。

接下來又是一波升浪，布林通道再次衝開，並且開口的幅度更大，這意味著新一輪上漲浪強度將超過上一輪。值得一說的是，由於漲速過快，布林通道上軌開口發散的速度跟不上，使得K線衝破通道，這在大漲行情中常有發生。但是偏離太遠時往往會被拉回來，也就是下跌回到通道上軌線附近。隨後又是兩個漲停板，第二個漲停板再一次偏離通道上軌，一般來說事不過三，第二次就該小心了，所以這漲停板上或者第二天就應該套現出局，從黃金分割比率也可以大概算出波浪段即將到頂。頂部橫盤的時候布林通道下軌開始走平，然後向上延伸，而上軌向下延伸，這樣就形成通道收口，回調開始。接著是30天均線和BOLL線再一次共同發揮支撐作用，形成節點，再次循環。

最後一波第三個節點之後出現比前面的快，所以形成一個補充浪，大家要知道，剛打出去的拳頭如果縮回的幅度不夠，再次打出去的力度是很有限的，所以最後一波上漲幅度並不大，在上軌附近便受制回落，隨著布林通道的進一步收口，整個升浪便告結束。由於週期被最後一波補充浪破壞，所以接下來的盤整時間會加長，以完成再一次的蓄勢動作。一旦週期被打亂，最好的辦法是拋棄它，選擇別的股票做。

2.逆轉前後通道分解

圖3—6—2依然是000612焦作萬方，這是2007年牛市頂部前後行情日K線圖。

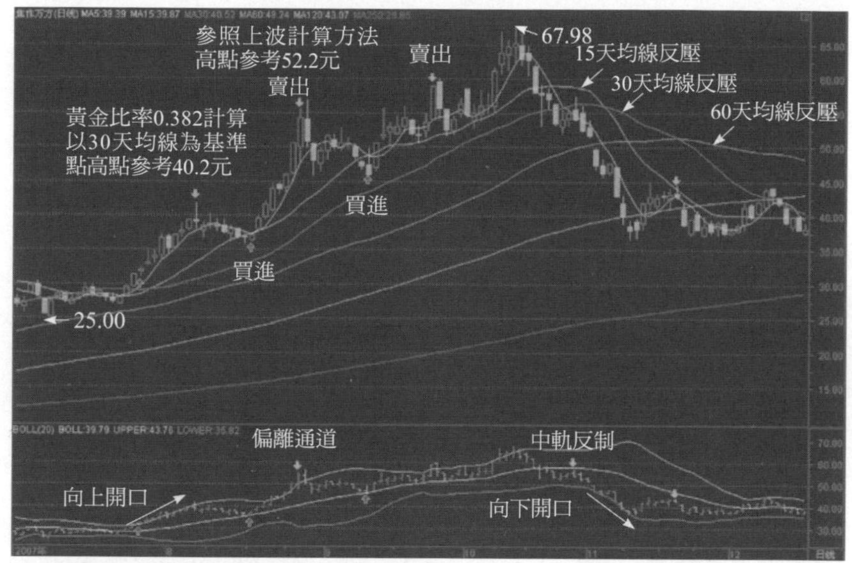

圖3—6—2

這是我的一個實戰案例，當時在它和南方航空中來回切換著做。南航橫盤的時候它漲，它回調的時候南航漲，非常有意思，我也忙得不可開交，這邊做完美了，遺憾的是南航沒有做完美。不過算下來倒是獲利不少，而且為自己增添許多成功戰例。

我順便把南航放上來，買點和賣點用↑/↓頭在上面作標注，大家就可以看到在南航上我其實做得並不完美（見圖3—6—3）。

我7月19日買入南航，當時布林通道被頂開口，並且根據前面所講到的其他理論分析，我信心十足地出擊，買入以後第2個漲停板上出掉，那天是7月25日。7月26日我看焦作萬方的布林通道也被頂開口，於是追漲，用黃金比率計算出波浪段的高點參考價。大家可以看到，我拋出的那天是衝高回落的態勢（8月7

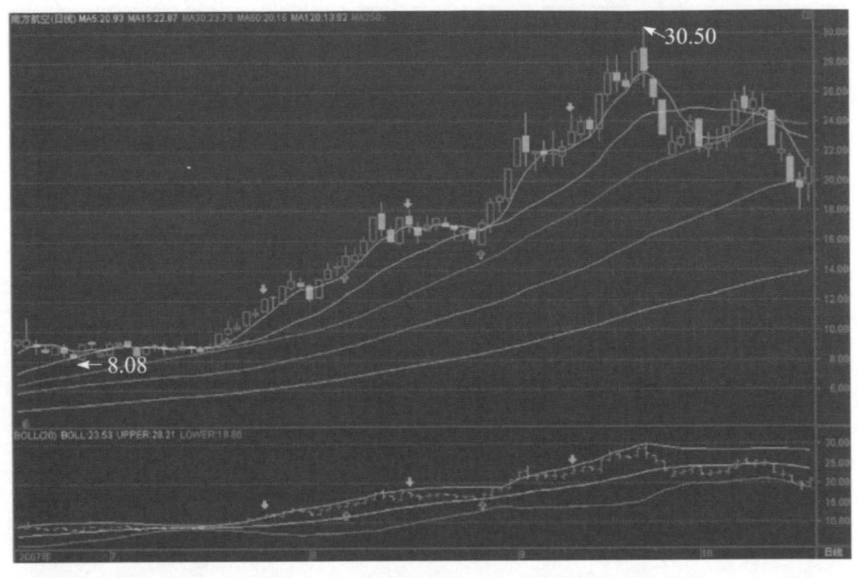

圖3—6—3

日），上午衝到5個點的時候我拋掉，然後迅速殺入南航，結果在買入的5分鐘內南航也直線拉起。那一天我兩邊加起來等於一個漲停板，利潤十分豐厚。我買南航是因為它的布林通道沒有收口的意思，而是K線不斷頂著上軌向上發散，並且均線支撐著K線上行，多頭動力十足。我一直拿到8月16日，K線在一小波回調後再次進攻上軌，我覺得不對頭，趕緊出了。而這時候正好看到焦作萬方15天均線和布林中軌共同支撐K線形成節點，於是第2天我迅速出擊焦作萬方。很顯然，這次我直接買到波浪段的起點。我又一次用黃金比率計算出波浪段高點參考價，然後就等待，同時一邊觀察南航動態，這時候的南航進入橫盤階段，我要等待它回抽到布林中軌線或15天均線節點，並且暗自企求焦作萬方快點漲。8月28日它上午就漲過我預計的價位，於是在漲8個點左右時我套現出局，大賺一筆，然後我又做了一件更英明的事情，就是迅速買入南航。而南航更有意思，這次是直線拉升。我這次轉倉的收益更可觀，兩邊加起來當天幾乎賺15%。我賣出焦作萬方的原因是K線嚴重偏離布林通道，有很強的回拉動力，加上我看到南航已經到節點，最佳買入時機已經出現，我沒有理由不選擇轉倉。而那個週五我在解盤帖子中公開指揮所有人出擊南航，當天漲停，並且下一個週一也漲停，連著2個漲停板。2個漲停K線自然偏離布林通道，所以我採取逆向交換手操作，做了一把短差，獲利還不錯。由於焦作萬方沒到買點，而南航較強勢，所以我暫時持有南航，直到焦作萬方9月11日出現買點的時候我才出掉南航，轉進去。9月11日下午南航逼近漲停板，於是我拋出。從這開始我就很長一段時間沒有做南航，手上保留很少的一點籌碼，拿到30元大關之前拋掉，並且提示所有人出局，主要資金在收盤前進入焦作萬方。我買早了幾分鐘結果挨了跌，當天浮虧差不多3個點，幸好南航給面子漲得多，所以不算冤，當天尾盤大盤也殺得可以，「9.11」嘛，大家都知道怎麼回事了。9月12日焦作萬方直接給我封漲停板，把我高興壞了。但是後面並不強，而是波浪震亂了。雖然我算出67.4元的參考價，但是它的波浪卻不像前面兩波那麼直截了當，所以我感到很不踏實。最後，9月24日在漲停板上出盡，從此再沒做它。大家都知道，過沒幾天我就進入中國遠洋去了。

兩支股票來回切換，只能把其中一支操作完美，要想兩支都做完美是不可能的，因為波浪段的銜接並不是那麼精確，其中只有第二次銜接非常準確。

焦作萬方後面見頂回落，變成均線逐漸反壓，並且布林通道向下開口，這是比較厲害的，光是均線反壓看不出下跌浪的強度，布林通道向下開口就表明過去的主升浪行情結束了，並且進入強勁的下跌浪，假如不出現強勁的下跌浪，則布林通道會逐步收口，直到變成平行狀態，通道變得很窄，看到這種開口則為行情逆轉信號，而且是確認信號！

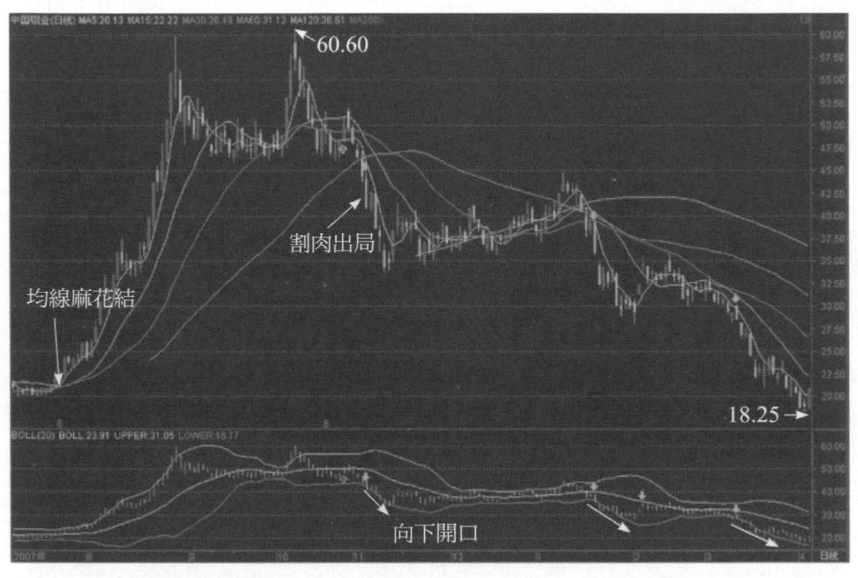

2.4下跌浪通道分解

圖3—6—4為601600中國鋁業2007—2008年行情日K線圖。

圖3—6—4

在第二部中我講到在中國遠洋和唐鋼之間，我做了一把中國鋁業，吃了大虧。最左邊大家可以看到一個均線麻花結，然後激發一波大大的升浪。前面講過均線麻花結的激發能力是相當不錯的，這裏又一次複習了。我買入的地方用↑箭頭作了標注。之前兩天我在高點套現中國遠洋，大賺一把，信心滿滿的，看著中國鋁業，我以為會築出一個W平臺，於是在上衝的時候果斷追擊，第二天就來了一根中陰線，衝高回落，然後一路跌下去。當我看到均線形成反制的時候我是有幾分害怕的，但還心存希望。當我看到布林通道向下開口的時候，我就知道完蛋了！因為這是行情的逆轉，毫無疑問的。在發現趨勢逆轉的時候，我果斷斬倉，認輸出局。壯士斷臂也是一種勇氣，我不喜歡等待反彈再割，輸了就是輸了，我認了，一把虧掉差不多15%。大家要知道，高位下來15%是很大的一筆了，因為基數大，在南航上賺20%不夠這裏虧15%，所以鬱悶是難免的。

大家可以看到，我割的位置正好是中間，後面還繼續往下大跌，而且再反彈也沒有到我出的價，所以及時認輸是正確的。後面有幾次布林通道開口向下跌，基本上中軌就成了最重要的反制線，反彈到這裏就會被頂住，衝不過去，這和上漲是完全相反的。搶反彈的話，可以在上軌線向上發散然後拐頭向下的時候出擊，這時候下軌線停止向下延伸，這表明一波下跌浪將要見底，並且形成反彈，搶反彈的話，賣點就是中軌，逼近或者接觸中軌果斷出局。其實這是一種冒險，一般情況下我並不提倡這樣的行為，抄底是一種極具風險的操作，是各種技術完美結合並且心理素質配合發揮的結果。缺乏其中一個條件都有可能導致失敗，一旦失敗，後果是很嚴重的！無論什麼時候，一旦看到布林通道向下開口，你手上有籌碼的話必須立刻斬倉，千萬不要有任何猶豫！做空將是你唯一正確的選擇！

綜合以上所有的分析，現在作個簡單梳理：布林通道最大的作用就是判斷是否出現一波大的行情，無論是升浪還是跌浪，判斷標準就是是否開口。其次它的作用就是用於主升浪中的買點和主跌浪中的賣點，判斷標準是中軌線與K線接觸形成節點。除此之外，布林通道的作用並不是很大，用它來判斷大趨勢拐點的話比起上面的那些理論差得太遠了，至少我認為它在牛一熊大拐點之間不具備普遍規律，難以掌握。

第二節　KDJ

KDJ指標是非常常見的一個K線輔助分析指標，它屬於超買超賣型，在交易過程中經常具有很重要的輔助作用。

KDJ由3條線組成，K線居中；D線最遲鈍；J線最靈敏。KDJ指標通常會在0～100之間波動，分區的原則是：0～20為超賣區，也是超弱區；20～50為偏空區，行情偏弱一些；50為中間界線；50～80為偏多區，行情偏強一些；80100為超買區，為超強區。KD線一般不會超過0100的範圍，而J線經常會突破，最強到123，最弱到-23。一般出現這樣極端的行情時應採取反向操作，也就是-23時買入，123時賣出，能到這兩個值是很極端的行情，一年中很難見到幾次，在連續跌停或連續漲停中才能看到。

超賣區中，行情一般是處於大跌狀態，賣盤瘋狂擁出，當它達到極限的時候，自然要從一個極端變化到另一個極端，這時候買入比賣出正確，因為對的永遠是少數人。而超買區正好相反，行情超強，持續上漲，當浮籌積累到一定程度的時候自然會瘋狂擁出，所以你最好的做法就是漲到差不多時候趕緊套現，賣出股票。要區分這個並不難，就是超買區賣出，超賣區買入，完全相反的。

KDJ指標基本的使用法則是：

KDJ最常規的使用方法是金叉買入，死叉賣出。金叉的概念是：黃金交叉，J線和K線分別向上穿越D線，這個節點便稱為黃金交叉，簡稱金叉。當J線和K線向下穿越D線則為死亡交叉，簡稱死叉。

KDJ三根線都進入80以上的超強區時，行情極強，一旦發生扭曲，則上漲行情會持續較長時間，這時候KDJ暫時失靈。

KDJ三根線都進入20以下的超弱區時，行情極弱，並且在大跌浪的情況下KDJ指標將發生扭曲，這時候它同樣會失靈，失靈時不可用作買賣參考。

在沒有重大消息或者題材作用下，正常的波動行情中J線達到或超過120的時候，應採取賣出股票。

任何時候J線達到或超過-20的時候，應採取買進股票。

KDJ指標見頂下行，而K線卻繼續上升，這時便是頂背離形態，發生頂背離的時候應當逐步賣出股票。

KDJ指標見底上行，而K線卻繼續下跌，這時便為底背離，發生底背離的時候可以分批次買入股票。

一般來說，頂背離比底背離更加可靠。所以底背離的時候可能會出現兩三次，甚至四次，多次背離時買入比較安全。

在大升浪中，KDJ作為賣出參考指標比較好用，發生背離時賣出正確率較高，買入則參考均線或者BOLL指標。

在大跌浪中，KDJ可作為抄底買入的參考指標，而賣出同樣參考均線和BOLL更可靠些。

我將「K線弧度理論」套入KDJ進行弧度分析，得出「KDJ弧度理論」最基本的法則與K線弧度使用相反：

主升浪行情中，回調段時間短，幅度小，KDJ容易走出內拱弧形態，而上漲段時間長，幅度大，容易走出外拱弧形態，KDJ出現外拱弧並且進入超強區時（一般這個時候KDJ會發生扭曲），應果斷做多，持股待漲，直到出現多次背離時方考慮賣出，或者將KDJ視為趨勢指標，賣點以波浪理論黃金比率計算結果作為重要參考。

主跌浪行情中，反彈段時間短，幅度有限，KDJ一般呈現內拱弧形態。KDJ出現外拱弧時，K線必定走出大跌浪，KDJ長時間在超弱區呈扭曲狀態，如果沒有出現數次底部背離，切不可輕易抄底。

KDJ的弧度判斷與K線弧度相反，這點大家要注意！也就是說，主升浪中的K線內拱弧會配套KDJ外拱弧，而主跌浪中的K線內拱弧會配套KDJ外拱弧，而這是大漲大跌的行情，要特別注意。

下面我配合案例進行分解，光用文字描述叫人難懂。

1.主升浪行情中KDJ分解

圖3—6—5為000612焦作萬方2006—2007年行情日K線圖配合KDJ指標。

我們從左邊講起。最左邊第一個↑箭頭所指的地方就是金叉，這是一個買入點。金叉之後是一個平滑的外拱弧，股價開始持續上漲，到超強區發生J線背離。它開始下行的時候，上面的K線波浪還在上行，但是拋壓已經明顯加大，很快出現死叉。但是K線並沒有發生大跌，而是橫盤小跌，很快出現高位金叉，K線再上行一小波。大家可以看到，KDJ並沒有出現新高，而上漲浪已經出現新高，這種狀態就叫頂背離，我在圖中作了標示，正常的波動中一旦出現頂背離應當賣出。這樣一個KDJ週期就結束了。

回調過程中的買點如果以KDJ來判斷的話很難把握準確，所以最好以均線或者BOLL來判斷，畢竟上面講了許多節點研判，那些非常準確，KDJ可以作為輔助判斷，J線跌得很低的時候可以注意買點。中間的幾個週期我就不用多說，大家自己看圖就明白。

最後面上方K線出現內拱弧加速段，大家可以看到KDJ在高位

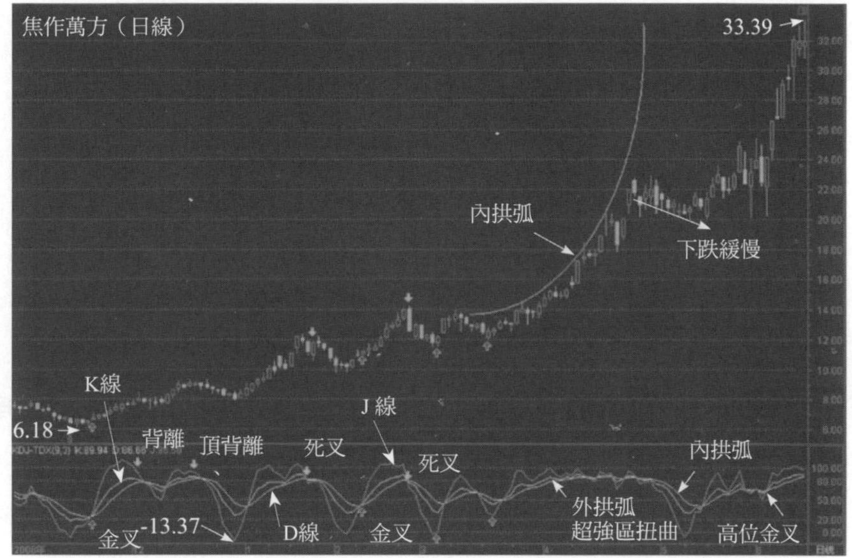

圖3—6—5

金叉之後出現外拱弧，在超強區中KDJ指標發生嚴重扭曲，這個時候它便失去超買超賣指標的意義，而是作為趨勢型指標使用，外拱弧出現時上漲時間較長，幅度較大，這是基本法則。它可以出現多次頂背離，你切不可以此參考操作，因為你不確定哪一次頂背離會見效，可能第3次頂背離時賣光了，而K線波浪還往上漲多一半，你是賣在半山腰，這無疑是糟糕的結局。

後面一波小回調行情對應的KDJ是內拱弧，K線內拱弧是加速殺跌，而KDJ則相反，是橫盤或者小跌狀態。

大家可以看到，大部分時間裏，KDJ指標都處於50上方，這是絕對的多頭行情，低於50的時間很短，J線超過-10更是少見，一旦出現就是很好的買點了，說明短調幅度已經足夠大，如果均線出現節點則更加肯定是很好的買點。

2.牛一熊切換時KDJ形態分解

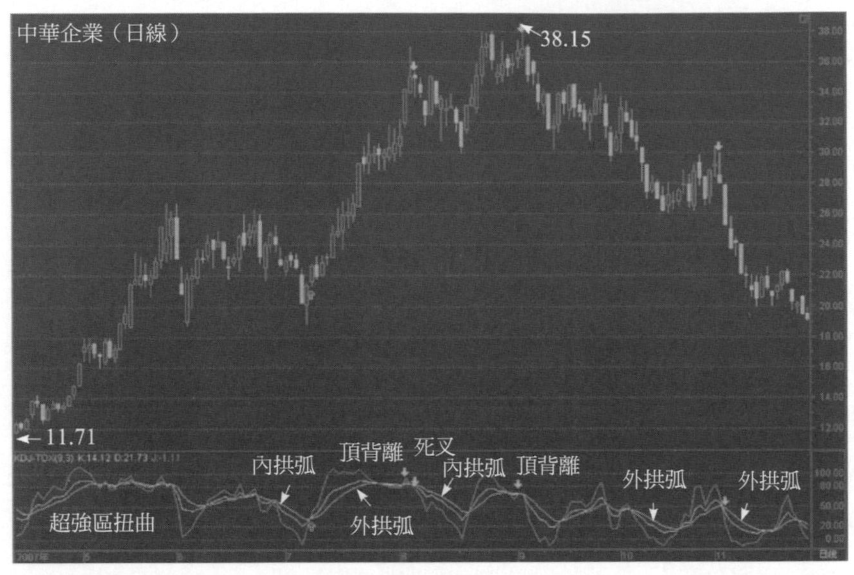

圖3—6—6

圖3—6—6為600675中華企業2007年行情日K線配合KDJ指標分析圖。

大家可以看到左邊是兩個主升浪，都是KDJ外拱弧形態，而中間的回調是KDJ內拱弧，兩個升浪都出現KDJ超強區扭曲形態。中間見大頂的時候，KDJ沒有進入超強區，而波浪段卻連創新高，這是明顯的頂背離形態。自此之後，KDJ便震盪下移，前面多數時間處於50上方，這裏開始便進入50下方。後面兩個大跌浪都出現KDJ外拱弧形態，但沒有在超弱區發生扭曲，因為這是熊市的初級階段，殺跌還沒那麼兇猛。

在主升浪行情中，KDJ內拱弧出現金叉時應果斷買入，而主跌浪行情中則相反，一旦出現死叉，必須迅速平倉，否則將會遭受大跌之苦，那可不是鬧著玩的。

用KDJ來判斷牛—熊切換的大趨勢的話，如果主圖是日K線是很不可取的，因為KDJ是超買超賣指標，儘管弧度理論可以用來輔助判斷大趨勢，但是終究不現實，如果非要這樣使用，必須將主圖切換為周K線甚至是月K線，那樣就有研判意義了。在長週期K線上用KDJ來作輔助判斷可以幫助研究中長線週期行情，我認為這是可取的。

對於想進行中長線週期操作的朋友而言，KDJ配合周K線使用時可以取得不錯的效果，當周K線出現金叉買入，而頂背離或者死叉的時候迅速賣出股票，這樣就很容易竊取到所謂的「魚的中段」。有人將買賣股票比喻成吃魚，有人喜歡魚頭，美味卻不容易吃，中段肉多刺少，容易吃點，尾部刺多肉少，適合吃魚高手。

我比較喜歡用KDJ來作日線級別以下的週期判斷，特別是30分鐘K線的輔助判斷，然後做交換手操作，那準確度比較高。這算是發揮了KDJ的作用，畢竟它是很靈敏的超買超賣型指標，用它來研判每次的買點和賣點是比較容易的，像「5.30」行情中我就用它來對1分鐘K線進行輔助判斷，準確度更高，不過如此頻繁的操作我不向他人推薦，這不是個好習慣，過度交易不可取。

短週期的研判規則和長週期其實是一樣的，只是你操作的次數會因此變得頻繁，關鍵要看你選定什麼交易方式，如果是超短線的話，你用周K線配合KDJ指標研判自然是很荒唐的一件事。

3.橫盤震盪中KDJ形態分解

圖3—6—7為600072中船股份2009—2010年行情日K線配合KDJ指標分析圖。

我在下面KDJ上用↑箭頭標出金叉和底背離的買點，↓箭頭標出死叉和頂背離的賣點，大家可以對應上面主圖的K線波浪中的↑和↓箭頭，這是橫盤震盪行情中超短線利用KDJ指標輔助操作的

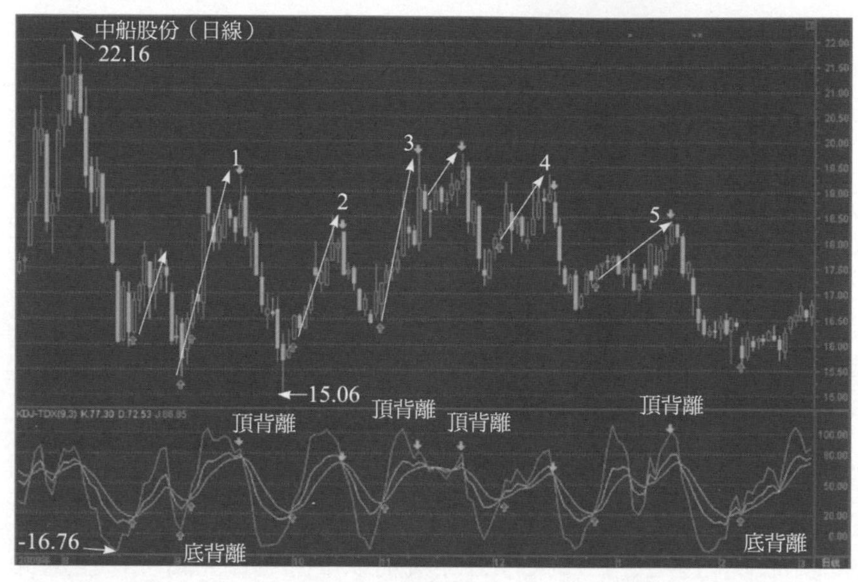

圖3—6—7

一個方法。大部分時間裏KDJ都在20～80之間震盪，行情不強不弱，屬於中間徘徊狀態，這是做超短線的絕佳機會，如果你不動一直拿著，那是從頭走到尾都沒賺錢，倒是坐了若干次過山車。

第一個週期是：左邊第一個買點是KDJ的J值跌到-16.76，正常波動中這個值是非常低的，買入是正確的。這地方可以冒險抄底，贏面還是比較大的，穩妥的買點是↑箭頭標示的KDJ金叉點，對應上方是一根中陽線，這是一個小反彈浪，很快又殺一把回來，這地方要賣出的話也不難，因為波浪頂是15天均線節點。這裏為了方便大家辨認主圖所以我隱藏去均線，大家可以從軟體上看到K線接觸15天均線，然後被壓制跌一波下來，波浪底創新低，但KDJ沒有新低，也就是說，這是一個底背離，這裏買入勝算就非常大了，至少是90%的贏面。接下來是比較大的一波反彈浪，出現頂背離的時候自然要賣出的。

第二個週期是15.06元反彈第三天KDJ出現金叉，買入，然後持股待漲，直到KDJ死叉的時候賣出，雖然頭尾都沒賺到，到是好歹吃到魚的中段，也算不錯了。

第三個週期同樣是KDJ金叉買入，為反彈第三天，這一波出現兩次頂背離，一般來說第一個頂背離就可以拋出，如果還沒拋出，第二個頂背離也一定要出了，這樣的行情不可能出現三次頂背離，因為這不是主升浪，而是普通的波動行情，也可以稱為寬幅震盪行情。

第四個週期幅度很小，按照KDJ指示來操作大概只能小賺三四個百分點，甚至打平。

第五個週期同樣幅度不大，不過出現一次頂背離，這個週期多數人無法做得好，就是我來做，可能最多賺個3%就了不起了。

大家可以看到，這五個週期的振幅是越往後越小，這說明一個問題，那就是多頭的力量越來越薄弱，而上方套住的籌碼日漸增加，拋壓加大使多頭資金日漸萎縮，出現這樣的情況時最好的辦法就是拋棄它，不再參與，空頭一發力，行情就很難看了！

如果你以一種很機械的方式來操盤，按照KDJ最基本的研判方法操作，每一個波浪段要賺一些錢並不太難，只要像機器一樣嚴格執行就可以了。不過很多人沒有受過操盤訓練，根本做不到這樣，尤其是下跌出現的時候根本不會拋出，而是很喜歡等反彈，結果就是坐過山車。買股票我相信很多人可以做到，金叉的時候買入，甚至沒到金叉已經買入了。賣股票可就難了，所以才流行那一句「會買的是徒弟，會賣的才是師傅」。貪心會害死人，止損容易，止盈就困難了，面對上漲行情，很少有人能戒貪，很難主動止盈。

日線以下級別的週期操作KDJ使用方法和這個案例差不多，關鍵還是看你是否有鋼鐵一般的執行意志。

第三節　MTM

MTM指標也叫動量線，它屬於能量型指標，簡單地說，就是用來判斷上漲或者下跌浪的能量強度的指標。它由兩根線構成，一根叫MTM線，另一根叫MAMTM線。和KDJ一樣，它也有金叉和死叉的概念，MTM線由下到上穿越黃線為金叉，反之為死叉，比較容易記住。如果用它的金叉和死叉來判斷買點和賣點的話，它遠不如KDJ那麼好用，但是用它來判斷K線波浪漲到頭或者跌到頭就比較管用了。

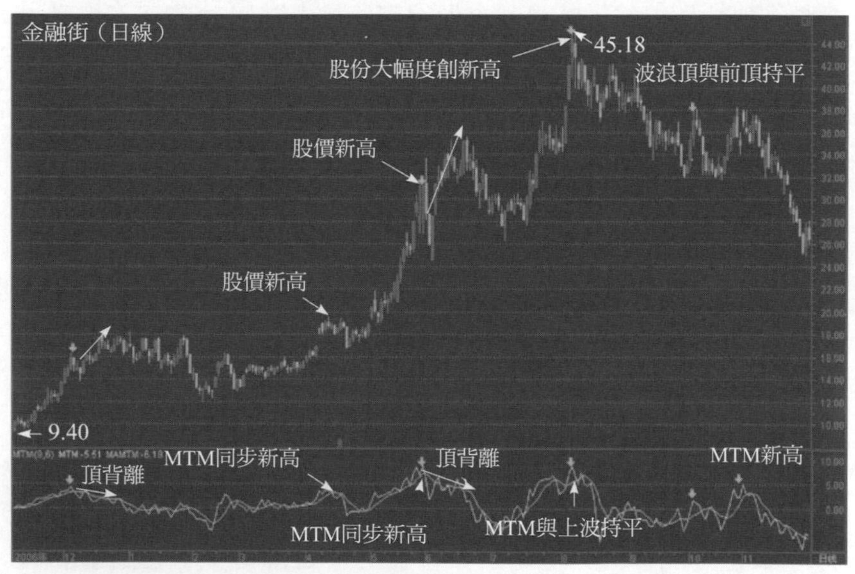

圖3—6—8

下面進行案例分解（以下3個案例都取自000402金融街，從2006—2010這幾年的階段行情）。

1.主升浪中MTM指標分解（見圖3—6—8）

我們由左邊講起。最左邊是一段升浪，主圖座標和MTM指標上對應交易日畫上↓箭頭，K線的↓箭頭出現3天回調之後又拉開一個補充浪，而MTM指標明顯掉頭下行。K線向上，而指標向下，這種狀態就叫頂背離。到了這裏，說明上漲動力已經耗盡，所以能量指標下行，表示多頭動力衰竭了。所以我們看到很快K線也掉頭下行，然後是一波長時間的盤整行情。當出現頂背離的時候，最好的辦法就是賣出股票，等待下跌。

盤整之後是一波上漲浪，股價很快創出新高，而MTM指標在低位整理之後也同步上行，創出新高，這是正常的一種行情狀態，說明上漲動力充足，正常的上升趨勢應該是MTM指標配合K線波浪連創新高。

一小波回調後K線拉出一個內拱弧加速段，而MTM指標再次同步創新高，↓箭頭之後出現指標背離，和上一個週期一樣，指標背離不久便會出現一波下跌浪。多頭能量耗盡不可能不跌，所以最好選擇賣出。

最後一波大漲我們看到MTM指標並沒有同步創新高，而是與上一波持平，這是能量不繼的一種表現，多頭動力不足，股價卻創出新高，這是不正常的行情，多數時候都意味著大趨勢的逆轉，大家要注意這一點。只有每一個波浪都同步創新高才能使趨勢維持下去，一旦發生改變，也意味著大趨勢的逆轉。我們看到，這裏就是大牛市的最頂點，大趨勢在不久之後發生扭轉。這裏是2007年8月初，前面第二部分講過，地產股會先於大盤大約2個月見頂。

最右邊兩個波浪的頂部持平，而後一個波浪的MTM指標創新高，意思就是說同樣的上漲浪，後一波需要消耗的能量比前一波大，這說明拋壓加大了，拋壓加大的結果就是多頭撐不住的時候會有大跌浪出現，所以後面便是熊市開始了。

2.主跌浪中MTM指標分解（見圖3—6—9）

這張圖最左邊是一個鷹嘴弧，對應的MTM指標呈現纏繞扭曲的狀態，這說明下跌有一些阻力，多頭且戰且退。第二個↑箭頭大家可以看到，主圖中的K線波浪底比前一底低，而下面的MTM指標後底比前底高，這種狀態就叫底部背離，我在上面標上「底背離1」，這裏是一個很好的抄底機會，特別是MTM線金叉的時候，可以果斷追擊。接下來的一波反彈很強勁，MTM指標呈現平滑上衝的形態，這是多頭動力充沛的體現。而這一波的MTM指標顯然比前面鷹嘴弧波浪頂跌下來的時候高，這說明拋壓更大了，

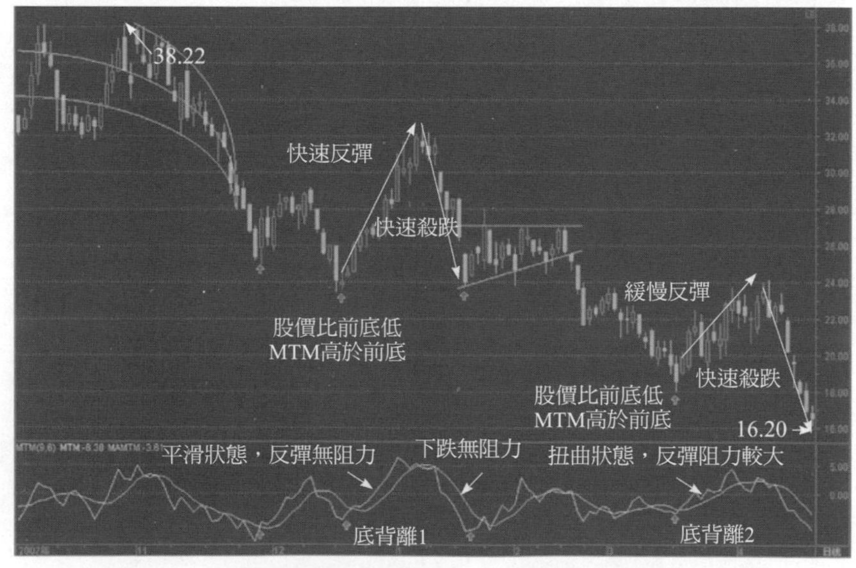

圖3—6—9

消耗的能量也更多，搶反彈的話應適可而止，如果顯示主圖均線指標的話，我們可以看到這地方短暫衝破60天均線，但上方是120天均線，壓制力是非常大的，搶反彈的話，這麼一大波利潤已經很豐厚，沒必要冒險吃盡波浪段。

後面一波下跌同樣兇猛，MTM指標呈現平滑的狀態，下跌動力充沛。下跌浪後是一個下跌中繼的直角三角通道，然後是一波大跌浪分成小3浪的形態，浪底出現MTM指標底背離，為了和前面進行區分，我標注為「底背離2」。既然底背離那麼搶反彈還是要把握的，不過這一波反彈強度並不高，阻力比較大，上方的拋壓強度不小，MTM在纏繞中上行，高度依然超過三角通道末端的波浪頂，但是K線的波浪頂卻差了一截，說明空頭的打壓力度

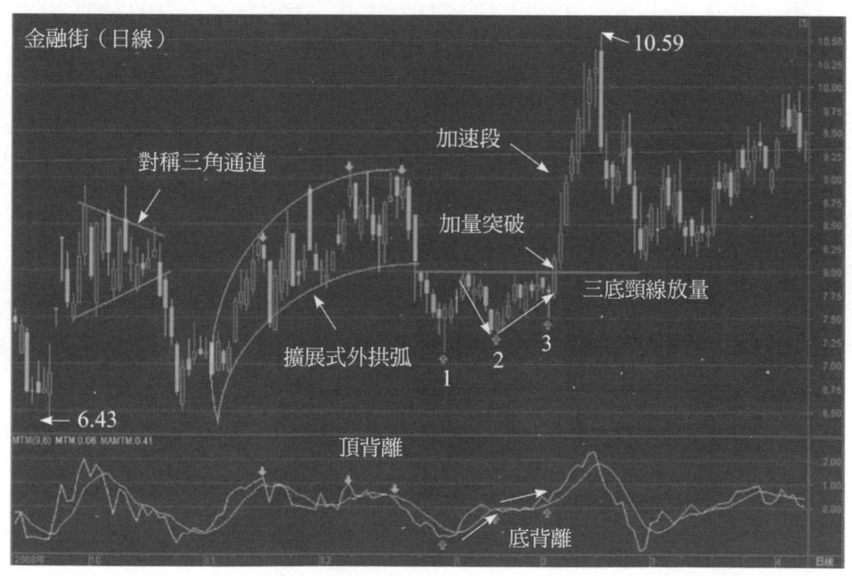

圖3—6—10

不小，多頭動力消耗很大，同樣的，很快便見頂，並且隨之而來

的是一波快速大跌浪。

3.橫盤寬幅震盪中的MTM指標分解（見圖3—6—10）

該圖最左邊是2008年「9.19」降印花稅的強反彈行情，波浪頂是一個對稱三角通道，然後一波大跌浪殺回來，最低點比前一波浪底高，地產股先於大盤約2個月見底。

底部橫盤幾天之後是一波上漲浪，漲速比較慢，形成一個擴展式外拱弧，MTM指標發生頂背離，很快便出現下跌。

後面是一個小三浪底，我分別作了標示，第二底的時候發生底背離，這時候買入是正確的。第三底只是一天的行情。如果在60分鐘或者30分鐘K線上看，就可以清楚看到一個浪底形態，而日線上看勉強一些。我在三浪底部畫上一根頸線，突破的時候是放量中陽線，行情還是比較強的。大家可以看到面對K線的回調浪，MTM指標並沒有出現對應的回調浪，而是走平，這說明多頭的能量積累得很充足，不需要再積累了，所以，一旦上漲行情發動，對應的升浪還是比較強勁的。

前面講「K線弧度理論」戰略篇中曾講到外拱弧切換內拱弧時會有一個過渡區，大家可以看到上面這個小三底就是很明顯的過渡形態。然後便出現一個加速段，上漲動力充沛，漲幅也比較大，MTM指標同步創出新高。這是行情已經逆轉的信號，說明很快將進入主升大趨勢。

MTM指標的實際數值參考意義並不大，至少不像KDJ數值那麼明顯。但是每個波浪頂部和底部對應的K線頂部和底部的高低對比就有很大的意義了。對比MTM的波浪強度可以了解到趨勢是否發生逆轉，能量積累和損耗情況，以採取對應的措施。一切都是相對的，這個指標的意義在於它的動力狀況。

4.MTM的加速原理

如果把K線比喻成機器，那麼MTM指標就是燃料。你把油門踩到盡頭，但是你的燃料不足，你想想就應該知道很快機器就會熄火。同樣，油箱灌滿燃料，你可以不加油門，但是一旦你加油門，它就會衝得很快、很遠，積累越多，衝得越猛。

在正常的波動行情中，你每踩一腳油門就需要消耗一定的燃料，這是很均勻的週期。

你開著車翻山越嶺的過程中，上山肯定是一個週期接一個週期往上開，每一次上衝都必須消耗許多燃料，而且山越高你需要踩的油門就越大。所以我們會看到主升浪過程中，每個K線波浪都在創新高，而MTM指標同樣在創新高，這是正常的上坡。

在下山的過程中，由於有重力的作用，下行過程是很省力的。我們看到反彈過程中這些MTM底部常有背離的狀態，因為下跌不需要消耗那麼多的動力，能量會被積聚起來，用於反彈，而反彈中卻能將這部分能量快速消耗完，因為反彈時間一般偏長，但幅度並不太大，雖然一腳油門不用太大的力，卻必須時刻保持著，所以消耗起來還是蠻多的。

由於下山過程能量消耗少，所以能量會不斷地被積累起來，當積累到一定程度的時候，油箱就滿了，你還能不趕緊踩油門消耗掉一些嗎？一大力轟油門，牛市就來了，所以，我們會看到行情發生扭轉。

從較長的週期來看，上山過程的MTM會高於下山過程，原因是下山過程有重力的附加作用，而上山過程的重力是阻礙作用，自然上山需要消耗的能量會多許多，所以MTM指標也相對較高一些。

在實際運用過程中，如果你想不明白其中的狀況，那麼你就想想我現在所講的MTM加速原理，想一想開車上山、下山和平地溜達的時候如何掌控油門，套用生活中的事情，一切問題就會迎刃而解。誰規定財經就必須用專業辦法解決？一切來自生活，萬變不離其宗，只要能解決問題，管他辦法土不土，能用最要緊！

第四節　VOL

VOL是成交量，這個指標大家最熟悉了。

前面我在講K線趨勢的時候用成交量來作為確認指標，放量突破頸線為上漲行情啟動信號，在運用上我講得足夠多了，所以這裏更多要講述有關成交量的內在原理。

在正常的狀態下，上漲中成交量隨著K線上升而加大，而下跌過程是相反的，成交量會隨著K線的節節下跌而逐漸萎縮。當一個波浪段漲得非常多，成交量開始萎縮的時候，大家就要注意這可能是逆轉信號；反過來說，當下跌行情進行得差不多，成交量逐漸加大，則表明多頭開始組織抵抗，行情即將逆轉。以上是最基本的一種判斷規則，我想大家都清楚，所以我就不必多說，下面我要說的也許是你所不清楚的內容。

1.K線重力原理

為什麼正常的行情中，上漲放量，下跌縮量？大家都知道，K線的波浪和海洋中的波浪有一定的相似性，而成交量和股價之間的關係就像地球和地球上的物品一樣，地球會產生地心引力，地球上的物品就有向下的重力。

我們將石頭從山坡下面往上推，然後不停地在下面墊上石塊，使它穩定，越往上墊，墊得越高，我們需要的石塊就越多，當我們沒有石頭可以墊的時候，它自然上不去。當石頭滾到足夠高的時候，由於行程拉長，墊石頭的速度也會變慢，這時候上衝的速度便會慢下來。一旦我們的小石頭運送速度太慢，或者停止運送，再將石頭抽掉，石頭在重力的作用下，一定會往下滾，而且在慣性的作用下，根本承受不住衝擊，最終石頭會越來越快地往下滾，直滾到一個坡度平緩些的地方才獲得支撐。

大石頭就是股價，小石頭就是成交金額（或者說成交量），要使股價上升，就必須拿錢不斷地往裏投，一步步抬高它，當你沒錢再往上抬的時候，就會出現滯漲，漲速開始變慢。大家知道，由於股價升高到一定程度，很多人便不敢再買，參與資金減少的結果就是股價失去支撐點，這時候一旦有人抽資金，結果必然是下跌。抽資金的人越多，跌下來的速度越快，一旦形成下跌的趨勢，即使不抽資金，股價一樣會往下跌。接盤的人即使和拋盤一樣多，由於有重力加速度的作用，股價也是會繼續下跌的。要想擋住這種勢頭，唯一的辦法就是有強大的支撐力，買盤遠勝於拋盤，抵擋住拋壓的同時產生向上的反推力，抵消掉重力的作用。這時候，我們就會看到在下跌的過程中出現強勁放量，或者跌速變慢，成交量逐漸增加，只有這樣才能阻擋股價下行。

在物理學的定義上，重力加速度的數值隨海拔高度增大而減小。這個定律可以用來解釋為什麼熊市最末端會出現加速下跌的情況。一般來說，熊市初期的下跌速度並不是那麼快，甚至有相當一部分股票還能對抗大勢，而到熊市末端，股市基本上沒有避風港，無論是小盤股還是超級大盤股，大家一塊連續跌停，出現加速探底的情況，這就是因為跌到很低的時候，重力加速度變得很大，所以作用更為明顯。有了這些基本的認識，我們要做的一件事情就是盡量避開熊市的末端殺跌行情，那太慘烈了！我本人經歷過兩次熊市，在兩次末端殺跌中，2005年那一次我是挨得很

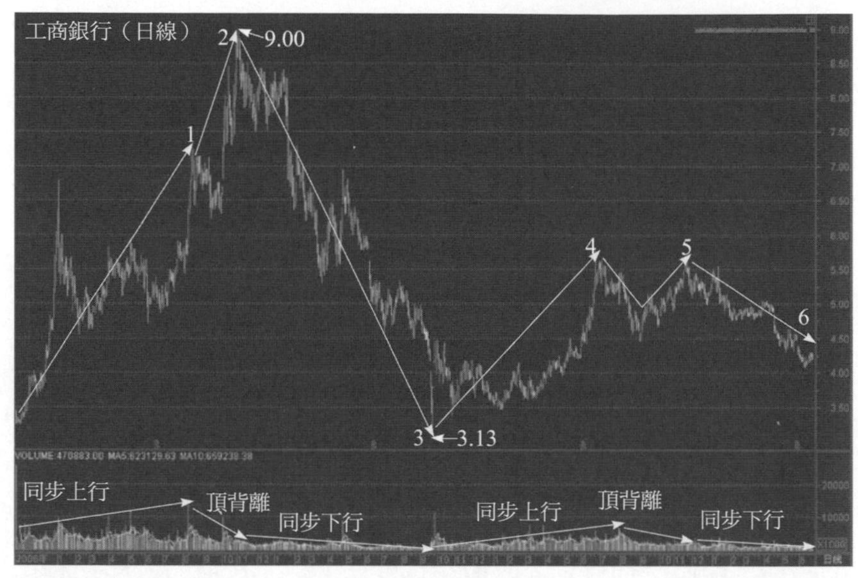

圖3—6—11

結實，2008年這一次好一些，因為有了前車之鑒，所以損失程度會低許多，而且及時發現這一現象有助於我進一步判斷底部的到來。

根據「K線弧度理論」戰略篇中的定義，弧度發生改變的時候，大趨勢也將出現逆轉。我們都知道牛市的最後出現加速上漲，而熊市末端會出現加速下跌的鷹嘴弧。所以，無論上漲還是下跌的趨勢，一旦出現加速的情況，就應該注意可能隨後會出現拐點。

大家一定要記住一點，K線既然會產生波浪，受到月球的引力作用，它就一定會有地球引力的作用，會有重力，並且在運動過程中會產生重力加速度。影響重力加速度的因素有兩個，一個是物體的品質，另一個是距離。替入股票之中，兩個因素便是盤子大小和股價高低。

圖3—6—11是工商銀行2006—2010年行情日K線對照成交量指標的分析圖。

我們將這4年的行情分為6個階段。第1階段是牛市狀態，我們看到成交量隨著股價上漲而逐漸增加，這是同步上行的一種狀態，很正常。第2階段是牛市末段加速行情，股價快速抬高，但是成交量反而萎縮，這是成交量頂背離，頂背離意味著趨勢逆轉，這點和其他輔助指標的判斷是一致的，用上面的K線重力原理也可以作出解釋。第3階段是熊市，我們看到成交量伴隨著股價的下跌而逐步萎縮，最末端的成交量小得可憐，這就是人們常說的「地量見地價」，即使是最末端的加速段都沒有出現太明顯的放量。我們知道，工行先於大盤近2個月見底，後面一波殺跌時已經出現大幅度增量，說明已經有資金進行對抗，抵消重力加速作用，如果我把上圖做得再精確一點，就可以明顯看到一個底背離的情況。第4階段是2009年的小牛市，成交量再一次伴隨股價上行而同步放大，很健康。第5階段分兩段，一段下跌，一段反彈，反彈時出現頂背離，趨勢隨後逆轉。現在（2010年6月25日）是第6階段進行中，股價和2008年熊市一樣，出現嚴重的萎縮。一旦出現底部放量，我們便可以清楚地預計到行情將會逆轉，因為這是最基本的規律，符合K線重力原理。

我看了許多股票的大趨勢逆轉過程，基本上都有出現成交量背離的情況，無論是頂背離還是底背離，所以，區分中繼性平臺和頂部/底部的差別就是看是否出現一波背離行情，背離行情不出現，那就是中繼行情。

2.板塊輪動原理

在第二部分中，我通過實戰經歷總結出牛—熊市中的板塊輪動順序，那只是表面的現象。現在，我以成交量指標來解釋其中的原理，相信你明白其中的奧妙之後，自己便能即時作出判斷，而不必死記輪動順序。

在解釋板塊輪動原理之前，對於盤子及市值我必須先作出劃分。經常有人來問我到底什麼算一線股，什麼算三線股，大家都沒有明確的定義，現在我個人對此作出定義，希望大家能明白。經過綜合考慮，我選擇流通市值作為衡量基準，200億元之上為一線權重股（400億元之上為超級大盤股），100億～200億元為次一線股，50億～100億元為二線股，20億～50億為次二線股，低於20億為三線股，垃圾股的定義為三線股中市盈率超過50倍的那些（按照大盤平均市盈率2倍計算），包括所有的ST股。

因為現在還有很多股票沒有實現全流通，所以在排位上有些混亂，像上海電氣的流通盤目前只占1/5不到，只有157億元，屈居次一線，一旦全流通，它就是只純粹的一線股；而二重重裝由於是次新股，目前只有不到1/5的盤子流通，才30億元，全流通的話，它就從次二線躍居次一線，股價再上升的話有可能進入一線。

2010年之後屬於全流通的時代，所以我這裏按總市值也作出劃分：300億元以上為一線股，也可以稱為一線大藍籌股（700億元以上為超級大盤股），150億～300億元為次一線，80億～150億元為二線，50～80億元為次二線，50億以下為三線，對垃圾股的定義和上面一樣。

劃分完市值的問題，現在就該講正題了。

生活在城市裏的人們並沒有養過什麼動物（寵物不在此論），大家頂多是在QQ牧場上養一些牛、羊、馬之類的。我想很多人都知道，動物體型越大，需要消耗的食物就越多，而且飼養的週期越長。我們選三種動物進行比較。分別是兔子、羊和牛，這三種動物各代表小盤股，中盤股和大盤股，而它們的食物也就是草，代表資金。

你同時可以選擇三種動物養，問題是你手上的資金很有限，草料也有限，每天只能獲得100千克，你會怎麼選擇？養兩頭牛恐怕很勉強，讓它半饑餓的狀態會長得很慢，甚至還沒長成就開始消瘦了。養4頭羊顯然也一樣，有些勉強。如果改養100隻兔子的話，那就輕鬆得多。一隻兔子從出生50克到成兔2,000克翻40倍，同樣的時間如果勉強養4頭羊，估計翻2倍還是有的，養2頭牛的話想翻1倍都是困難的，牛出生的時候體型就很大，草料不足的情況下長得慢，從100斤到200斤得消耗掉很多草。一頭牛要從牛寶寶養到成牛少說也需要二年的時間。羊大概短一點，我想一年也是需要的，兔子就快了，兩三個月就可以。所以，在草料有限的情況下，投資的方式最佳是選擇養兔子，投入少，回報快。

所以，我們看到牛市的初級階段，資金放大速度緩慢，而小盤股漲得飛快，因為小盤股不需要太多資金就可以拱出漲停板，而且翻個幾倍對指數影響也無足輕重，在資金很有限的情況下，首先肯定是抬起小盤股，投入少，翻的倍數多。

兔子養到成兔了，它體重上升的速度會迅速慢下來，2,000克要養到3,000克大概要投入的草料會比50克到2,000克多得多，這一段就是投入大，收益少，所以，這顯然不是投資的好路子。投資的收益是按照比例計算的，倍數越多，時間越少，這種投資就越有價值。

我們將養成的兔子賣出去，然後賺來的錢就可以買飼料，這時候就可以考慮養多幾頭羊了，羊羔養成羊的時間長一點，但是羊的價值顯然比兔子要高得多；養牛顯然資金實力還不夠，可以80%資金用於養羊，然後抽20%的資金再養小兔子，再用30隻兔子的收益來養一頭牛，大概還是可以的。

我們經歷過2007年「5.30」，那是一個分水嶺，之前小盤股漲翻天，大部分小盤股在5月29日便是整輪行情的大頂。「5.30」行情之後是中盤藍籌股的大好行情，有色、煤炭、地產中那些盤子在一線以下的都漲得非常猛，他們都是羊。從小盤股中取得巨大收益的資金連本帶利在中盤藍籌股上獲得更瘋狂的收益，這一階段持續時間也很長，真正屬於瘋狂的牛市。

市場上的股票數量是有限的，所以牧場的兔子和羊能養的數量也是有限的。兔子最多，羊次之，養完了就剩牛了（三線股最多，二線次之，一線股最少）。這時候再養兔子和羊只能是將成兔和成羊養胖點，沒有兔子寶寶和羊羔可養了，牛寶寶倒是有的，從投資收益而言，只有牛寶寶能翻倍。於是，前面所賺的大額資金全數投入，養牛去。我們都知道，牛市最後階段就是大藍籌猛漲其他中小盤股票橫盤或者直接開始下跌，因為大藍籌吸引進大量的資金，大家都拋棄兔子和羊。牛個大，搶眼，大家都喜歡，牛養大了，就再沒其他動物可養，唯一的出路是什麼？殺了它們，賣肉去，賺錢！所以，割肉就成了常態。兔子，羊和牛三種肉輪流割，熊市就這樣來了。

為什麼必須這樣輪動呢？因為資金量實在沒那麼大的情況下，你非要先養牛的話，恐怕會耗費一年甚至二年的時間才把牛養成，而且還養不多，只能養一頭或者兩頭而已，這顯然是個笨辦法。所以必須先養週期短，體重翻倍快的兔子，這樣才能使資金快速壯大，一級一級地往上跳。割肉的時候，自然是兔子最快被割完，它才那麼點大，下刀稍微狠一點就沒有了。牛個頭大，肉多耐割，最後兔子和羊都消耗完了，就剩牛的肉多，於是大家都朝它下刀子，所以，我們看到熊市末端是大藍籌瘋狂補跌，連工行都能連續跌停。

有一段時間我在朋友的蠱惑下參與QQ農場，還有牧場、農場種牧草，然後在牧場養動物。為了快速積累分數，我會先養那些低級別的動物，因為無論大小，抓動物去生產都是一隻一次加5分，這樣週期短的動物顯然佔優勢，為了升級快點就必須養低等動物。但是低等動物的問題是價值太低了，你要想賺錢速度快，顯然還得養與你的級別對應的盡可能高一些級別的動物，一級一級往上跳。我在玩這個的時候就想到關於股票的輪動問題，感覺還挺有意思，結論都在上面，現在大家都看到了。

✎本章結語：

技術指標種類繁多，每個人都有自己的喜好，我個人在多年的實踐中逐漸剔除掉一些自己認為作用不大的，留下以上的幾種指標，並且在實戰中總結出一套使用的法則。我認為最關鍵的是統計的問題，經常遇到技術指標的指向不一致，這時候就是少數服從多數的法則，以多個指標指向為準。

第四部

操盤方略

Part 04

第一章
國學與《孫子兵法》的指導思想

第一節　國學

通過以上三部的講解，心理面，戰略面和戰術面都面面俱到，現在所要做的就是讓你重新認識這一切。

我們的國學已經被束之高閣，其實那真是很好的一門學問。孔子提出要：博學，審問，慎思，明辨，篤行。在我涉獵股票以前，沒有太深刻體會其中的奧妙，當我在股票上嘗試了失敗，再獲得成功的時候，回頭來審視這一切，我深刻感受到儒家學說在投資領域的重要性。

博學，看似簡單，實際做起來並不容易。我們很多人在成長的過程中接受了許多新生的事物，比如遊戲、電視劇、電影、搖滾、甚至近些年來的超女、快男、還有網路……享樂的東西越來越多，精神卻越發空虛，大家都把精力揮霍掉，而不是用於知識的積累、學習、探索乃至提煉出對後人有用的知識或理論。

我們都知道，做股票涉及的是各個不同的行業，而我們從事的工作只是某一個行業。你對其他行業是否了解？很多人買股票是盲目的，覺得名字好聽，或者K線漂亮，或者是別人推薦，被人牽著鼻子走，還有就是憑藉一時的衝動，對該股票所從事的行業壓根不了解，買了之後賺了很高興，套了利潤買衣服、泡妞、看電影，肆意揮霍，的確很愜意。虧的時候到處找救星，這邊請人給分析分析，那邊請人給看看，或者鬱悶地把自己關起來死扛，扛不住的時候手起刀落，割了，圖得一時痛快，也不知道到底為什麼虧的。盲目會使很多人疲於奔命，最後在股海中迷航，這是大多數散戶的最終命運。

我為什麼將基本面放於技術面之前？就是因為我不喜歡大家憑著對K線的把握便自以為是，忽略掉基本面的因素。要知道，決定大勢的最主要因素恰恰就是基本面，技術面只能是小趨勢發揮作用，最長的週期也不過是一年兩年，超過這個週期就不靈了。

如何使自己「博學」？最重要的是少點娛樂，多點用功，平時多看書，多上網看財經新聞。要知道，一個人在年輕的時候無論看多少書都不算多。巴菲特比絕大多數的人更有成就，就是因為他有著很強的學習能力，從不間斷對知識的攝取。我許多年來都沒有電視，我接受不了滿眼的娛樂和謊言，這些會蒙蔽我的靈性，所以我一概遮罩掉。曾經有一位臺灣老作家說過一句很有意思的話，他說：「電視遲早會毀掉一代人。」我也知道，氾濫的網路文化遲早也會毀滅一代人的精神世界，但是我無力改變這一切。我們現在的人們更多是考慮自己如何去賺錢、謀取權益，而不是思考國家和民主的未來出路，更不會思考人類將何去何從。你不能思考大層面的問題，你就無法把握小層面的問題，就像打牌，你不看牌面，不揣摩別人的牌，你怎麼可能打得贏？

我有一個習慣，每當我認識一位新朋友，我就會去問他的工作和他所從事的行業的一些基本面的問題，把別人的認知變成自己的認知。我有很多的朋友，所以我就藉此了解到很多行業的動向。我想，這是一種不錯的學習方法。我喜歡到處旅行，通過我的眼睛看看這個世界的人們怎麼活著。了解他們的生活概況，同時在旅途中結交新朋友。要知道，時間一久，這種知識的積累是很可觀的，不要以為我只是遊山玩水，我的眼睛不光是用來看美景和美女，在旅途中我從未間斷過知識的攝入和思考。在坐車翻山越嶺的時候，我一個人閒來無事只能思考，將知識進行重排、歸類、保存在腦子裏。

充沛的知識積累能使你充分認知這個世界，這樣你才有發揮的基礎。你可以沒有高學歷，但是不可以停止學習。

為什麼要「審問」？如果你光是接受填鴨式的教育，你的思想負擔會很重，應接不暇，弄得自己十分疲憊，到頭來所得卻很有限。博學並不是要你一兜全接了，而是你學習到某一個知識點之後，要善於反思，也就是審問，加深對它的理解。博學和審問都是屬於學的過程，一個被動，一個主動，要配合起來才能行。

你們在看我講解股票知識的時候，也應當如此，在接受我的講解內容之後，你要多問一句：為什麼會這樣？必須這樣嗎？而不是照單全收，過後就放到一邊，這樣的話，可能你看兩三遍都很難完全記住書中的內容。

「慎思」，「明辨」有多重要，可能很多人一生都弄不清楚。我們的教育最大的問題是教給我們一大堆知識，卻沒有教我們如何思考這些知識，然後進一步運用。我們學來的知識可能有90%是沒用的，或者不能使用的，在日常生活中，哪裏需要用到數學函數呢？

有了足夠的知識積累只是成功的必備條件，但不是成功的必然，因為那只是第一步而已。我們生活在信息爆炸的時代，每天的新資訊讓人眼花繚亂，如何明辨，是大家所要共同面對的一個重要問題。對於信息的綜合處理能力將影響著你對行情的判斷。而處理信息的能力很多散戶並不具備，大多數人是這邊看看別人怎麼說，那邊問問別人怎麼看，然後這邊一點那邊一點拼湊起來變成自己的觀點，甚至其中的矛盾之處都不加思考，便將這些看法又告訴別人。於是，傳來傳去，最糟糕的局面出現了，就是到處都是相互矛盾的說辭，而大家還吵得不亦樂乎，公說公有理，婆說婆有理，實際上看似有理而都沒道理。為了保持思維的獨立性，我從不看別人對某條信息的看法，而是坐井觀天式地思考，然後別人來等著我講解自己的看法，然後又傳播出去。我們都知道，市場上90%的人所發表的看法是錯誤的，如果你想讓自己成為「對」的人，你最好是自己思考。如果你到處搬別人的觀點，你看得越多，錯的機率就越大。上面講博學的時候要你多看網上的財經新聞，不是要你多看財經評論。新聞必須多看，看完自己思考。如果你願意花一小時來思考一個小問題，我想沒有想不通的，你鍛鍊的時間越長，後面思考的時間就越短。當你思維形成體系的時候，可能一剎那間便可以對某一件事情作出反應，像條件反射一樣。

現在的年輕人大多數有良好的知識積累，但有的是非觀念卻非常模糊，也就是說沒有明辨的能力，我感到擔憂！對現狀不滿，憑我們一己之力，的確很難改變什麼，但是，如果大家都願意從自己開始努力去改變，這個局面要改變不是大問題，最大的問題是人心的冷漠。我們對國家和民族都負有一種繼承和發揚的使命。我時刻在思考著國家的未來發展道路，也思考著如何置身於國家將要投資的大趨勢之中，國家受益於我們個人的智慧，而我們也受益於國家的發展。朋友們，不要總是忙著追漲殺跌，適當的時候不妨停下來，思考一下我們國家的投資方向。改革開放為什麼富了一代人？他們憑什麼致富，除了得天獨厚的個人優勢之外，我想能站穩腳跟發展到今天的人，絕不是光靠著權謀的運作，而是智慧的結果，他們必定思考著國家的方向，站隊正確，否則，必然在洶湧的浪潮中被吞沒。上世紀90年代發財的人太多了，倒下的人也不在少數。他們為什麼倒下？我曾經也和一些經歷過那個時代風風雨雨的年長的朋友交流，他們給我講述他們自己的人生大起大落的故事，從他們的經歷中我收穫了許多寶貴的經驗。實際上總結出來只有一點，就是站隊要正確！保證站隊正確的訣竅就在於不斷地思考國家的未來。

在很長一段時間裏，我總是預測對股票的走勢，遺憾的是我沒有照著我的預測操作，結果雖然預測對了，卻犯了錯。很多新股民都有這個問題，特別是那些開始學習技術分析的人，大概是對自己的預測能力不太自信，抱有疑問，所以不敢照著做。更滑稽的事情是，很多人看了我的預測，然後照搬不誤，結果反倒是做對了，這令我哭笑不得！

現在，我是完全照著自己預測分析操作，戰績良好，對自己也甚感滿意。當然，許多朋友也對我十分滿意，雖然我沒有收取什麼費用，但是我獲得了朋友們的讚賞，這使我感到滿足。「篤行」的意義正在於此！我想每個人都會經歷那個矛盾的階段，走過了這個坎，便可以真正將技術學到家，每時每刻都對自己充滿信心。要知道，信心是無比重要的。曾經有一句話說，「一個人一生的成就絕不高過於他自信心所能達到的高度」，這句話總結得很經典。

「博學，審問，慎思，明辨，篤行」只是儒家學說中小小的一個部分，除此之外還有許多，比如中庸之道。我推薦朋友們去讀一讀《四書》，好好體會其中的思想，有很多知識點還是很有用的。你可以不參與政治，但是不可不懂政治，要想做好股票，這是最重要的一門學問，一定要學好，把握了這個才能把握基本面的動向。

股市是一個很功利化的環境，如果你自己也變得功利化，你要想活得好是十分困難的。所以我開篇中以佛經作為心法，讓大家稍微超脫點，不要那麼急功近利。現在結束篇我同樣以學說沖淡功利。良好的心態才能使你在亂局中遊刃有餘。

在漢武帝之前，從漢高帝到漢惠帝、漢文帝、漢景帝這四代王朝都奉行道家學說，儒家到了漢武帝這一代才被尊為國學，之前的國學是道家學說。後世的治國方略都是以儒家為主，儒家學說發揚光大的同時也被多方曲解，到了今天變得有點不倫不類。綜觀今天的世界，西方國家更接近道家，崇尚個人主義，無為而治；而東方國家無疑接近儒家，採取一種高度集權，奉行森嚴禮教的統治方式。

我一直都在強調要塑造獨立的人格，實際上我是以儒家的方式修身，以道家的方式行為，思想上狂放不羈，為人處世盡量謙和。在股市中，我始終保持著最真實的一面。我曾經說過一句豪邁的話：「玩真的我都沒有對手，根本沒有玩假的必要！」我們都知道，市場上的股票資料許多都有水分，很多人會百般考證，我不會這樣做，就算它是假的我也拿他當真的看。有的人一邊批評市場的虛偽，一邊卻玩得忘乎所以，我不知道他到底哪方面是真實的。一個人如果思想和行為矛盾，那麼他的結局必定是失敗。你如果覺得這市場太假了，不可接受，那你根本就不應該混跡其中，而是及早退出。如果你要在裏面玩，你就要先擺正心態，哪怕你看到的是假的，你也可以把它當真的玩，並且玩出成績，這才是高人行事！

大家不要因為自己是新手而看不起自己，這是不對的。保持低姿態是一件好事，但是不能虛偽，更不能妄自菲薄。你可以一邊努力學習，一邊適當保持較高的姿態，這樣才能使你快速獲得提升。如果你有足夠的心理承受能力，不妨在論壇上開個帖子，每天都將學習到的知識運用起來，對隔天行情作出預測，不論正確與否，都直面成功與失敗，然後不斷地總結，這是一個很好的提升方式。當然，你必須強迫自己每天投入大量的精力去學習和研究，然後把結果寫出來，哪怕你一開始預測的結果錯得一塌糊塗。但我相信只要你不放棄，總有一天，你會成功的。這是一種近似殘酷的方式，也是最能使人進步的方式。為了不丟人，你必須使自己嚴謹對待一切，散戶的失敗就是因為隨意，這是我的經驗，提供給你作為參考。

歷史可以明鑒，有空的時候多看看歷史書，了解中國幾千年的文明進步中到底發生了些什麼。也了解股市近20年的時間裏都發生些什麼，那些事件對行情產生了什麼影響？有了借鑒，你才能很好地判斷正在發生的和將要發生的行情。記住股票的歷史圖形，能使你對正在演繹的行情作出判斷，無非就是模型的套用，如果你會畫畫，我想一定能很好地掌握這些。

第二節　《孫子兵法》的指導作用

提起《孫子兵法》，大家首先會想到那一句「知己知彼，百戰不殆」，不過，在股市中將這句話運用到實戰中的人可不多。你了解自己嗎？你了解你的對手嗎？你了解你手裏的股票嗎？如果你都不甚了解，你又如何能取得好成績呢？像2007年那樣傻子都能賺錢的行情不會再有了，那只是歷史上的一段特殊行情，所以你要想長久地在這市場中賺錢，免不了要學一學兵家的韜略，並且利用它作為實戰的指導思想。

第二次世界大戰的歐洲戰場上有一位很有名的美國將領叫喬治．巴頓，他是一位迷失在現代的古代浪漫主義將領，率領第三、第七兵團長驅直入，所向披靡，創造了輝煌的戰果，給德國以毀滅性的打擊。他的基本思想就是進攻，進攻，再進攻，絕不防守，防守是別人的事情。這和我們《孫子兵法》中的「不戰而屈人之兵」相違背。事實上，孫武也是個浪漫主義的將領，有些想法是好的，就是不太現實。無論哪一種策略，有一種情懷是始終不變的，就是浪漫主義！

我想起當年在校學生會擔任宣傳部長時，我們的通信錄背面印著校領導對我們的要求，上面寫著，校學生會幹部應具有：

共產主義的信仰，理想主義的目標；

科學主義的方法，集體主義的精神；

英雄主義的氣概，浪漫主義的情懷。

這6句我一直記著，7年過去了，我依然記憶清晰。

在股市中要打一場大的勝仗，我認為浪漫主義的情懷是最重要的，那會使你的心態變得很好，心情完全放鬆下來，不至於緊繃著，那樣才能更好地對行情進行判斷。有很多人可以忍受瘋狂的殺跌行情，但是強勁的上漲行情降臨到自己頭上時卻驚慌失措，每天都高度緊張，生怕煮熟的鴨子飛了。於是提前下車，錯過後面大段的上漲行情。特別是在主升浪中，大部分人都在追漲殺跌，換股票高效率，這不是一種好方式。

經常有人問我：「我手上的股票大虧，怎麼辦？我感到很痛苦，請你無論如何給我指點。」我願意相信這些朋友的心情是沉痛的，並且正經受煎熬，但是我一向都不作回答。朋友們，請你一定要相信，市場必定會狠狠地教育那些整天不知道自己在幹嗎的人！

股票就像我們的伴侶一樣，你對它不了解，也不知道到手後怎麼辦，那它又怎能讓你滿意呢？你隨意地擁有它，那它也必定隨意地對待你，結果必定是悲劇，不出現悲劇只是一時的運氣問題。你們選它必定有一些原因的，是名字好聽？看起來好看？硬體好？軟體好？還是它能讓你衝動？是別人給你介紹？還是你壓根就是沒用腦子手犯賤就買了？

各位，我們都是成年人，在作每一項決定的時候一定要想清楚，你不是神經病也不是傻子，你是個正常人，你怎麼可以那麼隨意呢？

我從不回答別人該怎麼辦。你自己都不知道該怎麼辦，我怎麼知道你該怎麼辦？你如果連自己的行為都控制不住，那是一件很可怕的事情！我希望我這一番話能讓某些朋友醒悟。話不好聽，但是希望能起到一定的作用，醒醒吧，還來得及！看到這裏的朋友，請你務必要審視自己，並且讓自己清醒起來！不要再隨意地進行交易，那樣必定會受到懲罰。

這個世界沒有人要求你必須戰勝某一支股票，也沒人規定你必須在某個特定的時間段內必須操作，當你看不準形勢的時候，你完全可以採取空倉觀望的做法，不必理會市場上別人是什麼樣的狀態。一萬個人滿倉，可能他們都是錯誤的，而你空倉，也許你就是那一萬個人之外唯一正確的。要知道，市場上大多數人總是錯誤的，這是一個最基本的常識。我上面講了那麼多的技術分析，目的就是讓你腦袋中形成一些模型，當你發現剛好能套用的時候，你就採取一些交易手段，果斷出擊或者迴避。當你不能套用的時候，你最好的辦法就是空倉，慢慢尋找目標。我也有看不清行情的時候，但我從不勉強自己，看不清立刻清倉觀望，哪怕是踏空我也不後悔。找準機會再下手，還怕賺不回來嗎？

《孫子十三篇》中講到《形篇》、《勢篇》，所謂的「兵無常勢，水無常形」，在上面我也講到「K線形態理論」、「K線趨勢分析」，包括解釋了一些原理，也反覆強調不要去強行對抗大勢！這個市場永遠在變化著，《孫子兵法》最核心的內容我認為只有一句，用現代的話歸納說，就是「靈活地處理所面對的一切，所有的分解只為歸納並且實戰運用出去，取得成功。」這說起來有點像禪宗所講的修為境界，第一層，看山是山，看水是水；第二層，看山不是山，看水不是水；第三層，看山還是山，看水還是水。開始你對市場完全不了解的時候，整個就是一個混沌狀態，這是最初步的狀態；然後是進行分解，發現裏面的矛盾，然後又獲得一些認知，對當中的一切事物進行辨證思考；最後是恍然大悟，運用自如。

如果你手捧《孫子兵法》去打仗，我可以告訴你，失敗是100%的結局，但是，如果你領會了孫武的思維模式，你成功的機率是100%。它不是要告訴你怎麼去打仗，而是教會你如何分解打勝仗和打敗仗的因素，學會將一種你未知的事物進行逐步分解，然後尋找破口，征服它，這才是兵法的最大作用。我上面所講解的技術分析，在目前這個市場上是有效的，但是過50年，它也許就無效了，如果你捧著不放，結局必定是死路一條；但是如果你能從中得到啟發，形成自己的分析思維模式，那你就真正學到了我的分析技術。

2007年的時候，無論是哪家公司發布消息說要再融資，立刻大漲特漲一番，大家將這個消息視為利多，因為說明公司要大力拓展業務嘛，好事。可是到了2008年，中國平安一發消息說要進行1,500億融資，市場應聲暴跌，並且大家都把熊市算到它頭上。為什麼同樣一個消息，時間不同會有如此截然不同的後果呢？後面無論哪家公司說要再融資，那股票必定立刻殺跌，大家覺得，這公司沒錢了，所以視為利空。我要說的是無論上漲還是下跌，大家總是能找到一個充分的理由來進行解釋，要命的是，一切都是事後諸葛。大家習慣性地為大漲或者大跌找個藉口，讓自己心理踏實點，大多數人寧願相信表面的現象而不去思考深層次的原理。實際上，這就是「兵無常勢，水無常形」的道理。形勢所至，形態只是一種配合。所以，我再一次要說起一句話：千萬不要強行對抗大勢，否則你會死得很慘！千萬不要為股票的上漲和下跌找藉口，那樣也會死得很慘！

我曾經去練過自由搏擊，練的人有很多，但是最後對打的時候，水準高低卻非常明顯，為什麼會這樣？原因很簡單，大部分人不懂得靈活運用招式，不懂得要先對所有的招式進行分解，然後再組合運用出去。中國的傳統武術就是個花架子，或者說是花拳繡腿，比劃起來很好看，實戰時一塌糊塗，我不否認有少數人能發揮得非常出色，但大多數人是跟沒學差不多。那些發揮得出色的人，實際上就是因為他們懂得將招式拆分使用，遇到對手出什麼拳就用什麼招進行克制，而很多人可能是對方一拳過來了還在琢磨師傅所教的那套拳術，還沒想出來就已經挨了打。有的人和同門師兄弟練的時候打得有聲有色，到了外面遇到對手的時候卻被打得一塌糊塗。我曾經問過他們為什麼會這樣，他們是這樣回答我的：「練習的時候大家都用師傅教的拳法對拆，到社會上的時候人家根本就是不按套路出招，直接一拳就招呼過來，我還沒想起來該怎麼辦臉上就中了一拳，跟被雷劈到似的，直冒星星……」誰會規定打架得按套路出招呢？所以，大家一定要記住，上面的技術分析套路要記住，並且要進一步進行分解，使用的時候再進行組合。我用案例進行講述的原因，就是我擔心很多人不能分解使用，於是我採取自由搏擊的那套授課方式，用獨立的招式進行講解，希望你能明白這一點。

儒家的道統，道家的養生，法家的霸術，兵家的韜略，這些都是傳統文化中的精華。不要小看養生，連巴菲特都說了，你要盡量避免英年早逝，否則你再有才華也不能有所作為。

✎本章結語：

這章的內容看起來似乎和股市投資沒有太大的關係，實際上每一種知識都不是獨立的，而是互相關聯的，知識點之間常常可以觸類旁通。股市投資對個人的綜合知識面要求很高，你掌握的知識越多，你勝算的機率就越高。

第二章 交換手

「交換手」這個詞前面提到過，可能有的朋友還不明白何謂交換手。實際上，交換手就是在當前T+1交易規則中衍生出來的T+0交易手段。具體做法就是當你預測到某一天的行情將會高開低走的時候，開盤立刻拋出股票，然後等待下跌，到下午收盤前以低位買回來，避免下跌造成的損失，通過這一次操作將成本降低，這個過程就是交換手，此手法稱為逆向交換手。當你預測到某一天將要上漲，以中陽或者大陽線報收，而你手上正好有錢和股票，那麼開盤先買入，等股價上漲到一定程度時拋出，套現當天的利潤，降低成本，此手法為順勢交換手。順勢交換手要求手上不但要有股票，而且必須有現金，而逆向交換手只需要有股票就可以了。成功的交換手可以理解為高拋低吸，失敗的交換手就變成低拋高吸。在實踐中，我漸漸覺得，交換手不應該只是當天對沖，而可以再衍生為隔天或者幾個交易日一筆的操作週期，這樣往往可以擴大戰果，避免頻繁交易，這可以定義為泛交換手交易手法。

我這樣講不太好理解，所以下面通過一個案例進行綜合分解。

圖4—2—1為601268二重重裝2010年上半年日K線圖。

這是最近一個比較經典的成功戰例，今年上半年我能跑贏大盤的一個決定性的因素就是在4月中旬開始到現在的下跌行情中

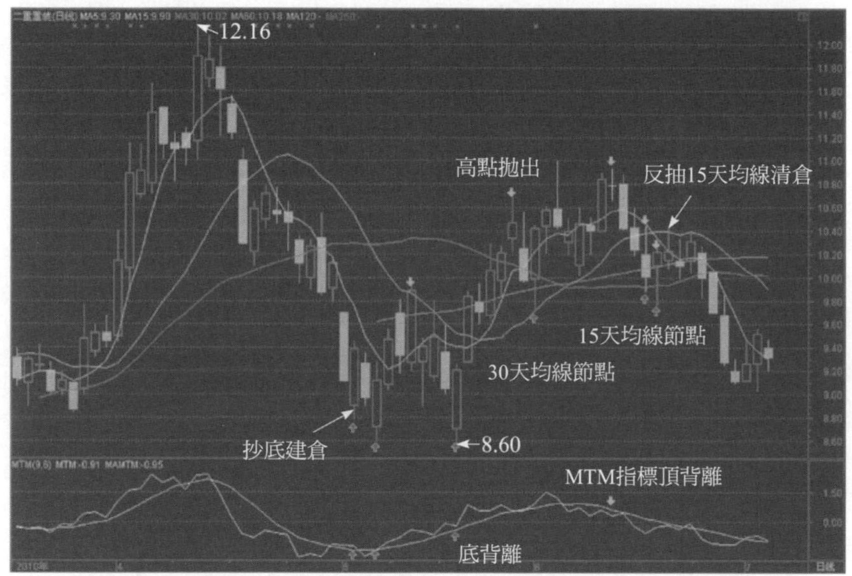

圖4—2—1

間的平臺階段買了它，賺取了不小的一筆利潤，上面提到的各種交換手我都使用過，所以我選它作為案例進行分解。

為什麼我會選擇這支股票？從基本面講，從長遠的價值投資考慮，我看好與核電相關的工業，二重重裝是機械股，有鑄造核島構件的能力，是中國唯一能夠製造百萬千瓦級核電半速轉子的企業。由於有良好的技術基礎，所以隨著國家繼續對核電加大投入，相信公司可以從巨大的蛋糕中切分一塊，有良好的利潤增長空間。從中線來看，它是支次新股，沒有歷史的包袱，不存在套牢盤的問題，而且沒有真正大拉升過。這就意味著它中線具備大漲的空間。這樣一來，無論是投資還是投機，它都具備基本條件。從短線看，從它上市至今，股性還是比較活躍的，這表現在上漲和下跌過程中單日振幅較大。作為一支二線藍籌股，有這樣的振幅算很活躍了，表明裏面有游資在炒作，這樣就有短線可為之機了——股性活躍是非常重要的。

我買入的時間是5月5日，前一天是跌停板，我看KDJ、MTM等技術指標已經指示即將反彈，而且大盤有反彈的條件，於是我就動手了。我下單有個習慣，買入喜歡以1和6結尾，賣出喜歡以9和4結尾，所以我當時買入的時候是開盤掛了幾個單，分別是9.01、8.91、8.86，最後一筆原來掛了8.81，但看成交單的情況覺得有點懸，於是改為8.83，分幾筆完成建倉。總體看來還是買得比較靠近最低點的，當天紀錄低點是8.78元。由於低開高走收出大陽線，所以當天就浮盈。但第二天又跌回來，第三天還低開，所幸的是最後高收。

接下來是一波小反彈，進攻到15天均線，被壓制回落，形成一個節點，當時這個地方本想做一次賣出操作，然後等跌回來再買進，但是剛好我出門在外，沒時間看盤，所以沒有按計劃操作，後面跌回來等於坐了一次過山車。然後它形成小雙底，出現反彈確認雙底形態的時候，我立刻想起2007年底的唐鋼股份，當時也是小雙底形態，前面一波大跌，於是我就照搬唐鋼的圖形，準備等它漲上去一波做一次交換手。

在圖中我標注了拋出的點，幾乎是一個波浪的頂點，為什麼我會選擇這一天賣出？小雙底中間頂到右底之間的距離乘以1.618加上右底得出一個數字是10.83，這是波浪段大約的頂點，這是個參考數字，這一天的布林上軌線為10.57，二者取中間值為10.7元，我不可能掛整數，一定會以9或者4結尾，所以，我當天開盤在它上衝的時候掛兩筆單賣出，一筆是10.64，另一筆是10.69，大家可以看到，後一筆便成了當天的紀錄價。

買回的話就簡單了，直接以布林通道中軌線及15天均線為參考，所以我買回時很輕易地在低點附近買到，這個比賣出簡單得多。前面也多次講到節點的問題，這是一次實戰運用戰例，簡單得很，無須多說。

由於我參考唐鋼那次戰例，以為至少會漲到前面高點附近，所以它攻擊11塊沒有突破成功時我沒有賣出，而是選擇觀望。結果，由於大盤的下跌帶動作用，它跌下來了，這次由於沒有預見到，所以沒有採取任何操作。它在15天均線獲得支撐激發反彈，再衝上來的時候，我隱約感覺時間不夠了，因為大盤不是築底，而是築平臺，所以我發布提示，讓所有跟進的人適當的時候套利出局，不要戀戰。而我自己是採取觀望態度，因為我自信手比較快，趨勢逆轉時可以快速出局。當它輕易跌破15天均線的時候，我意識到不妙了，但由於大盤還沒接觸30天均線受壓制，所以我認為還有兩三天的時間，於是我利用這個時間做交換手。

由於15天均線失守，所以只能選定30天均線作為節點參考，上面兩天的K線上下各標了↑和↓箭頭，表示兩天都是單日交換手操作。第一天是開盤反抽15天均線時賣出，這時候15天均線是反製作用，節點選擇賣出，然後跌回來30天均線買回，就在當天下午接觸30天均線的時候，上下買賣點還是比較好把握的，當天賺取不小的差價。第2天開盤先跌，正好我手上賣了別的股票有點錢於是買入，在30天均線節點上，然後上漲之後賣出等額的股票，沒有全倉交換手，但是也賺了一點錢，把成本繼續壓低，到這裏，賬上已經有20幾個點的利潤，相對於大盤的橫盤震盪行情而言，這個獲利幅度已經不小。第3天它反抽15天均線的時候我選擇清倉出局，到此整個操作結束，由於後面交換手的成功操作，使我最後獲利比較大，幾乎等於逼近11塊的高度。

交換手的作用是可以降低成本。如果你做成功了，交換手的利潤會將盈虧成本壓低，或者是你同樣的盈虧成本，而手上持有的股票卻多了。

假如我買入後一直拿著不動，直到最後下跌反抽15天均線賣出，獲利大約是17%，但是由於採取幾次交換手，最後股票增加的情況下，獲利依然超過23%，如果扣掉增加的部分，大概能超過25%，這就是交換手的魅力所在。

交換手的一個重要前提是必須中線選股，然後設定操作週期較長。基本的原則是上漲浪順勢交換手，下跌浪逆向交換手。例外的情況必須是一些均線或者布林通道節點或者技術指標超買超賣、背離狀況，這時候可以採取反向操作。整個過程還有一點很重要，就是參考大盤，順勢而為，不能強行對抗大盤。後面反抽15天均線我選擇清倉出局，原因就是6月22日大盤接觸30天均線，然後開始震盪下行，甚至出現強勁的單日暴跌行情，如果我強行對抗大盤，結果必定是悲劇，挨套難免。

✎本章結語：

交換手雖好，卻不容易學，它最大的好處是做成功了可以使利潤快速增長，而最大的弊病是會使你的眼界成為管狀，所以如何取捨大家應當慎重考慮。

第三章 控倉

我們經常會聽到別人說：「控倉位百分之##」的話（##代表數字），這個詞看起來簡單，做起來難，對於新手、並且資金量不大的人而言，這個詞其實毫無意義。許多股評家在電視上講得頭頭是道，但是，他們未必真正在操作帳戶。也就是說，也許他壓根就不懂炒股，或者不敢炒股，是一個純粹的學院派，或者忽悠派，這是典型的行外人指導行內人，結果自然是悲劇的，久而久之，大家都對電視上的「專家」產生嚴重的信任危機，甚至大家是反著聽。這是中國股市的一大特色，也是很悲哀的一件事。

經常有人問我該控倉百分之多少，我一般不會直接回答。你想想，如果你手上只有一兩萬塊錢，我告訴你80%和60%有什麼意義呢？這麼少的資金，直接滿倉進出是最好的選擇，也是唯一的選擇。在2007年，中國船舶一股200多塊，一手就是2萬多，弄不好你連一手都買不起，我告訴你控倉位70%不是挺滑稽的事嗎？所以，以目前的大盤點數而言，我認為帳戶資金低於10萬元基本不必考慮控倉百分數的問題，直接滿倉進出得了，省事。

前面講《孫子兵法》的時候有一句「知己知彼，百戰不殆」，現在我具體解釋一下，前面我沒多作解釋就是覺得這部分內容應該放到這裏比較恰當。影響市場的主力機構之一就是共同基金（中國沒有對沖基金，所有基金都是屬於共同基金）。很多人都不知道，國家對於基金的倉位配置是有硬性規定的，比如任何一支股票，一支基金能購買的上限是該基金規模的10%，美國在這方面的規定和我們有點差別，他們規定任何一支基金不能購買超過某支股票的10%（流通市值），很顯然，美國這一措施更能防止基金在某支股票上做黑莊。我們的市場從來都不缺乏黑莊，證監會也一直在打壓，但是因為暴利的趨勢，加上法律規定不到位，所以這個問題無法根除。我們知道，要完全控制一支股票，必須買入流通盤的30%，這樣才能實現絕對控盤。假如一個基金的規模是100億元，10%就是10億，這樣的資金規模要控制一支流通盤只有5,000萬股的小盤股是很容易的，這是一個法律空子，所以，美國的法律更能體現抑制做莊的精神。

真正要做莊的話，很多年前莊家就很聰明了，用一兩百個帳戶，將數以億計的資金分開，然後讓許多操盤手負責，統一指令進行對沖控盤，這也很輕易地避開監管，因為從資金流量上看，參與的都是一些散戶，甚至分布在不同的地方、不同的證券公司營業部，只要大家嚴格執行計畫，聽從指令，操作起來毫不費力。

我從來不相信網上那些所謂的資金流量數字，在我看來那都是台前的小丑，真正幕後的黑手永遠是深藏於散戶之間的人。如果你以為某種軟體或者某個網站的數字可以幫助你戰勝莊家，那你就太天真了。如果可以這樣，證監會的人會首先會利用這個工具，打擊坐莊。你們以為莊家有那麼傻，讓自己暴露在大庭廣眾之下？如果我有足夠的資金來對某支股票進行控盤，誰也不可能把我揪出來。所以，每當有人問我對那些資金流向監控數字有什麼看法的時候，我只是付之一笑。我們在這個圈子裏玩，就應當遵守遊戲規則，千萬不要去鑽法律的空子，別忘了曾經有人很風光，但是現在還在牢中享受艱難的歲月。大丈夫有所為有所不為，不是什麼錢都能賺的。這一點我必須告訴大家，你可以知道那些賺錢的手段，但不一定要去用它。

由於國家的法規作用，所有的機構都必須同時持有很多支股票，誰手上都有至少十幾二十支，多的幾十支，他們的優勢是資金規模很大，劣勢也很明顯，就是船大不好掉頭，很不靈活，只能打陣地戰。散戶的劣勢是資金規模小，但是優勢很明顯，就是靈活，你可以選擇打陣地戰，也可以選擇打游擊戰。兵法給我們的指導作用就是要揚長避短，避對手之強，攻對手之弱。所以，我對所有的朋友都統一建議打游擊戰，如果你硬要打陣地戰，一兩年內也許你表現還行，如果很多年下來，你一定跑不贏基金，因為他們有團隊的優勢，你只是在單獨打陣地戰，人家是有戰略戰術研究部署，長期作戰你輸定了。游擊戰怎麼打？很簡單，只要你的帳戶不超過1,000萬，你可以只配置一支或者兩支股票，集中火力，每天都緊盯著它，晚上好好研究一番，綜合運用所有的知識進行分析，你要想戰勝它並非難事。難就難在你是否能做到這一點。根據我的了解，99%的人都做不到，也就是說，散戶都改不了花心的毛病，最後也死在這上面。機構是幾十號人支撐著一切，以一敵百，我們散戶也學他們，你也以一敵百，你不是找死嗎？假如把這個局勢扭轉一下，機構以一敵百，而有相當一批散戶只對付一支股票，那就是以百敵一，如果訂立攻守聯盟，機構就死定了。要知道，再強大的藍鯨也敵不住一大群大白鯊的進攻；再強大的老虎同樣抵擋不住群狼的車輪戰，這個道理是顯而易見的。散戶的資源很有限，資金、精力也都是有限的，所以我從不建議我的朋友們配超過2支股票，經常是建議只買1支，我自己也是如此。所以我勝算的機率很高，再不濟也可以全身而退。很多新手最容易犯下的毛病是看這支票不錯，那支票也可以，一高興買它十支八支，這支不漲那支漲，弄不好一天就有兩三支漲停板在手，說起來很威風，實際上是賺吆喝。一旦遇到全盤大殺跌的行情出現，恐怕就只有哭的份了，因為你不知道該怎麼操作。2007年「5．30」行情出現的時候，許多人慌了神，因為手上五六支股票同時跌停，割都不知道往哪支先下手，每天開盤一個猶豫立刻全面跌停，乾淨俐落。我從來沒見過有人用陣地戰賺取巨額利潤，我倒是見過有幾個很強的人每次只買一支或者兩支，把資金快速做大，用游擊戰的方式幾年的時間就從幾十萬做到上千萬。

股市裏的散戶朋友們的資金百幾十萬的人可能會占大多數。我建議你們採取游擊戰的方式，先把自己所有的一切資源壓縮起來，逐點打擊對手，這樣才能更好地生存並且發展。針之利在於集其鋒於一點，以點對面，自然容易打擊對手，如果你選擇以面對面，我建議你直接買入幾個基金長線投資，那樣會比你買股票更好一些。

我建議的控倉很簡單，只對付一支股票，牛市基本思路是保持重倉，也就是80%以上的倉位拿著股票。熊市相反，只拿20%（上限）的資金時不時打一槍，無論輸贏都快速了結，打一槍就跑，而確認熊市和牛市的方法這裏就不必再重複了。牛市初級階段如果遇到長時間的橫盤行情，可以50%倉位，每天交換手對沖操作，如果資金小於10萬，牛市中直接滿倉進出就行了，最多買兩支股票。

✎本章結語：

控倉的前提條件是你必須準確分辨出自己所處的是什麼樣性質的行情之中，這是戰略的問題，解決了這個，戰術的問題就簡單得多。對於多數的投資者而言，由於資金規模較小，所以我更多是建議大家集中火力，這樣才能實現利潤最大化，在牛市中快速滾動。

第四章 執行力

經常聽到有人說，「我明明預測到了，可是就是沒操作好」，這是很無奈的結局，卻是每個人必須經歷的階段，有的人時間長一點，有的人短一點，我也經歷過這樣的階段。在開始學預測的時候，我摸石頭過河，配合還算可以。但是我慢慢開始學預測分析之後，我經常是預測對了，卻沒有操作對，也就是說，我的預測和我的操作是脫節的。當然，有時候預測對做錯，有時候預測錯卻做對，但是總體上預測對的時候慢慢增加，犯錯的次數也逐漸增加，這是一段痛苦的過程。但是隨著預測能力的逐漸提高，我逐漸形成一整套的思維模式，開始在操作上作一些改變，會制訂一些計畫，然後試著像機器一樣進行操作，嚴格執行，哪怕是預計到計畫可能會出錯我也堅決執行，慢慢地兩者開始吻合起來。到了現在，我基本上預測到什麼就相應地採取一些操作，鐵一般的紀律執行著，戰績還算可以。

執行力是非常關鍵的一個因素，執行力不行，你預測能力再強也沒用，那只會給你增添一些煩惱罷了。有的朋友問我：「我預測能力挺好，波段操作也很好，為什麼整段行情算下來收益卻不如滿倉拿著不動？」我要說的是，執行力還是不夠好，所以信心不足，沒有採取全力出擊的游擊戰術，而是分散資金，你有100%的預測能力，卻只有40%的執行力，最後的結果就是雷聲大雨點小，賺吆喝。

要提高執行力必須提高個人的預測水準，這是一個先後的順序，只有預測水準達到一定程度，對自己充滿信心，那時候才有足夠的膽量執行操盤計畫。有的新手很聰明，跟定一個自己心中認定的高手，然後無論怎麼樣都堅決執行對方所下達的一切指令，這樣也很容易取得好成績，因為是完全利用別人的智慧，只要跟對人，必定能取得良好的結果。但是跟人始終不是一個好辦法，那只是一時之快，要想長久生存發展還是得靠自己。如何提高自己的預測水準，請看別境的書，好好看上幾遍，我相信你可以快速獲得提高。

大家都知道，傳說中的操盤手都是近似冷酷的人，他們像殺手一樣果斷、冷血，實際上，他們的執行力也是最強的，而這建立在良好的水準之上。另一個原因是這些人都接受過專業的訓練，能把自己變成機器一樣操盤。華爾街現在有許多交易是機器自動完成的，操盤手由人變成機器，把一些條件編程輸入軟體，然後系統自動判斷，完成交易，弄到最後，實際上是機器與機器作戰，而操盤手都坐邊上喝茶看熱鬧，總有一天，我們也會發展到這一步，不知道各位準備好了沒有？

機器沒有感情，達到什麼條件就會堅決地執行操盤動作，人的劣勢是因為有感情，當你看到賬上股票重大虧損的時候你也許會下不了手，於是忍一下，迎接更大的虧損；或者當你浮盈很多的時候，忍不住心中的喜悅，想擴大戰果，結果見頂回落，反倒吃了虧；也有的人賺了點錢就趕緊了結掉，坐看股票飛升……這一切說到底就是因為感情在左右著，機器可不管你那麼多，該割的時候就割，該忍的時候就忍，不達到設定的條件就不操作。如果有一天市場上都是機器在作戰，那也是莫大的悲劇，一旦出點大風波，一切就很容易失控，連鎖反應會隨即產生。

在第一部的《戒論》中講到戒律的問題，而這裏是執行力的問題。前者為約束行為，後者為規範行為，實際上執行力是戒律的一種體現，以戒律為指導思想的行為反應，兩者要相結合才行。

第四部的內容主要是個人心理素質和行為的結合問題，這又回到第一部的內容中去，內功心法是很重要的，如果你前面跳過了，現在應該回去再看一遍，相信對你有很大的幫助。

✎本章結語：

執行力本書的重點問題所在，你學了多少知識是通過執行力進行反映，因為運用出來才是關鍵所在，如果思考和行動之間出現斷層，那你腦袋裏積累再多的知識都不再重要。當然，強大的執行力通常和個人的信心有直接的關係，要提高自己的信心，就必須有紮實的理論基礎，這像是葫蘆的兩端，前後貫通才能有所作為。

後記

從2010年的4月中旬到現在，大盤經歷了一輪兇悍的殺跌行情，除了技術面的因素之外，激發的主要因是股指期貨的上市和農業銀行首次公開募股。而這段過程連同前面2007年以來的行情走勢與百年道瓊指數1929年前後那一段是如此相似，歷史的借鑒作用不言而喻。

有不少人質疑技術分析的作用，我要說的是，對於任何一種事物，一旦你對其深信不疑，奉若神明的時候，那就是迷信。曾經與我師父交談中，我問他說：「以您十幾二十年的經驗來看，您認為技術分析重要還是基本面分析重要，還是消息面更有決定性？」他回答我說：「技術面應該占70%吧，比較重要一些。」後面他也給我講了原因，我想他能在這個市場上取得成功必定有其原因，我一直努力在複製他的成功經歷，並且企圖超越他，於是我在技術分析上投入大量的精力進行研究，也形成自己的一套完整的思維模式。在這基礎之上，掌握基本面的分析能力，同時更掌握了對市場消息的綜合處理能力，在三者中找到一個平衡點，這個平衡點對於我什麼時候側重哪一面起著重要的作用。技術面會形成基本條件，而消息面往往會成為誘發行情的導火索，而基本面的因素將支撐起牛市或者熊市的大趨勢，這三者是可以完美地結合在一起的，所以我將本書切分成幾大塊，根據我師父當年給我的總結，我將技術面分析列為重點，其次為基本面分析，然後是心理面和後面的操盤輔助策略，對於消息面的綜合處理我沒有特別開篇章，而是將其融入到每個戰例中去。

朋友們，當你讀完全書，並且從中得到一些經驗和方法的時候，千萬不要自以為是，沒有人能夠完全掌握市場的波動規律，一切只是機率，有的人高點，有的人低點。不要忘記對這個市場始終保持敬畏之心，那會使你走得更加謹慎，而這是生存的重要條件。如果你大踏步前進，藐視其中可能存在的風險，哪怕你成功了99次，最後1次的失敗也許會讓你一敗塗地。市場是上帝，他一定會眷顧那些對成功保持著堅定的信念同時又謹慎前行的人，懲罰那些目中無人、魯莽衝動的人！

在我踏上社會的時候，有一位長者給我一句重要的忠告，它伴隨我走過這些年，所以我要送給大家，那就是——要做事，先做人。同樣的，你想炒好股票，必須先學會做人。我一向喜歡老式文人的做派，道義為先，利益為次。同時，我一直致力於塑造獨立之人格，崇尚自由之精神。在有能力的時候，從不忘記幫助需要幫助的人們，相信離地三尺有神明，一切因果自會循環，報應不爽。要知道，良好的心態是你學習路上的重要夥伴，而勤奮是必備糧食，同時你需要一位導師，他將指引著你前進的方向，而他不是某個人，而是實現理想的信念。

太極拳的精髓在於信手拈來，隨心而發。所有的分析技術到了一定程度之後，實際上不是你能否不斷學習，而是你能否正常發揮。如果你能達到如此境界，那麼我要恭喜你，你已經出師了！

作為作者，我只能獻給你我所能掌握的一切，對於那些我不能掌握的知識，我不可能去引用來為本書增添篇幅，那對所有的讀者都是不負責的。如果你發現有一些名詞不能理解，建議你上網搜索相關內容學習，如果還有什麼不能理解的，歡迎到我的個人博客「別境山莊」交流，地址是：http：//baiying5012. tianyablog com，或者通過網頁搜索尋找「別境」，我想你應該可以輕易找到我的。

最後，感謝每一位曾經同行的朋友，是你們的支持鼓勵著我一路走來！特別感謝我的師父張新革先生！

2010年7月10日於杭州西子湖畔

NOTE

NOTE

NOTE

NOTE

國家圖書館出版品預行編目資料

股市投資心經／別境著. -- 一版. -- 臺北市：大地, 2011. 04

面：　公分. --（大地叢書：34）

ISBN 978-986-6451-26-3（平裝）

1. 股票投資　2. 投資技術　3. 投資分析

563.53　　100005152

股市投資心經

大地叢書 034

作　者	別　境
發行人	吳錫清
主　編	陳玟玟
出版者	大地出版社
社　址	114台北市內湖區瑞光路358巷38弄36號4樓之2
劃撥帳號	50031946（戶名　大地出版社有限公司）
電　話	02-26277749
傳　真	02-26270895
E - mail	vastplai@ms45.hinet.net
網　址	www.vasplain.com.tw
美術設計	普林特斯資訊股份有限公司
印刷者	普林特斯資訊股份有限公司
一版一刷	2011年4月

定　價：300元